SAP Fiori 开发实战
——从入门到大师

郑永升　毛茂文　杨斌　编著

机 械 工 业 出 版 社

本书详细讲解了 SAP Fiori 开发。全书共 16 章，主要内容包括 SAP Fiori 的架构、环境、实施和开发四部分，分别从业务顾问、实施专家、管理员和开发者的角度，详细地介绍了 SAP Fiori 的架构、运行环境、安全、启动面板、开发环境、数据访问、前端技术、工作流、应用实施、应用增强、应用开发、应用扩展、集成等内容。全书以 SAP Fiori 的三种应用类型为主线，以 SAPUI5 前端技术为基础，将架构原理和应用实践相结合，重点把 SAP Fiori 应用实施的方法和步骤、SAP Fiori 应用开发的环境和技术，通过要点概述、示例操作、代码解析、图表展示的形式，立体地呈现给读者，满足从入门到大师不同层次的用户对 SAP Fiori 知识的获取和使用需求。

图书在版编目（CIP）数据

SAP Fiori 开发实战：从入门到大师/郑永升，毛茂文，杨斌编著 . —北京：机械工业出版社，2022.3

ISBN 978-7-111-70244-3

Ⅰ.①S… Ⅱ.①郑…②毛…③杨… Ⅲ.①财务软件 Ⅳ.①F232

中国版本图书馆 CIP 数据核字（2022）第 034516 号

机械工业出版社（北京市百万庄大街 22 号　邮政编码 100037）
策划编辑：车　忱　责任编辑：车　忱
责任校对：张艳霞　责任印制：李　昂
北京联兴盛业印刷股份有限公司印刷
2022 年 4 月第 1 版第 1 次印刷
184mm×260mm·23.75 印张·567 千字
标准书号：ISBN 978-7-111-70244-3
定价：139.00 元

电话服务　　　　　　　网络服务
客服电话：010-88361066　机　工　官　网：www.cmpbook.com
　　　　　010-88379833　机　工　官　博：weibo.com/cmp1952
　　　　　010-68326294　金　书　网：www.golden-book.com
封底无防伪标均为盗版　机工教育服务网：www.cmpedu.com

序

信息化时代，科技发展日新月异，智能终端、虚拟现实、万物互联等技术的数字化应用，遍布生活的方方面面。这一切的宗旨，都是在满足更多的场景需求、创造更高的业务价值、追求更好的用户体验，也是国内外众多企业的奋斗目标。作为全球最大的 ERP 服务集成商，SAP 为提高其产品的用户体验而推出的这款 SAP Fiori，更是趋势所在，势在所为。

SAP Fiori 自诞生以来，其路线图先后经历了从关注功能特征转向用户及其体验、从复杂场景简化到更加注重用户及其工作方式、从专注智能设计转到支持所有 SAP 云产品套件。通过整合新的交互技术和业务模型，以满足全球用户不同语言和环境、不同规模企业、专业领域和业务流程，尽管看起来不可思议，但是 Fiori 却做到了。某些前瞻性的探索和创新，更是走在了信息化、数字化的前列。

当前，Fiori 已经成为 SAP 跨平台、跨产品的统一用户界面的技术和规范，也将成为 SAP 生态圈的体验枢纽和数字核心，SAP 的新产品均采用 Fiori 进行界面交互设计、开发，传统的应用程序，也可以通过 WEBGUI、Personas 等界面套件适配器自动转换为遵循 Fiori 规范的应用，从而提供给用户一致的用户体验。目前这一发展趋势在国际上已经非常成熟，国内由于各种原因，发展相对迟缓，这也提供了更大的发展空间和机遇，SAP 从业人员需要尽快更新自己的知识架构，迎接新的技术浪潮。

本书从 Fiori 架构入手、结合 Fiori 应用类型、依托 Fiori 前端技术、紧扣 Fiori 开发实战，先后对模板开发、配置开发、增强开发、自开发、扩展开发的环境、方法和步骤，进行了详细的介绍。作者是我多年合作的老同事、老朋友，我们曾在国际领先、国内一流的超大型人力资源项目中共事，书中的场景和案例都来自作者的工作经验和项目环境，真实接地气，更容易与日常的工作、生活对应起来，方便读者加深对 SAP Fiori 的理解、掌握和应用。相信作者在书中的经验和见解，能为所有参与 SAP Fiori 项目实施和开发的人员带来帮助和收获。

全书以 Fiori 开发实战为核心，围绕架构、环境、安全、数据、工作流、集成等内容进行组织，旨在构建 SAP Fiori 技术栈和应用体系，有助于读者对 SAP Fiori 进行全方位的学习，满足从入门到大师不同层次的用户学以致用的需求。本书浓缩了作者多年来对 SAP Fiori 的研究成果和实践经验，并与信息化建设专业指导融为一体，可作为 SAP Fiori 的专用教材。

在写本书的序言时，想到了基础学科引领人才的缺失、社会发展科技创新的不足。在这个巨变的时代，需要更多像伽利略、牛顿、爱迪生、爱因斯坦这些伟大科学家、发明家的发现和发明，以推动社会生产力的发展、人类文明的进步。有感于此，现将我的爱因斯坦手写画，作为与本书读者的见面礼物，与大家一起鉴赏和共勉。

祝大家在阅读本书的过程中，心情愉快，收获多多。

张军

埃森哲大中华区SAP业务高级总监

前　　言

　　SAP Fiori 为 SAP 软件提供了一致和全面的用户交互体验，改善了 SAP 产品前端体验不佳与风格不统一的现状。SAP Fiori 在用户体验上的提升，不仅仅是它的外观，更是它的工作方式。SAP Fiori 可以跨业务、跨任务、跨设备，并且能够生成更加便捷、美观的应用，以帮助用户轻松完成工作。简单地说，SAP Fiori 就是由前端 UI 技术框架、前端交互系统和前端交互标准构成的。

　　随着 SAP S/4 HANA 逐步成为企业的智能化应用枢纽和现代化数字的核心，SAP Fiori 也必将成为其产品系列中用户体验的革新方向。SAP Fiori 不仅融合了一致、智能、集成的设计理念，更是成为智能企业的设计系统。它为最复杂的业务场景提供最直观的解决方案，整合了新的技术和交互，把设计的高度提升到了产品生态圈的层面，未来将是支持所有 SAP 产品的智能套件。

　　学习和掌握 SAP Fiori 更是趋势和方向，目前 SAP Fiori 在国外非常火爆，在国内由于授权费用高昂、技术和语言复合型人才缺乏，起步比较晚，从 2019 年开始，SAP Fiori 在国内越来越受欢迎和关注，并处在快速发展的通道中。在这种情况下，我们编写了本书。

　　本书内容全面、结构清晰、要点明确、用例简洁，非常适合 SAP 系列产品的实施者、开发者、管理者和爱好者阅读，也可以作为 SAP Fiori 的中文版培训教材。同时，本书也是"信息化建设专业指导丛书"中继《软件快速交付方法论》后推出的又一本书。未来将陆续向大家提供更实用、更专业的内容，敬请期待。

致 谢

感谢家人的全力支持,使我们在工作之余,有足够的时间和精力,投入到本书的写作之中。同时感谢埃森哲大中华区 SAP 业务高级总监张军,在百忙之中对本书的编写提出了很多宝贵的建议,并做了序,使得本书的主题更加明确、要点更加清晰。

焦峰、陈勋、王伟、姚金玉、仲崇远、左文、吕小敬、李宁、蔡虹博、陈立明、刘洋、周源、常秀群、陈秋艳、杨爽、荣艳辉等同事,为本书的创作提供了相关资料、经验和帮助,在这里向他们致谢。因为他们的辛勤付出,使得相关章节的写作更加顺畅、内容更加完善。同时,衷心感谢机械工业出版社的车忱编辑给予专业的策划、编辑和校审,让本书的结构更加完整,编排更加规范,并最终得以顺利出版。

本书从 2019 年的最初构想到定稿,再到出版发行,凝聚了太多人的贡献和协助。其间,我们见证了建国 70 周年、建党 100 周年的历史时刻,感受到伟大祖国的繁荣与昌盛、全国人民抗击疫情共克时艰的力量与信仰、强国有我的担当与情怀,这些都赋予了本书不一样的意义。特别是近两年的耕耘不辍、时光不负,终得这段经历和这份收获,更为自己点赞。

郑永升　毛茂文　杨　斌
2021 年 8 月 18 日于北京

目　录

序
前　言
致　谢

第 1 章　Fiori 概述 ……………………… 1
　1.1　从 SAP 开始 ……………………… 2
　　1.1.1　SAP 发展历程 ……………… 2
　　1.1.2　SAP 产品体系 ……………… 4
　1.2　SAP Fiori 基础 …………………… 6
　　1.2.1　Fiori 发展阶段 ……………… 7
　　1.2.2　Fiori 应用类型 ……………… 9
　　1.2.3　Fiori 主要技术 ……………… 10
第 2 章　Fiori 架构 ……………………… 16
　2.1　总体架构 …………………………… 17
　　2.1.1　系统架构 …………………… 17
　　2.1.2　数据传输 …………………… 18
　　2.1.3　SAP Web Dispatcher ……… 20
　　2.1.4　SAP Gateway ……………… 21
　　2.1.5　SAP HANA XS ……………… 22
　2.2　应用架构 …………………………… 24
　　2.2.1　Transactional ………………… 25
　　2.2.2　Fact Sheet …………………… 26
　　2.2.3　Analytical …………………… 26
　2.3　云架构 ……………………………… 27
　2.4　结束语 ……………………………… 29
第 3 章　运行环境 ……………………… 30
　3.1　系统部署 …………………………… 31
　　3.1.1　部署方案 …………………… 31
　　3.1.2　Launchpad 部署 …………… 33
　　3.1.3　Gateway 部署 ……………… 34
　3.2　环境安装 …………………………… 35

　　3.2.1　安装说明 …………………… 35
　　3.2.2　基于 ABAP 安装 …………… 38
　　3.2.3　基于 HANA 安装 …………… 42
　　3.2.4　基于 HANA XS 安装 ……… 43
　3.3　组件配置 …………………………… 47
　　3.3.1　配置工具 …………………… 47
　　3.3.2　Launchpad 配置 …………… 49
　　3.3.3　Gateway 配置 ……………… 55
　　3.3.4　Search Model 配置 ………… 60
　3.4　结束语 ……………………………… 62
第 4 章　Fiori 安全 ……………………… 63
　4.1　通信安全 …………………………… 64
　4.2　访问安全 …………………………… 65
　　4.2.1　身份验证 …………………… 65
　　4.2.2　单点登录 …………………… 69
　　4.2.3　用户权限 …………………… 70
　4.3　结束语 ……………………………… 72
第 5 章　启动面板 ……………………… 74
　5.1　关于 Launchpad …………………… 75
　5.2　Launchpad Designer ……………… 77
　　5.2.1　创建 Launchpad 和应用 …… 78
　　5.2.2　创建和分配传输请求 ……… 80
　　5.2.3　创建目录 …………………… 82
　　5.2.4　创建磁贴 …………………… 83
　　5.2.5　创建和配置目标映射 ……… 84
　　5.2.6　创建和授权角色 …………… 85
　5.3　Launchpad 主页定制 ……………… 88

5.4	结束语	91
第6章	**开发环境**	**92**
6.1	SAP Web IDE 安装	93
	6.1.1 个人版	93
	6.1.2 云版本	96
6.2	SAP Web IDE 使用	98
	6.2.1 创建项目	99
	6.2.2 开发步骤	102
	6.2.3 部署应用	107
6.3	关于 Eclipse IDE	109
	6.3.1 安装插件	109
	6.3.2 使用	111
6.4	结束语	115
第7章	**前端框架**	**117**
7.1	关于 Elements 框架	118
7.2	Elements 模板开发	122
	7.2.1 Overview	123
	7.2.2 List Report	127
	7.2.3 Object Page	132
	7.2.4 Analytical List	136
7.3	结束语	142
第8章	**数据访问**	**143**
8.1	关于 OData	144
	8.1.1 REST 与 OData	144
	8.1.2 OData 服务结构	146
	8.1.3 OData 操作	149
8.2	OData Service	155
	8.2.1 创建 OData Service	155
	8.2.2 服务实现与注册	157
	8.2.3 使用 OData Service	162
8.3	Gateway 服务构造器	164
8.4	结束语	166
第9章	**SAPUI5 前端技术**	**167**
9.1	基础知识	168
	9.1.1 基本概念	168
	9.1.2 MVC 模式	170
	9.1.3 国际化文本	174
	9.1.4 Component	175
	9.1.5 描述性文件	178
9.2	布局和样式	181
	9.2.1 页面与面板	181
	9.2.2 Container	182
	9.2.3 边距与填充	183
	9.2.4 CSS 与主题颜色	183
9.3	嵌套和复用	185
	9.3.1 视图嵌套	185
	9.3.2 对话框和片段	187
	9.3.3 片段返回	189
	9.3.4 Icons 引用	190
	9.3.5 对话框复用	191
9.4	数据展示	194
	9.4.1 聚合绑定	194
	9.4.2 数据类型	196
	9.4.3 表达式绑定	198
	9.4.4 自定义格式	198
9.5	数据操作	200
	9.5.1 查询筛选	200
	9.5.2 排序与分组	202
	9.5.3 远程调用数据	203
9.6	结束语	204
第10章	**SAPUI5 技术提升**	**205**
10.1	测试和调试	206
	10.1.1 模拟数据测试	206
	10.1.2 Qunit 单元测试	209
	10.1.3 OPA 集成测试	212
	10.1.4 浏览器调试	216
10.2	前端路由	217
	10.2.1 Routing 与导航	217

目 录

- 10.2.2　参数路由 …………… 220
- 10.2.3　路由返回 …………… 222
- 10.3　高级应用 ……………………… 223
  - 10.3.1　自定义控件 …………… 223
  - 10.3.2　响应与适配 …………… 229
  - 10.3.3　可访问性 …………… 235
- 10.4　结束语 ……………………… 237

第 11 章　Fiori 工作流 …………… 238
- 11.1　工作流配置 …………………… 239
- 11.2　工作流开发 …………………… 242
  - 11.2.1　My Inbox …………… 243
  - 11.2.2　标准工作流 …………… 245
  - 11.2.3　自定义工作流 ………… 248
- 11.3　结束语 ……………………… 258

第 12 章　应用实施 ……………… 259
- 12.1　关于 Transactional 实施 ……… 260
- 12.2　Transactional 激活 …………… 263
  - 12.2.1　ICF 服务 …………… 263
  - 12.2.2　OData 服务 ………… 265
- 12.3　Transactional 配置 …………… 268
  - 12.3.1　前端角色 …………… 268
  - 12.3.2　后端角色 …………… 273
- 12.4　Transactional 运行 …………… 274
- 12.5　结束语 ……………………… 275

第 13 章　应用增强 ……………… 276
- 13.1　关于 Fact Sheet 增强 ………… 277
- 13.2　Fact Sheet 创建 ……………… 279
  - 13.2.1　创建搜索模型 ………… 279
  - 13.2.2　创建 UI …………… 283

- 13.3　Fact Sheet 扩展 ……………… 285
  - 13.3.1　扩展搜索模型 ………… 285
  - 13.3.2　扩展 UI …………… 293
- 13.4　Fact Sheet 部署 ……………… 296
- 13.5　结束语 ……………………… 299

第 14 章　应用开发 ……………… 301
- 14.1　关于 Analytical 开发 ………… 302
- 14.2　场景设计 …………………… 306
  - 14.2.1　页面原型设计 ………… 307
  - 14.2.2　数据库表设计 ………… 310
- 14.3　场景实现 …………………… 312
  - 14.3.1　页面交互开发 ………… 312
  - 14.3.2　业务逻辑开发 ………… 330
  - 14.3.3　数据模型开发 ………… 333
- 14.4　接口测试 …………………… 341
- 14.5　结束语 ……………………… 344

第 15 章　应用扩展 ……………… 345
- 15.1　关于 Screen Personas ………… 346
- 15.2　Screen Personas 开发 ………… 351
  - 15.2.1　主题 ………………… 351
  - 15.2.2　特性 ………………… 353
  - 15.2.3　高级特性 …………… 354
- 15.3　结束语 ……………………… 356

第 16 章　Fiori 集成 ……………… 357
- 16.1　SAP Jam ……………………… 358
- 16.2　SAP BusinessObjects Lumira …… 360
- 16.3　SAP BusinessObjects BI ……… 364
- 16.4　结束语 ……………………… 367

后记 …………………………………… 368

第 1 章

Fiori 概述

内容关键词

SAP 发展阶段、SAP 系列产品、SAP 与 SAP Fiori 的关系
什么是 SAP Fiori，Fiori 的发展历程
Transactional、Fact Sheet 和 Analytical 三种 Fiori 应用类型
SAPUI5 前端开发技术
基于 OData 与 Gateway 的数据访问

本章概要

- 从 SAP 开始
- SAP Fiori 基础

SAP 是一家全球知名的企业应用软件供应商，提供完善的 ERP、CRM、大数据、云计算、供应链、物联网等解决方案。据统计，在中国超过 1.5 万家企业在使用 SAP 软件，在世界五百强企业中，SAP 的覆盖率更是超过了 90%。为了更好地让大家了解 SAP Fiori 与 SAP 的关系，本章重点介绍 SAP 的发展历程和产品体系。

智能时代，用户体验（UE）是商业软件应用效果的重要体现之一，各大软件提供商纷纷将目光聚焦在用户体验上。SAP 也不例外，于是 SAP Fiori 应运而生。SAP Fiori 针对 SAP 软件功能，为各业务角色提供简单、易于使用的体验，同时还能在不同设备上无缝兼容运行。作为 SAP Fiori 的入门基础，本章通过介绍 SAP Fiori 的发展阶段、应用类型和主要技术，让读者知道 SAP Fiori 是什么。

1.1 从 SAP 开始

SAP（Systems Applications and Products in Data Processing）既是公司名称，又是软件产品名称。SAP 是企业管理解决方案的先驱之一，为各种行业、不同规模的企业提供全面的解决方案。自 1972 年起，其软件的有效性和可靠性，已经被一百余个国家和地区的数以万计的用户所验证。正是用户不断地推广使用、SAP 自身不断地发展创新，成就了 SAP 品牌的强大实力。

1.1.1 SAP 发展历程

1972 年，五名原 IBM 公司的工程师，在德国魏恩海姆（Weinheim）创建了他们自己的公司，决定开发服务于企业实时业务的应用软件，这就是 SAP 的起源和定位。

一个传奇，从此诞生。

SAP 的发展经历了以下几个阶段：

1. R/1 阶段

1973 年，世界上第一套财务软件 RF 系统问世，在此基础上，进行了相关组件的扩展，形成了 SAP 的开山之作 R/1。R 代表实时数据处理，1 表示刚刚开始。在后来的几十年中，基于 R/1 思想的系统，为 SAP 和世界上的优秀企业带来巨大的业务成长。

在 20 世纪 70 年代，全世界都在做硬件销售，软件走的是程序员定制开发的道路。硬件服务器以大型机为主，主要是 IBM 大型机，价格非常昂贵，只有大型企业才用得起。因此，在某种程度上，R/1 阶段是基于大型主机的时代。在软件方面，主要的开发语言是汇编语言、COBOL、BASIC、Pascal、C 语言。R/1 阶段的操作系统主要是 UNIX，而以 Oracle 为标志的数据库刚刚起步。

2. R/2 阶段

1979 年，SAP 开发出数据库和对话控制系统，这对于运行在大型机上的商业套件是必不可少的。采用大型服务器与客户终端相结合的模式，是 R/2 阶段的主要标志，这意味着 R/2 系统进入主机/终端两层结构的时代。R/2 系统的推出，是基于跨国公司的潜在客户需求，因此在系统设计之初，SAP 就考虑了多语言、多币种以及不同国家的法律法规。这种国际化的开发视野，一直持续到了今天。

在 R/2 阶段，SAP 制定了自己的界面标准和规范，发明了界面框架库和数据库，推出了商业应用开发语言 ABAP。

3. R/3 阶段

1992 年，R/3 的问世，是商务企业计算领域的重大突破，为 SAP 的辉煌拉开了序幕。R/3 将企业从大型机和专业程序员的世界，转移到了基于数据库、应用软件和用户界面的世界，使得 SAP 系统更易于终端用户接受。

R/3 系统是基于客户端、服务器架构的在线事务处理系统（OLTP）。3 不仅代表 SAP 的第三代产品，也代表 SAP 是基于客户端、应用服务中间层、数据层的三层结构。在 R/3 阶段，SAP 有了统一的 GUI 技术、IDES 开发编译打包环境、运行时虚拟机、抽象数据访问层，这些全是 SAP 自己的技术。同时，SAP 系统可以跨硬件、跨操作系统、跨数据库、跨客户端计算机运行。

20 世纪 90 年代是世界互联网的爆发时代。硬件服务器已经推出了 PC x86 系列，开发语言如 VFP、VB、PB、Delphi、Java 等先后出现，操作系统更新到了客户端 Windows 3.0 版本，Oracle 数据库、中间件等广泛使用，使得软件系统的应用变得更为方便。SAP 在 R/3 阶段不再开发自己的数据库，而换成 Oracle 数据库，但仍然坚持自己的特定 UI 技术，这就是 SAP UI。

4. NetWeaver 和 ECC 阶段

进入 21 世纪，先后推出了 NetWeaver（企业集成平台）和 ECC（ERP Central Component，企业核心组件），实现了把平台和 ERP 应用分离，并成长为一个独立的产品和品牌。SAP 也进入了 NetWeaver 和 ECC 阶段。随着 Java 虚拟机、J2EE、WebLogic/WebSphere 中间件、.NET 平台的广泛应用，软件开发模式发生了划时代的变化，基于 B/S 开发模式的前端、逻辑、数据的三层架构早已成为主流。

SAP 在本阶段重点打造企业集成平台，该平台包括企业门户、移动架构、商务智能、主数据管理、信息交换、Web 应用服务器、解决方案管理器等。同时，中间件开始兼容 WebLogic/WebSphere，开发语言开始使用 Java，但仍然坚持自己的 UI 前端技术，推出了自定义标签和语法的 Web Dynpro。

5. S/4 阶段

S/4 发起于 2010 年，此时的互联网技术，已经向多端适配、云计算、大数据等方向发展。SAP 与时俱进，在云计算方面，自己耕耘虚拟机、容器、DevOps 等，在大数据方面，通过收购 Sybase，合作研发基于内存计算的数据库。到 2015 年，SAP 对外发布了 S/4 HANA（SAP Business Suite 4 SAP HANA 的简称）。S 代表简单和套件，4 既表示第四代产品，又代表基于云平台、大数据、中间层、客户端层构成的新四层架构。

SAP 多年来能够长盛不衰，靠的就是将技术和业务进行完美的结合。SAP 根据实际中最新的业务需求，并结合当前最新的技术成果，先后推出了基于大数据平台和云平台的 S/4 系列产品。将 S/4 HANA 搬到云平台上，SAP 的发展来到了 HANA Cloud 时代。

HANA 数据库的出现和使用，是 S/4 发展中两个重要标志之一。另一个标志，就是 SAP 终于放弃了自己坚持的 UI 技术，屈服于 W3C 页面和主流浏览器的标准，推出了全新一代基于用户体验的 SAP Fiori 前端技术。

6. C/4 阶段

2015 年开始，随着客户对智能、融合、体验方面提出的更高要求，SAP 与时俱进，及时地调整了方向，基于客户体验，发布了 C/4 套件。

C/4 套件的技术线包括：

（1）云计算方面，不再坚持自己的云技术方向，而是只构建一个薄薄的兼容层，以便与其他云技术巨头如 AWS、Azure、Google Cloud 进行集成，方便云上部署。

（2）大数据方面，不再坚持自己的 HANA，而是拥抱 Hadoop、Spark 等流行和开源的大数据技术。

（3）前端 UI 方面，在坚持 Open UI5 的基础上，推出了一套统一皮肤的 UI 组件，这就是 SAP Fiori 前端组件库。

1.1.2　SAP 产品体系

SAP 的发展历程，是 SAP 产品体系不断推陈出新的历程。SAP 在不同的发展阶段，推出了具有代表性的新产品，以满足新应用和新技术的发展需要。

不同阶段的 SAP 产品如表 1-1 所示。

表 1-1　不同阶段的 SAP 产品

产品名称	产品描述
mySAP ERP	SAP R3 产品加上 SAP 最新的集成平台 SAP NetWeaver
mySAP CRM	CRM 产品功能包，加上 SAP 最新的集成平台 SAP NetWeaver
SAP NetWeaver	在 SAP 最新集成应用平台 NetWeaver 中，增加互联网标准如 HTTP、XML 和网络服务，确保开放性，能与 SAP 或非 SAP 的应用系统集成
SAP All-in One（SAP A1）	在 SAP R/3 的基础上，SAP 做了一些预配置，内含 mySAP CRM 的部分功能
SAP Business One	在原产品基础上改造而成，版本 4.6 以前是传统的 R/3 系统
SAP A1S	用户看不到任何代码，只有一系列封装好的服务并且对外开放，可与第三方软件集成
mySAP ERP200X（ECC）	版本 4.70 以后，改为 R3 Enterprise，最大变化是 SAP WEB AS 取代传统的 Basis，核心业务功能模块也做了划分
SAP Business Suite	SAP 的主力产品包
SAP Business Suite 4 HANA	基于 HANA 数据库平台的 SAP Business Suite 产品

下面详细介绍 SAP 产品体系（含解决方案）的形成过程。

1992 年推出 R/3 产品，包含了 ERP 概念中所熟悉的模块，如 FI、CO、MM、SD、PP 等，其中以财务、人力、生产制造为核心模块。

1999 年发布了 NetWeaver 系列产品，该类产品的特点如下：

（1）基于独立平台 NetWeaver 研发而成的全新产品，部分 Web 功能实现浏览器访问，SAP 终于有了显性的平台产品。

（2）NetWeaver 本质是应用集成平台，主要包含 Web UI 统一组件 Web Dynpro、信息交换集成中间件、内容文档统一权限管理、审批工作流、主数据管理、BW 数据仓库。

（3）NetWeaver 全面拥抱 Java 中间件和 .NET 平台，IDES 也基于 Eclipse 全新改版。

NetWeaver 系列产品又细分为：

1）MySAP 商业套件（运行于 NetWeaver 新一代产品运行平台），包括 ERP、CRM（客户关系管理）、PLM（产品生命周期管理）、SRM（供应商关系管理）、SC（供应链管理）等基本套件。

2）MySAP xAPPs 扩展应用产品，就是将应用涉及的多标准功能，整合成复杂流程并进行管理。

2004 年发布了 ECC 系列产品，该类产品的特点如下：

（1）ECC 就是在 NetWeaver 基础上开发的 ERP 应用。

（2）在 mySAP 商业套件模块的基础上，还扩展了 CRM、SRM 和 SCM 模块，打通了生产制造企业的产供销产业链条。

ECC 套件产品是结合了不同行业特性和最佳业务实践，形成的快速实施产品，主要包括会计（FI）、财务（CO）、生产（PP）、销售管理（SD）、物料管理（MM）这几大传统功能模块。

2009 年推出了 SAP Business Suite 产品，该类产品的特点如下：

（1）基于 jQuery 和 Bootstrap 开源技术，推出适配所有浏览器和移动设备的全新 UI 套件 OpenUI5。

（2）开始开发移动 APP。

2010 年，开发 S/4 HANA 产品，该类产品的特点如下：

（1）基于高性能分析的数据库技术，研发而成的全新 SAP Business Suite 产品。

（2）HANA 逐步添加了 NoSQL 数据库、Hadoop、Spark 等开源大数据组件。

（3）由 IDES 开发平台、NetWeaver 应用集成平台、HANA 大数据平台，构成了 SAP 的三个层次的技术平台产品。

当时，SAP 的核心产品是 S/4 HANA，包含财务会计（FI）、管理会计（CO）、生产管理（PP）、销售管理（SD）、物料管理（MM），这也是 SAP 最稳定的基石模块。

2013 年，推出了 S/4 HANA 系列产品，该产品的主要特点如下：

（1）基于云平台产品，包括全新 UI 组件 Fiori、虚拟机/容器、DevOps、IT 运维管理、安全。

（2）在云平台和 HANA 数据平台基础上，充分依赖 HANA，研发了简单的财务、物流模块，并逐步开发其他 ERP 模块。

（3）由云平台、大数据、中间层、客户端层构成的技术架构，满足了云产品的应用要求。

S/4 HANA 核心产品又细分为：

1）S/4 HANA 公共云（也称为 HANA 云平台）。

2）S/4 HANA 私有云（也称为 HANA 企业云）。

3）S/4 HANA 混合云。

4）S/4 HANA On Premise（也称为 S/4 HANA 企业管理）。

5）S/4 HANA 财务（也称简单财务）。

6）HANA 套件（也称为 HANA 数据库上的 SAP ERP/ECC）。

2017 年，SAP 推出了智能平台产品，该类产品的主要特点如下：

（1）基于 SaaS 技术和模式，主打智能物联和人工智能。

（2）推出了营销 SaaS 云、采购 SaaS 云、人力云、财务云、企业绩效云等。

（3）采取收购而不是研发，不是包装 SaaS 而是原生 SaaS 的策略。

智能流程和新的交互方式，将成为 SAP 产品未来的发展方向，大道至简也在日趋完善。SAP 正朝着数字化和简化复杂流程的方向发展，SAP 的战略目标之一，就是让企业变得更加智能。当然，随着 SAP 系列产品的不断演变，其技术也在不断推陈出新，例如在前端 UI，基于用户体验的 SAP Fiori，正在助力 SAP 的发展。

让我们共同开启 SAP Fiori 的学习之旅！

1.2　SAP Fiori 基础

传统的 SAP GUI 虽然功能非常强大，但是界面实在跟不上时代的潮流，于是 SAP Fiori 应运而生。Fiori 是意大利语"花"的意思，就是期望 SAP 的用户界面美得像花儿一样。SAP Fiori 为 SAP 软件提供了一致和全面的用户交互体验，改善了 SAP 产品前端体验，统一了界面风格。

什么是 SAP Fiori 呢？简单地说就是 SAP 开发的一整套由前端 UI 技术框架、前端交互系统和前端交互标准构成的用户交互系统（SAP Fiori User Experience）。除了美得像花儿一样，它还能为用户实现跨设备体验的一致性，其 UI 控件能够自动适应每个设备的屏幕显示。

SAP Fiori 本质上是一个轻量级的样式表和 HTML 标签库，允许开发人员在任何基于 Web 的 UI 框架中构建 SAP Fiori 应用程序，比如在 Vue 中。SAP Fiori 的出现，使 SAP 应用变得更为简单且极具个性化，用户体验更加鲜活，而且充满活力。

SAP Fiori 的应用优势主要体现在以下几个方面：

（1）提供简单、易用、一致的消费者级别用户体验，让工作变得更易完成。

（2）在设计中充分考虑多种设备尺寸，支持普通计算机、平板计算机和智能手机。

（3）可频繁更新广大企业用户的业务功能，而不影响应用程序的正常运行。

（4）实现端到端的可扩展性，简单轻松地管理解决方案架构以及主题设计，突出 SAP Fiori 应用程序的主题化和品牌化。

（5）将 UI 与后端分离，既可以更快地迭代 UI 应用程序，又可以在后端没有开发授权的情况下，对 UI 进行更改优化。

SAP Fiori 的应用效果如图 1-1 所示。

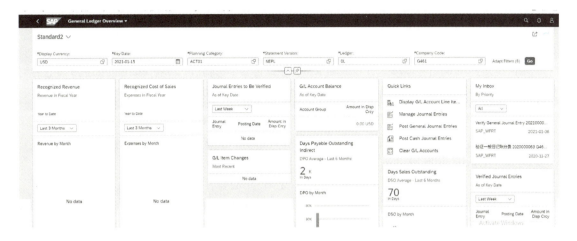

图 1-1　SAP Fiori 的应用效果

1.2.1　Fiori 发展阶段

作为 SAP 最新用户体验产品，Fiori 可以生成更加便捷、美观的应用，不仅简单适用，而且采用最为领先的设计理念。SAP Fiori 采用务实的设计方法，经过不断发展创新，才有了今天的影响力和成就。

SAP Fiori 的发展经历了三个阶段。

1. SAP Fiori 1.0 阶段

在 2013 年 5 月 15 日的发布会上，SAP 宣布推出全新的 SAP Fiori。在当时，SAP Fiori 被定义为一系列简单易用的应用程序，为广泛和频繁使用的 SAP 软件功能提供直观的用户体验，这些应用程序可跨越多种设备，以帮助用户轻松完成工作。

SAP Fiori 的推出，为复杂的业务场景带来了简便性，彻底改变了未来商业软件的设计模式。SAP Fiori 1.0 采用现代 UX 设计原则，可以跨业务、跨任务、跨设备，提供基于角色的消费者级用户体验。因此，各团队可以变得更高效，以全新的方式，更好、更快地工作。基于 SAPUI5 技术，SAP Fiori 1.0 完成了更广泛的范式转变，从关注功能特征转向用户及其体验。

SAP Fiori UX 设计原则：

（1）基于角色

SAP Fiori 基于用户的业务、需求及工作方式而设计，它借鉴了当今人力资源多种角色的广泛见解。SAP Fiori 能在适当的时间，提供正确的信息，并反映用户真实的工作方式。

（2）自适应

无论用户使用何种设备，SAP Fiori 都能让用户随时随地工作。并且，还提供了可即时查看的相关信息，能适应多个用例和场景。

（3）简单

借助 SAP Fiori，用户可以直观、快速地完成工作。SAP Fiori 帮助用户专注于重要的事项、相关的任务和活动，并获得个性化体验。

（4）连贯一致

无论是用户填写销售订单、查看最新 KPI，还是管理请假流程，SAP Fiori 都会遵循规范的交互设计。在整个企业中，用户将享受到直观、流畅和一致的视觉体验。

（5）令人愉快

除了让用户更聪明地工作，SAP Fiori 还可以让用户更简单地完成工作，从而建立情感联系。

2. SAP Fiori 2.0 阶段

SAP Fiori 2.0 于 2016 年 10 月推出，提出了复杂场景的简化，更加注重用户及其工作方式。SAP 宣布 SAP Fiori 将成为未来所有产品的设计系统，该设计系统不仅能够解决简单的用例，而且还可以为最复杂的业务场景提供直观的解决方案。

基于 SAPUI5 技术（版本 1.40 及更高版本），它让用户更专注于核心任务，同时仍然可以跟踪其他的活动。通过对 SAP Fiori 启动面板的升级，用户获得更高的灵活性和更全面的指导。主要包括优化发现和导航功能、通过视窗进行界面交互、面向访问的个人通知、协作的改进、个人数字助理的使用等。Fiori 2.0 的界面比以前的版本看上去更优雅。适应更复杂的场景是 SAP Fiori 2.0 的主要目标。

在 Fiori 2.0 时代，SAP 生态圈延续"所有产品体验的一致性"目标。同时，与苹果合作，发布了用于本地移动平台的 SAP Fiori 设计系统。与 Google 合作，宣布了 Android 版的 SAP Fiori。SAP Fiori 2.0 代表了以 SAP S/4 HANA 和 SAP Business Suite 为标志的，SAP 生态圈用户体验的最新发展成果，为用户提供多方面的价值。

这些价值主要体现在：

（1）提高生产力。

（2）更快更直接地访问相关信息和应用程序。

（3）通过及时通知提高关注的透明度。

（4）为用户决策提供帮助。

（5）为用户提供采取快速和明智行动的能力。

（6）提高用户满意度。

3. SAP Fiori 3.0 阶段

尽可能为用户提供最好的体验，已成为其主要目标。2019 年，Fiori 3.0 如约而至。Fiori 3.0 是为 SAP Intelligent Suite 套件产品定制的设计语言，它灵活、简洁、方便而且智能化。经过不断发展，SAP Fiori 已经成为智能企业的设计系统，预计很快将支持所有 SAP 产品的智能套件。

在原有设计思想的基础上，Fiori 3.0 融合了一致、智能、集成的设计理念。因此，SAP Fiori 3.0 的内核，已经不再是单纯的设计语言和设计系统，更不是简单的 UI 组件库，而是整合了新的技术和交互，把设计的高度提升到了产品生态圈的层面。同时，支持 SAP Fiori 3.0 设计系统的各种技术进一步提升。从现有的 SAPUI5 和 UI 技术，已经扩展到基于 Angular、React、Vue 和

Web 组件等前端框架的最新 Web 技术。

SAP Fiori 3.0 的设计理念是：

（1）一致

在产品之间提供统一的外观和感觉，为所有 UI 技术提供一致的设计解决方案。

（2）智能

将机器学习和人工智能作为用户体验的组成部分，使用户智能地获得控制权。

（3）集成

在单个屏幕上，将来自不同产品的内容统一起来，消除耗时的跨产品导航。同时，提供解决方案，将不同的独立产品和技术集成到一致且易于使用的环境中。

1.2.2　Fiori 应用类型

从专业角度来说，SAP Fiori 很难定义为一个产品。说它是一个标准，或许大家更容易理解。而符合这个标准的应用程序，就是 SAP Fiori 应用。目前，SAP 提供了 Transactional（事务型应用）、Fact Sheet（表单型应用）和 Analytical（分析型应用）三种应用类型，并作为现有的 SAP Fiori 产品组合。

本书将重点结合这三种应用类型，分别从应用实施、应用增强和应用开发三个维度进行介绍。

1. Transactional 应用类型

Transactional 应用是最基本、单一任务的应用类型。基于任务的访问，提供增、删、改、查等常规操作，作为标准的 SAP Fiori 应用类型，开发人员只需激活 ICF 服务、OData 服务，配置好前后端角色并分配给用户，通过实施操作就可以完成对 Transactional 应用的开发。Transactional 应用不仅可以运行在 HANA 数据库之上，也可以运行在其他数据库之上，例如 Oracle、SQL Server 等。在 Launchpad（启动面板）中，通过 Tile（磁贴）方式启动该应用。

针对 Transactional 应用类型，将在第 12 章详细介绍应用实施的方法和步骤。

2. Fact Sheet 应用类型

Fact Sheet 应用，通俗点说，就是在一个应用里面，通过各种维度展现某一类型的应用数据。比如在采购管理页面，既可以直观查询从采购申请到采购订单、交货凭证以及发票凭证等单据，又可以查看所有流程的数据。与 Transactional 应用一样，对于标准的 Fact Sheet 应用程序，可以通过应用实施来实现。但在实际的应用场景中，通常需要增加某些字段、改变某些控件样式等操作以满足业务需求或用户体验，这些操作在 SAP 开发中称为增强开发。

因为 Fact Sheet 应用更多的时候要面向搜索模型，且只能运行在 HANA 数据库之上，因此，还需要对搜索模型、UI 进行增强开发，才能真正实现应用程序的创建和扩展。Fact Sheet 应用的访问，需要通过 Launchpad 右上方的搜索或者其他应用的启动来实现。

针对 Fact Sheet 应用类型，将在第 13 章对创建和扩展的方法步骤进行详细介绍。

3. Analytical 应用类型

Analytical 应用，具体来说，就是基于事件的洞察和大数据的分析，从不同维度将需要关注的指标数据，通过各种图表、图形进行展示、分析、监控（预警和提醒）、评估（决策和战略），做到动态分析、智慧决策和实时行动。

该应用类型也只能在 SAP HANA 上访问，其应用程序的开发实现，可以通过系统提供的模板进行标准页面开发（在第 7 章进行详细介绍），更多的时候需要通过元数据注解，按照业务实际需求做自定义开发。例如，某段时期内的排名前十的客户销售数据、地区销售数据、应收欠款前十的客户等，可以通过 SAPUI5 前端代码，实现各维度的管理图表效果。在 Launchpad 中，同样通过磁贴方式启动该应用。

针对 Analytical 应用类型，本书将在第 14 章对应用开发的设计和实现进行详细介绍。

随着 SAP Fiori 版本的不断更新，目前 SAP 开发并支持的 Fiori 应用在快速地增长。这些内置的 Fiori 应用，都支持用户通过 ABAP + 前端 UI5 技术进行开发。同时，SAP GUI 里开发的报表或者功能，目前也不需要写任何代码，就能搬到 Fiori 上（部分不支持 HTML 技术或受 Fiori 支持限制的除外）。

SAP Fiori 不同的应用类型对应的系统架构，因使用 SAP 产品版本和适应场景的不同，产生的效果和优势也不一样。目前国内大多数用户都在使用 SAP S/4 HANA 和 SAP Business Suite 的相关产品线。以 Fiori 与 S/4 HANA 的关系为例，其带来的特点和优势如下：

1）全面采用 Fiori UE 是 S/4 HANA 的三大特性之一。
2）所有新制作的应用都将采用 Fiori 的技术框架。
3）对于老应用、客户化引用，要通过 Fiori Launchpad 进行整合发布。

1.2.3 Fiori 主要技术

SAP Fiori 的顺势而生，改善了过去 SAP 产品的前端体验不佳与风格不统一的状况。在设计上，SAP 将业务逻辑、后端数据与前端展示分离。在技术实现上，SAP Fiori 开发由 SAPUI5 前端页面开发、Gateway 应用数据服务开发和 Launchpad 功能配置与开发三部分构成。

在 SAP Fiori 的总体架构图中，SAPUI5 前端开发技术用于创建 Fiori 应用的展现层，OData 与 Gateway 用于前后端分离开发的数据访问，是逻辑层与数据层的连接，而 SAP Launchpad 是 Fiori 应用程序访问控制的统一入口。

1. SAPUI5 前端开发技术

SAPUI5 是跨平台企业级应用的前端开发技术，由 HTML5、JavaScript、CSS 三部分组成。HTML5 是网页的核心元素，由各种标签组成页面，JavaScript 用来编写业务逻辑、响应各种用户事件，CSS 定义页面元素样式。UI5 的类库包含了开发页面所需的各种控件，每个控件都有自己的响应事件，并通过 OData 实现数据访问。

本节内容只对 SAPUI5 的关键控件库、系统架构、设计模式、工作机制和主要优势进行概述，有关技术实现细节将在第 9、10 章详细介绍。

(1) SAPUI5 的关键控件库

使用 SAPUI5，可以构建在任何设备上运行的业务应用程序，为桌面和移动应用提供一个轻量级的编程模型。因此，所有 SAP Fiori 应用程序的开发，都离不开 SAPUI5 控件库，如桌面控件库（sap.ui.commons）、UX3 控件库（sap.ui.ux3）、表格控件库（sap.ui.table）、移动端控件库（sap.m）等。

SAPUI5 主要的控件库及作用如表 1-2 所示。

表 1-2 SAPUI5 主要的控件库及作用

库/命名空间	作 用
sap.ui.core	工具包的核心功能，加载和管理所有附加资源，并包含模型和渲染管理器，负责处理视图和控件的单例，写入 DOM
sap.m	包含最重要的一组控件，从最基本的到可以充当应用程序视图容器的控件
sap.ui.layout	帮助构建视图中元素显示的特殊控件
sap.ui.unified	包含用于移动和桌面应用程序的附加控件
sap.ui.table	为处理大量数据的应用程序而构建的 table 控件，不适用于手机屏幕
sap.viz	包含在应用程序中使用的不同类型图表
sap.suite	包含更多控件的一个库和其他资源（如类型和模板）的两个库
sap.ui.comp	与智能控件相关的库
sap.ushell	与 shell 服务功能相关的几个库

(2) SAPUI5 的系统架构

SAPUI5 的系统架构主要由 SAPUI5 库和 SAPUI5 核心两个部分组成。

SAPUI5 的系统架构如图 1-2 所示。

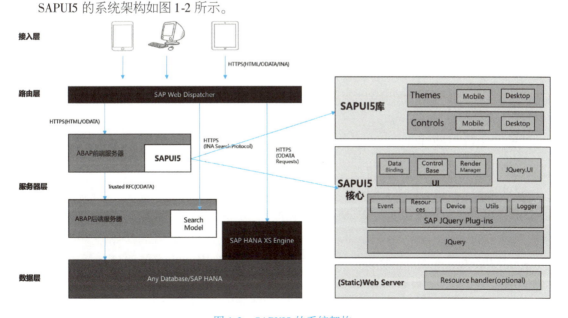

图 1-2 SAPUI5 的系统架构

（3）SAPUI5 的设计模式

SAPUI5 遵循的是 MVC 设计模式，也就是将数据模型处理、UI 设计和应用程序逻辑分离。MVC 模式带来的好处是，不仅可以前后端分离开发，而且还有助于促进 UI 开发。目前 SAP Fiori 应用程序的开发基本上采用 MVC 模式。

MVC 设计模式如图 1-3 所示。

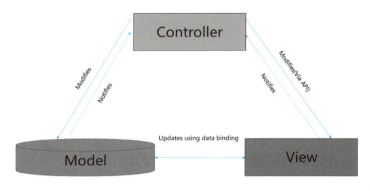

图 1-3　MVC 设计模式

下面分别介绍 Model（模型）、View（视图）和 Controller（控制器）。

1）Model（模型）是应用程序中用于处理应用程序数据逻辑的部分。SAPUI5 支持的模型有 JSONModel、XMLModel、ResourceModel、ODataModel，最常用的是 ODataModel。

2）View（视图）是应用程序中处理数据显示的部分，负责解释和呈现初始 UI。SAPUI5 上下文中的视图，是根据模型中的更改向用户生成表示，用于页面展示。SAPUI 中定义的视图有 XMLView、HTMLView、JSView、JSONView，最常用的是 XML 和 JSON。推荐使用 XML 语法格式。XML 视图文件总是以 *.view.XML 结尾，通常存放在 view 文件夹中。

3）Controller（控制器）是应用程序中处理用户交互的部分，负责将视图逻辑与数据逻辑分离，是最重要的部件之一。控制器通过调整视图和模型，来响应用户交互和用户行为，实际上是向模型发送命令以更新其状态，就像在字处理应用程序中编辑文档一样。控制器文件一般以 *.Controller.js 结尾，大多数情况下与相关视图同名，通常存放在 controller 文件夹中。

（4）SAPUI5 的工作机制

知道了 MVC 的设计原理后，接下来了解 SAPUI5 的工作机制，也就是加载 SAPUI5 应用程序的工作原理。

SAPUI5 的工作机制如图 1-4 所示。

1）在浏览器上加载 Web 应用程序 index.html 文件，服务器会查找默认文件，并自动显示该文件。

2）使用标准变量引导加载 SAPUI5 工具包，包含基于 HTML 和 CSS 的 SAPUI5 版式，以及 UI 组件（如表单、按钮、导航）的模式。其中 sap.ui.core.UIComponent 是整个应用程序的自包含封装，由 sap.ui.core.ComponentContainer 来加载，通过初始化函数调用 ComponentContainer，并将其放在 HTML 文件的主体中。

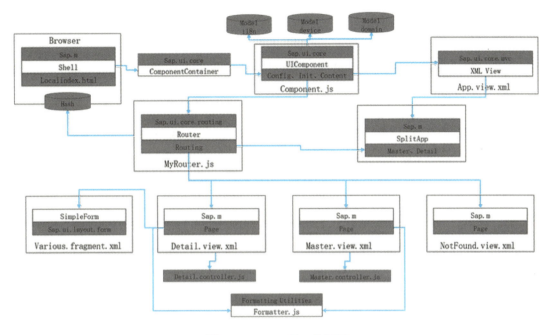

图 1-4　SAPUI5 的工作机制

3）组件（如 sap.ui.core.UIComponent）定义了元数据，包括应用程序级配置和路由信息，放在名为 Manifest 的文件中定义。组件初始化之后，有一些模型要在组件上创建和管理。例如，主模型使用 OData 连接到数据源，国际化（i18n）资源文件初始化，基于 UI 控件从本地资源加载文本。

4）路由器（sap.ui.core.routing.Router）的初始化在组件中进行，对根视图（名为 App.view.xml）实例化。

5）视图组件，除了桌面端应用程序控件外，如果有移动端应用，还要包含 sap.m.SplitApp 控件。该控件是 SAPUI5 移动应用程序的一个附加核心组件，支持平板计算机和智能手机。

6）在浏览器中看到的应用程序部分，由 XML 视图和片段组成。每个视图都包含 sap.m.Page 和 NotFound.view.xml，前者是移动应用程序屏幕的基本容器（如果有移动应用），后者类似于经典的 404 NotFound 页面。

7）XML 片段，如果使用几个 SAPUI5 表单控件显示某些信息，这些表单控件要在 XML 片段中单独定义。

8）格式化程序（Formatter.js）用来定义各种控件中使用的格式化值。

9）样式表（style.css）用来自定义页面布局和控件样式，可以包含一个或多个静态文件，用作描述页面（或文档）表示的样式。

（5）SAPUI5 的主要优势

SAPUI5 的主要优势包括以下方面：

1）SAPUI5 的 API 设计容易被消费和使用。

2）SAPUI5 支持基于 JavaScript 的客户端功能。

3）自定义控件或 UI 组件可以很容易地扩展。

4）允许用户更改基于 CSS 的自定义主题。

5）SAPUI5 提供了 Ajax 功能，可以与其他标准的 JavaScript 库一起使用。

6）SAPUI5 以流行的 jQuery 库作为基础。

7）SAPUI5 提供了高性能并完全支持 SAP 产品标准。

8）工具包基于开放标准，如 Open Ajax、JavaScript、CSS、HTML5。

2. 基于 OData 与 Gateway 数据访问

本节内容只对 OData 与 Gateway 进行概述，有关技术实现细节将在第 8 章详细介绍。

（1）OData

OData 是 Open Data Protocol 的缩写，用来查询和更新数据的一种 Web 协议，将应用程序中的数据暴露出来。OData 运用且构建于如 HTTP、AtomPub、JSON 等 Web 技术之上，提供从各种应用程序、服务和存储库中访问信息的能力。在 SAP Fiori 前后端分离的开发模式中，这种能力表现为各种数据源的访问接口，这些数据源包括但不限于关系数据库、文件系统、内容管理系统和传统 Web 站点。

OData 的主要优点是：

1）用于创建和使用数据的 API 是基于行业标准的。

2）基于核心协议（如 HTTP）构建。

3）轻量化。

4）生态系统广泛采用。

5）分离后端和前端。

6）URI 访问。

7）多通道。

（2）Gateway

SAP Gateway 是一个开发框架，可作为 SAP NetWeaver ABAP 应用程序服务器的附加组件提供，通常安装在 SAP Business Suite 或应用程序平台之上。同时，SAP Gateway 提供开发和生成工具，为各种客户端开发创建 OData 服务。简单地说，它建立了 SAP Business Suite 数据与目标客户端、平台和编程框架之间的连接。

OData 和 SAP Gateway 是客户端与后端服务器访问的桥梁，通过它可以与后端 SAP 商业套件进行访问连接和数据访问。

SAP Gateway 提供的生成工具允许在创建模型时重用现有数据源而不需要编码，从而加快开发时间。例如，从业务对象存储库（BOR）中选择业务对象、链接远程功能模块（RFC）、Dynpro 屏幕。这些生成工具不仅可以重用现有的业务对象或屏幕，还可以使用基于代码的数据适配功能，对来自多个对象的数据，根据各客户端应用程序的需求进行聚合、过滤和调整。

Gateway 的主要功能：

1）提供 SAP 系统与其他系统集成的运行时环境。

2）提供运行时功能，包括用户界面、安全数据访问、数据库连接和网络通信。

3）提供开发应用程序所需的基础设施和工具，增强 SAP 系统与其他系统集成的解决方案。

4）可以连接到多个 SAP 系统，无论其版本如何。

SAPUI5 是 SAP 提供的免费库，它是一套跨平台 MVC 框架的前端 UI 库。它提供了大量适用于企业应用场景的 UI 控件与脚本控制器。在使用时，不建议修改组件样式，应尽量保持与标准控件风格的一致。因为所有的应用，最后都要集成到一个统一的入口，这个入口就是 Launchpad。

Gateway 是运行在 SAP NetWeaver 应用服务器上的一个数据服务开发与部署的组件。在这里用 ABAP 语言开发应用数据服务，生成标准的 OData 服务，并且管理服务权限与配置信息。

Launchpad 是 SAP 提供的一个标准产品，具备应用程序管理与访问功能，并作为企业应用程序的总入口。本质上，它是一个用 SAPUI5 开发的大型应用程序，其他应用程序都内嵌在它的窗口容器中。通过它连接后台 Gateway 程序进行访问权限控制，并由 OData 进行数据访问。Fiori 作为用户体验标准，它所要求的应用程序功能，需要通过 SAPUI5 前端开发技术、基于 OData 和 Gateway 数据访问来实现。

有关 Launchpad 的知识将在第 5 章详细介绍。

第 2 章

Fiori 架构

内容关键词

SAP Fiori 系统架构的层级划分、数据传输机制

SAP Web Dispatcher 的核心能力、内外网访问

简化的 SAP Fiori 系统架构、SAP Gateway 组件的主要能力

SAP HANA XS 的模型和引擎

Transactional、Fact Sheet 和 Analytical 三种类型的应用架构、工作原理

SAP Fiori 云架构的两种应用场景和部署优势

本章概要

- SAP Fiori 总体架构
- SAP Fiori 应用架构
- SAP Fiori 云架构

本章将深入阐述 SAP Fiori 总体架构、三种类型的应用架构，以及基于云计算版本的系统架构。同时，对架构中核心组件如 SAP Web Dispatcher、SAP Gateway、SAP HANA XS 等的作用和能力进行详细介绍。读者通过对 SAP Fiori 架构的学习，可掌握其总体框架、运行环境、工作原理和应用能力，为 SAP Fiori 应用程序的实施和开发奠定基础。

2.1 总体架构

SAP Fiori 其实是一个很大的概念，可以称之为一套系统、一组框架，其架构理念是简化传统的操作流程，提高运行效率。本节内容将重点介绍其系统架构、数据传输、SAP Web Dispatcher、SAP Gateway 和 SAP HANA XS。

2.1.1 系统架构

SAP Fiori 所遵循的系统架构，由接入层 Client/Browser、路由层 Reverse Proxy、服务器层 ABAP Server 和数据层（包含 SAP HANA XS）组成。

SAP Fiori 系统架构如图 2-1 所示。

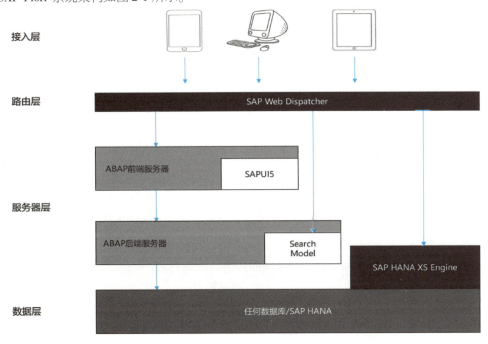

图 2-1 SAP Fiori 系统架构

图中每层的定义及作用描述如下：

1. 接入层（Client/Browser）

是实际消费 Fiori 应用的地方，Fiori Launchpad 是所有 Fiori 应用的统一入口，包括手机端、桌面端和平板端。

有关 Fiori Launchpad 的内容，将在第 5 章详细介绍。

2. 路由层（Reverse Proxy）

通常位于专用网络中防火墙的后面，并将客户端请求定向到适当的后端服务器，通常称为路由层。反向代理提供了额外的安全性和控制级别，以确保客户端和服务器之间的网络流量顺畅流动。SAP 推荐使用 SAP Web Dispatcher 作为反向代理服务器，在 Analytical 和 Fact Sheet 的应用类型中用到。

当用户对 Client/Browser 发出操作指令时，同时会发出相应的 Http/Https 请求到 SAP Web Dispatcher 上面，它会对请求进行处理，决定这些应用请求要进入哪台服务器。

有关 SAP Web Dispatcher 的内容，将在后面详细介绍。

3. 服务器层（ABAP Server）

SAP 推荐所有应用类型搭建前端服务器，前端服务器包含 UI 层和基础组件，例如激活 OData 服务的 SAP Gateway。后端服务器包含后端业务逻辑及 Fact Sheet 应用类型中用到的搜索模型。

服务器层中的前端服务器，包含 Fiori 系统的 UI 组件和 NetWeaver Gateway。UI 组件包含 SAPUI5 控件库和 Fiori Launchpad。NetWeaver Gateway 用于搭建与后台服务器的连接，以及添加后端创建好的 Gateway Service。前端服务器会向后端服务器发出数据处理的请求，包含具体的取数逻辑。

4. 数据层（包括 SAP HANA XS）

数据层中的数据库可以是一般数据库，也可以是 HANA 内存数据库。不同应用类型对后台数据库提出了相应的适配要求，其中 Transactional 应用可以适配任何后台数据库，如 Oracle、SQL Server 等。而 Fact Sheet 和 Analytical 的应用，只能使用 SAP HANA 数据库。SAP HANA XS 仅用于 Analytical 应用类型，它从后端服务器复制数据，并使用虚拟数据模型（VDM）对其进行重构。

在后端服务器和数据层之间会有一个"ABAP CDS"，用来将 ABAP 里面的数据逻辑下推到数据库层，这样可以提高 APP 的运行效率。如果是表单型应用，它会直接把请求发送到后端服务器的 Search Model 上，由它直接调用 HANA 数据库的数据，并显示在客户端。同样的，如果是分析型应用，它会直接把请求发送到 SAP HANA XS Engine 上，由它完成数据的交互和显示。

需要说明的是，SAP HANA XS Engine 是内置在 HANA 数据库里面的 Web 应用服务器，这个服务器用来运行所有分析型应用。分析型应用所有相关开发，如前端工程、OData 服务、控制业务逻辑等，都是由这个 XS Engine 来实现。

有关 SAP HANA XS 的内容，将在后面详细介绍。

2.1.2 数据传输

前面学习了 SAP Fiori 系统架构各个层级的构成，本节学习和讨论数据在不同层级之间的传输机制，也就是各层之间实现数据传输的通信通道和协议。

SAP Fiori 通信通道如图 2-2 所示。

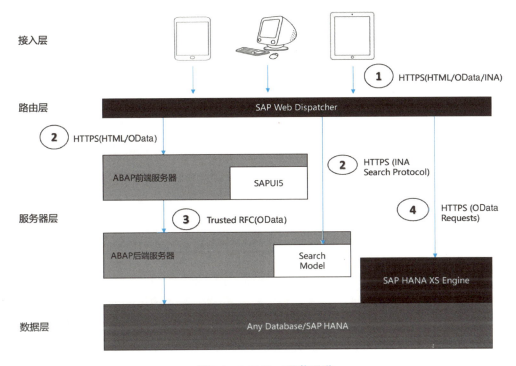

图 2-2 SAP Fiori 通信通道

SAP Fiori 支持通过 HTTPS 和 HTTP 访问。当然，用户完全可以自己设置只通过安全性更高的 HTTPS 访问，甚至要求只有认证过的设备才可以访问。目前 SAP Fiori 支持在 ECC8.0 上面，通过 ERP 组件的方式进行安装。而在 S4/HANA 上面，则默认已经安装好了。用户只需要通过激活相关的服务，配置相关的端口就可以轻松访问。

在 SAP Fiori 运行环境中，数据传输采用 HTTPS。HTTPS 是一种通过计算机网络进行安全通信的传输协议，经由 HTTP 进行通信，利用 SSL/TLS 建立安全通道，加密数据包。HTTPS 使用的主要目的，是提供对网站服务器的身份认证，同时保护交换数据的隐私与完整性。

图中①、②、④采用 HTTPS 进行数据传输，③采用 RFC 协议进行数据调用。

ABAP 服务器分为前端服务器和后端服务器，前后端服务器之间的数据传输采用 RFC 协议。RFC 可以在 SAP 系统之间、SAP 系统与非 SAP 系统之间进行远程调用，且调用是双向的，例如，Java 通过 JCO 连接器来访问 SAP 系统。RFC 的调用分为同步调用 sRFC（synchronous RFC）、异步调用 aRFC（asynchronous RFC）、事务性调用 tRFC（transactional RFC）、队列调用 qRFC（queue RFC）、并行调用 pRFC（parallel RFC）等几种方式。

SAP Fiori 数据传输的通信通道和协议如下。

图中①是接入层 Client/Browser 和路由层 Reverse Proxy（这里是 SAP Web Dispatcher）之间的通信，有 HTML、OData、INA 三种方式。具体采用哪种方式，取决于用户运行的应用类型或者用户执行的任务类型。比如说，当用户运行 Fact Sheet 应用类型时，客户端/浏览器会发送一个 INA 请求。

图中②是路由层 Reverse Proxy 与服务器层之间的通信，具体采用哪种通信方式，取决于 SAP Web Dispatcher 从客户端转发到 ABAP 服务器的请求类型。如果是 Transactional 应用类型的请求，则转发到前端服务器，采用 HTML、OData 的方式。如果是 Fact Sheet 应用类型的请求，则转发到后端服务器，采用 INA 方式（search requests）。

图中③是服务器层的前后端之间的通信，通过受信任的 RFC 连接实现，采用 OData 方式从后端服务器向前端服务器提供数据和服务。

图中④用于 Analytical 应用类型，在用户运行分析数据时，才会在 SAP Web Dispatcher 和 SAP HANA XS 之间进行通信。SAP Web Dispatcher 将 OData 请求从客户端转发到 SAP HANA XS，实现对数据的传输。

2.1.3 SAP Web Dispatcher

SAP Fiori 系统架构中的路由层 Reverse Proxy 通常也称为反向代理器。SAP 推荐使用 SAP Web Dispatcher 作为反向代理服务器。

SAP Web Dispatcher 位于 SAP Fiori 系统架构中的接入层和服务器层之间。取决于运行的 Fiori 应用类型（Transactional、Fact Sheet 和 Analytical），SAP Web Dispatcher 将请求从客户端/浏览器定向到 ABAP 前端或者 SAP HANA XS 上。SAP Web Dispatcher 对于 Fact Sheet 应用和 Analytical 应用是必需的，而对于 Transactional 应用不是必需的。

当用户运行一个 Analytical 应用时，SAP Web Dispatcher 将请求从客户端/浏览器分发至 SAP HANA XS 引擎上。同样，当用户运行一个 Fact Sheet 应用时，SAP Web Dispatcher 将请求从客户端/浏览器分发至后端服务器上。SAP Web Dispatcher 既可以进行简单的分发服务，也可以主动参与客户机和服务器之间的信息交换。

SAP Web Dispatcher 能够实现请求和响应的截取、检查和交互。请求和响应的交互，可以实现更高级的流量管理服务，比如应用层安全、Web 加速、页面导航以及远程安全连接等。SAP Web Dispatcher 还提供了基于参数分发请求的能力，比如用户设备、位置、网络条件和时间等。

1. SAP Web Dispatcher 的核心能力

核心能力主要在负载均衡、Web 加速、安全和匿名等方面。

（1）负载均衡能力

SAP Web Dispatcher 在负载均衡方面的作用：

1）常用于提供负载平衡服务，以提高 Web 应用的可扩展性和可用性。

2）用作网络中的策略点，通过 Web 应用程序防火墙、应用程序交付防火墙和深度内容检查，来增强 Web 应用程序的安全性，以减少数据泄露。

3）用于从应用程序中卸载服务，通过加速、智能和缓存来提高性能。

（2）Web 加速能力

SAP Web Dispatcher 在 Web 加速方面的作用：

1）能够压缩进站和出站的数据，并且能缓存一般的请求数据。
2）能够提高浏览器与 ABAP 服务器，或者浏览器与 SAP HANA XS 之间的通信速率。
3）执行其他的任务，比如 SSL 加密，可以减轻服务端压力，从而提高效率。

（3）安全和匿名能力

SAP Web Dispatcher 在安全和匿名方面的作用：

1）通过拦截指向后端服务器的请求，保护请求标识，作为对安全攻击的额外防御。
2）确保通过单个记录定位器或 URI 来访问多个服务器，无论局域网的结构如何。

2. SAP Web Dispatcher 的内外网访问

当前 SAP 系统中的 Web 应用越来越多，为了安全起见，大部分企业一般将 SAP 系统部署到自己的企业内网中，并且采用防火墙与外部网络隔开。如果用户需要从外部网络访问 SAP 系统，则需要 SAP Web dispatcher 提供反向代理的功能，使得外网用户可以访问到内网中的应用。

SAP Web Dispatcher 在内外网访问中的部署如图 2-3 所示。

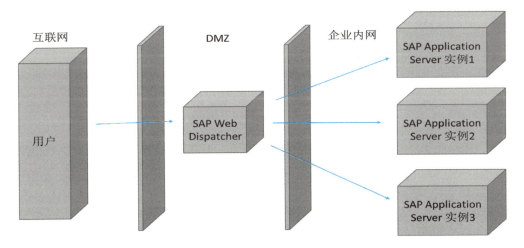

图 2-3　SAP Web Dispatcher 在内外网访问中的部署

在 SAP Web Dispatcher 的内外网访问中，如果企业访问人员较多的话，可以安装多台 SAP 服务器实例做负载均衡。如果用户需要访问 SAP 系统的 Web 应用，则需要使用 Web dispatcher 来做 HTTP 访问的负载均衡。

2.1.4　SAP Gateway

SAP Gateway 是 SAP Netweaver 平台上的一个组件，因为 SAP Gateway 的存在，使得 SAP Fiori 的系统架构更加简单和清晰。可以将原来架构的层级划分为消费层、SAP Gateway 层和 SAP 后台层。消费层是所有 SAP Fiori 应用的入口，用户通过电脑或移动设备访问和消费后台数据。SAP Gateway 层用来创建 OData Services，并提供对后台业务逻辑的抽象化访问。SAP 后台层可以是 S/4HANA，也可以是 SAP Business Suite，真正的业务逻辑和数据都储存在这里。

简化后的 SAP Fiori 系统架构如图 2-4 所示。

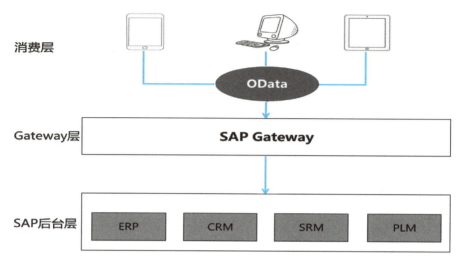

图 2-4　简化后的 SAP Fiori 系统架构

SAP Gateway 提供了以下的能力：

1）提供 SAP 系统与其他系统集成的运行时环境。

2）提供运行时功能，包括用户界面、安全数据访问、数据库连接和网络通信。

3）提供开发应用程序所需的基础设施和工具，增强 SAP 系统与其他系统集成的解决方案。

4）可以连接到多个 SAP 系统，无论其版本如何。

总之，SAP Gateway 提供 SAP 应用与任何语言或模型的连接能力，借助 REST Services 和 OData/ATOM 协议，实现这种连接不需要了解 SAP 系统内部的工作机制，屏蔽了 SAP 系统背后的技术复杂性。

SAP Gateway 是一种基于市场标准，将设备、环境和平台连接到 SAP 软件的简单方法，具有以下优势：

1）降低消费数据的门槛，无须 SAP 系统的专业知识，也能消费其中的业务数据和功能。

2）通过一个简单易用、非专有的接口，隐藏 SAP 系统背后的技术复杂性。

3）基于 REST/OData，允许使用任何编程语言或模型连接到 SAP 应用程序，无须 SAP 知识，利用 REST 服务和 OData 协议。

4）提供服务生成工具（Service Provisioning tools），允许为已存在的 ABAP 功能快速生成 REST 实现。

5）它为众所周知的 IDE 提供插件，如 Eclipse，Visual Studio 2010 和 XCode。

有关 SAP Gateway 的部署和配置，将在第 3 章中详细介绍。

2.1.5　SAP HANA XS

SAP HANA XS 是 SAP HANA 的扩展应用程序服务，它位于 SAP HANA 数据库之上，为运行基于 SAP HANA 的 Web 应用程序提供平台。因此，SAP HANA XS 是内嵌在 HANA 内的服务器端应用，它的核心部分是 XS 引擎，XS 的编程语言是 JavaScript。

1. SAP HANA XS 编程

SAP HANA XS 建立 APP 是基于 HTTP 的，可以提供以下服务：

1）通过 HTTP 的方式来访问 HANA 数据库。

2）支持动态的 HTML5 应用，也是 SAPUI5 视图层的解决方案。

3）提供强大的搜索服务。

4）分布式的代码管理机制，在客户端和服务器端均有代码，在客户端建立存储库，分享代码到服务器端。

HANA APP 的开发遵循 Push the control flow down 原则，就是将 Client 和后台的业务逻辑、数据持久层分开，并且将控制逻辑和计算、数据下压到 HANA 中去解决。因此，HANA 不仅承担了数据的存储，还包含了数据分析、内存计算、逻辑控制等，形成了一个大的平台。这种开发原则颠覆了传统的 Web 应用的架构，将控制和数据融合在 HANA 中，将原来的三层架构视图-控制层-数据层，变成了两层架构视图-HANA 原生态开发。

2. SAP HANA XS 模型

SAP HANA XS 提供经典模型和高级模型。

（1）SAP HANA XS 经典模型

SAP HANA XS 经典模型是 SAP HANA XS 的原始实现。经典的 XS 服务器完全集成到 SAP HANA 数据库中，并提供应用程序服务器功能。通过 HTTP 访问，XS 服务器可以通过开放数据协议（ODATA）调用和 HTML 用户接口传递数据。SAP HANA 提供了一个开发环境，用来创建新的结构和程序，例如建模数据库结构、分析查询、报告和过程以及开发应用程序。此开发环境集成到 SAP HANA Studio 和基于 SAP HANA Web 的开发工作台中，其优势就是在设计态，可以将对象从开发系统传输到测试系统或生产系统。

（2）SAP HANA XS 高级模型

SAP HANA 1.0 SPS 11 为应用程序开发引入了额外的运行时环境，这就是 SAP HANA XS 的高级模型。基于经典模型，它不仅扩展应用程序服务的优势，还扩展其范围，代表了 SAP HANA 中应用程序服务器体系结构的演变。SAP HANA XS 高级平台支持多种编程语言和执行环境，例如 Java 和 Node.js。

SAP HANA XS 高级应用程序的数据库部分，例如表、视图和过程的定义，使用 SAP HANA HDI 进行部署。HDI 是 SAP HANA 数据库的服务层，它简化了 SAP HANA 数据库对象的部署，并支持独立的部署容器。例如，可以在同一 SAP HANA 数据库上部署同一应用程序的多个实例。

3. SAP HANA XS 引擎

SAP HANA XS 引擎（Engine），是 SAP 推出的基于 HANA 的扩展应用服务引擎，是一个轻量级的应用服务器，内嵌在 SAP HANA 内存数据平台当中，作为 HANA 表与视图的程序逻辑和 Web 服务。

运行在 SAP HANA XS 引擎上的应用，可以由开发人员在 HANA Studio 环境中编写，还可以通过 SAP 的 River Rapid Development Environment 生成。通过 SAP HANA XS 引擎，开发人员不仅可以使用 HANA 来创建应用程序，还可以通过如 SAPUI5 这样的前端应用库来创建，而无须再运行单独的应用服务器。

SAP HANA XS 引擎是一个基于 Mozilla SpiderMonkey 的 JavaScript 应用服务器，与火狐浏览器使用的引擎是一样的。XS 引擎提供了一些 JavaScript API，用来访问运行在 HANA 当中的数据存储与功能。XS 应用可以使用标准化的 SQL 语言，查询并更新 HANA 表和视图。

SAP HANA XS 应用还可以使用外部 HTTP 请求，并在请求上下文之外运行任务计划。这是因为，XS 引擎会在传入的 HTTP 请求与传出的反馈层上运行。一个请求会传入给定的 XS 引擎服务，然后服务就会完全控制请求的评估与反馈的发出。尽管 XS 引擎的功能是有限的，但它可以作为库的良好补充。XS 引擎的设计初衷就是用来支持在 HANA 平台上开发轻量级服务与应用。

如前所述，Analytical 应用程序仅在 SAP HANA 数据库上运行，并使用 VDM。SAP HANA XS 引擎包含 SAP Fiori 应用程序内容、KPI 建模框架、通用向下钻取和 SAP HANA Live VDM。

SAP HANA XS 引擎如图 2-5 所示。

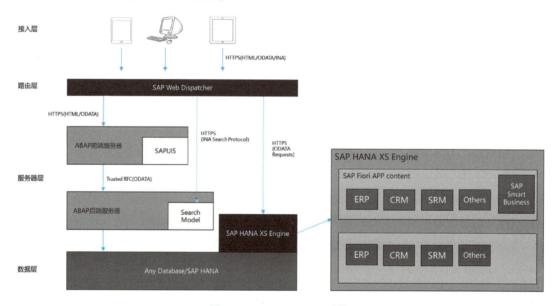

图 2-5　SAP HANA XS 引擎

SAP HANA Live 是一套完整的预定义 VDM，用于公开 SAP 商业套件应用程序数据。SAP HANA Live 提供了不同类型的视图，如搜索帮助视图、私有视图、重用视图和查询视图。有关 SAP HANA Live 的内容，本书不展开介绍，感兴趣的读者可以去 SAP 官方网站学习。

2.2　应用架构

SAP Fiori 提供了 Transactional、Fact Sheet 和 Analytical 这三种应用类型。在 SAP Fiori 系统架构的基础上，因为每种应用类型的场景不同，其应用架构也就不同。

下面将分别介绍这三种应用程序架构。

2.2.1 Transactional

Transactional 应用，这类程序允许用户执行事务性活动，如创建、更改或批准，这些活动是通过引导式导航完成的。

Transactional 应用程序架构如图 2-6 所示。

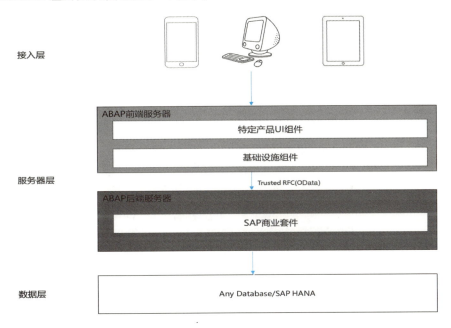

图 2-6　Transactional 应用程序架构

Transactional 应用程序架构分为接入层、服务器层和数据层，其中服务器层又划分为前端服务器和后端服务器。当用户启动 Transactional 应用程序时，启动请求将从客户端/浏览器发送到前端服务器。客户端和前端服务器之间的通信通过基于 OData 的 HTTP/HTTPS 进行。

1. 服务器层

前端服务器包含 UI 层，分为特定产品 UI 组件和基础设施组件。特定产品 UI 组件有治理与风险和合规（GRC）、客户关系管理（CRM）、供应链管理（SRM）和其他产品线的组件。基础设施组件主要包括中央用户界面组件、SAPUI5 控件库、SAP Fiori Launchpad、激活 OData 服务的 SAP 网关等。

后端服务器主要用来安装 SAP 的商业套件，其作用是，将来自前端服务器的前端组件通过受信任的 RFC，连接到后端服务器中的业务逻辑。

2. 数据层

Transactional 应用程序的基础数据库可以是任何数据库或 SAP HANA 数据库。SAP 建议使用 SAP HANA 以获得最佳性能。

2.2.2 Fact Sheet

Fact Sheet 应用程序允许用户查看基本的上下文信息，或全方位查看业务操作中使用的特定中心对象，包括从 SAP Fiori Launchpad 中显示的搜索结果。例如，用户可以从 Fact Sheet 应用程序中，向下钻取到相关的业务合作伙伴或主数据记录。

Fact Sheet 应用程序架构如图 2-7 所示。

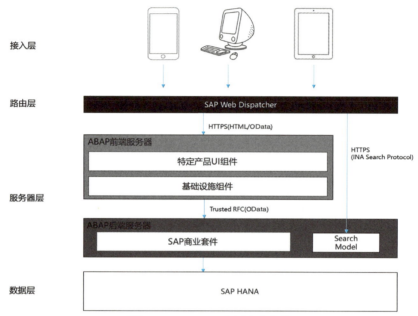

图 2-7　Fact Sheet 应用程序架构

Fact Sheet 应用程序架构分为接入层、路由层、服务器层和数据层。当用户启动一个 Fact Sheet 应用程序时，启动请求将从客户端/浏览器发送到 SAP Web Dispatcher。客户端/浏览器和 SAP Web Dispatcher 之间的通信通过基于 OData 的 HTTP/HTTPS 进行。SAP Web Dispatcher 向 ABAP 后端服务器中的搜索模型发送 INA 搜索协议请求。

1. 服务器层

与 Transactional 应用程序架构一样，前端服务器包含特定产品的 UI 组件和基础结构组件。后端服务器则由具有业务逻辑、搜索模型、OData 服务和模型提供程序的 SAP 商业套件组成。

2. 数据层

Fact Sheet 应用程序仅在 SAP HANA 数据库上运行，需要 ABAP 堆栈。

2.2.3 Analytical

Analytical 应用程序提供对业务信息的洞察，允许用户在简单的用户界面对大量数据进行实时分析，用于评估企业战略或运营关键绩效指标。本类型的应用程序将 SAP HANA 的数据和分析能力与 SAP Business Suite 的集成和接口组件结合在一起。

Analytical 应用程序架构如图 2-8 所示。

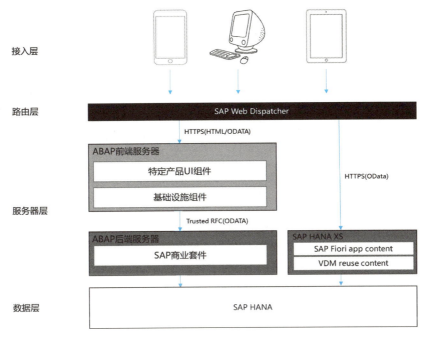

图 2-8　Analytical 应用程序架构

Analytical 应用程序架构分为接入层、路由层、服务器层和数据层。当用户启动 Analytical 应用程序时，启动请求从客户端/浏览器发送到 SAP Web Dispatcher，后者将 OData 调用发送到前端服务器或 SAP HANA XS。

1. 服务器层

与 Fact Sheet 和 Transactional 的应用一样，用于 Analytical 应用程序的前端也包含特定产品 UI 组件和基础设施组件。后端服务器则由具有业务逻辑的 SAP 商业套件组成。

2. 数据层

Analytical 分析应用程序仅在 SAP HANA 数据库上运行，并使用 VDM。此外，SAP HANA XS 还包含以下内容：

（1）基于不同 SAP 商业组件的 SAP Fiori 应用。

（2）KPI 模型框架。

（3）通用下钻应用程序。

（4）VDM 重复利用内容。

2.3　云架构

基于 S/4 HANA 云服务的 SAP Fiori 2.0 版本，将成为最新一代用户体验。通过在 SAP 云平台上运行 SAP Fiori 应用程序和服务，为客户提供一种简单的方法来革新用户体验。这种新的设计理念和新的设计主题，显著提高了产品使用的便捷性。

1. SAP Fiori 云平台架构

SAP Fiori 云架构如图 2-9 所示。

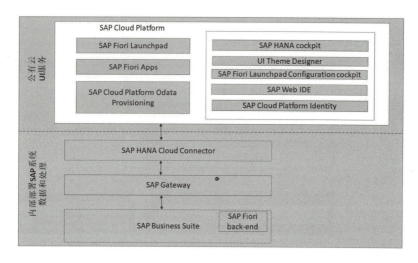

图 2-9　SAP Fiori 云架构

SAP Fiori 云架构分为公有云和企业内网这两种应用场景。

（1）公有云

SAP Cloud Platform 主要由 SAP Fiori Launchpad、SAP Fiori Apps 应用程序、SAP Cloud Platform OData Provisioning 和一些组件工具，如 UI Theme Designer（主题设计器）、SAP Web IDE 等构成。

在 SAP 云平台上的用户，可以快速使用 SAP Fiori Launchpad，而无须担心软件维护或更新，并且可以无缝利用云服务，扩展和开发 SAP Fiori 应用程序。与企业自己内部部署 SAP Fiori 相比较，从架构和功能的角度来看，SAP Fiori 云版本的关键优势是部署简单、互通互联、使用方便，具体来说：

1）SAP Fiori 内部部署由企业自己的数据中心管理，在安装和配置方面具有完全的灵活性，支持绝大多数应用程序的安装和配置。

2）SAP Fiori 云平台由 SAP 管理，客户可以快速将 SAP Business Suite 连接到它。目前，SAP Fiori 云平台支持的应用程序正在快速增长，预计很快会支持 SAP 产品线中的绝大多数应用程序。

（2）企业内网

在企业内网，除了部署 SAP 商业套件 SAP Business Suite 外，还需要部署 SAP Gateway 和 SAP HANA Cloud Connector（云连接器）。通过 SAP HANA Cloud Connector 可以安全地链接到 SAP Cloud Platform。

2. 云平台的部署优势

SAP Fiori 内部部署和云部署比较如图 2-10 所示。

在 SAP Cloud Platform 中，用户可以通过 SAP HANA Cloud Connector 轻松地连接到企业内部部

署的 SAP 环境，并通过零安装和配置来体验 SAP Fiori，实现快速构建应用。SAP Fiori 前端服务器负责应用程序的 UI 服务，SAP Fiori 后端服务器负责应用程序的数据和处理。

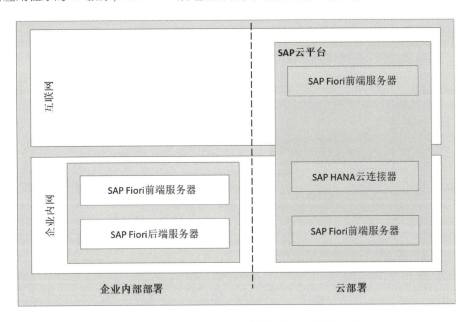

图 2-10　SAP FioriAP Fiori 内部部署和云部署比较

使用云部署的 Fiori 应用，已经与 Neteweaver、ABAP 平台再无任何关联。目前 SAP 所有基于云的产品，无一例外地采用了这种部署方式，体现了 SAP 拥抱云、拥抱变化的决心。

2.4　结束语

SAP Fiori 架构是本书内容的基石。通过 Fiori 系统架构的层级划分，可熟悉各构成组件的能力和作用，各层级之间的数据流转和访问机制；通过 Fiori 三种应用的系统架构比较，可掌握不同应用场景的特点和要求，不同应用类型的运行环境和工作原理；通过 Fiori 云架构的学习，可了解云架构的优势和 Fiori 未来的方向。因此，本章内容是 SAP Fiori 实施和开发的基础。

在下一章中，将学习 SAP Fiori 及其应用程序所需的运行环境，包括部署、安装和配置。

第 3 章

运 行 环 境

内容关键词

运行环境的集中部署、嵌入部署

Launchpad 部署的三种方式

Gateway 组件部署的三种方式

ABAP 运行环境、HANA 运行环境、HANA XS 运行环境

组件版本要求、安装任务清单

配置工具、任务清单的配置内容、配置步骤

Launchpad 的配置内容、配置步骤

Gateway 的配置内容、Search Model 的配置内容

本章概要

- 系统部署
- 环境安装
- 组件配置

SAP Fiori 应用程序的使用，离不开它的运行环境，而运行环境与具体的部署方案密切相关，SAP Fiori 提供了集中式部署和嵌入式部署两种方案。SAP Fiori 构建了基于 ABAP、基于 SAP HANA、基于 HANA XS 三种运行环境，以满足 Transactional、Fact Sheets 和 Analytical 应用程序的运行。针对每种运行环境的安装，给出了相应的组件版本要求、安装任务清单以及安装过程的步骤。

运行环境安装完成后，通常借助配置工具如任务清单，对 SAP Fiori 系统及相关组件 Launchpad、Gateway、Search Model 等进行设置、配置和激活。只有经过运行环境的安装和配置后，SAP Fiori 应用程序才能正常运行和使用。

3.1 系统部署

在安装和配置 SAP Fiori 运行环境前，需要确定其部署方案。Launchpad 作为用户访问的入口、SAP Gateway 作为部署方案中的核心组件，有不同的部署方式。

3.1.1 部署方案

SAP Fiori 提供了 Central Hub（集中式部署）和 Embedded（嵌入式部署）两种方案。

1. Central Hub 方案

Central Hub Deployment，就是把 SAP Fiori 的 UI 插件（包括核心及两种特定 UI 插件）和 SAP Gateway 模块都部署到 ABAP 前端服务器，后端数据和业务逻辑部署到 ABAP 后端服务器。

集中式部署方案如图 3-1 所示。

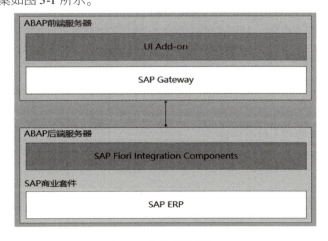

图 3-1 集中式部署方案

集中式部署方案有以下优点：

（1）为 SAP Fiori 应用安排一个独立的服务器，这样就可以在前端服务器集中解决用户页面相关的问题。

（2）SAP Fiori 的 UI 开发工程师可以独立开发，而不必担心后台业务代码和相关的开发权限等问题。

（3）可以为多个后端系统提供一个单独的入口，这种部署方案支持组合和路由多个后端系统。

（4）因为不能直接进入后端系统的业务数据，所以增强了安全性。

（5）Fiori 应用的 UI 界面生命周期和后端系统解耦。

（6）支持生产机场景的中高负载。

这种部署方案唯一的不足是需要增加一个 SAP Gateway 服务器。

2. Embedded 方案

Embedded Deployment，就是将 SAP Fiori 的 UI 插件（包括核心及两种特定 UI 插件）和 SAP Gateway 模块与后端的 SAP 商业套件系统部署在一起。

嵌入式部署方案如图 3-2 所示。

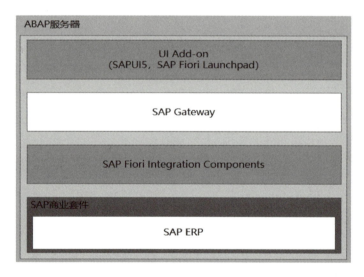

图 3-2　嵌入式部署方案

嵌入式部署方案有以下优点：

（1）不需要额外的 SAP Gateway 系统。

（2）可以直接接入后端业务数据和业务逻辑。

（3）只需要一个远程连接到系统。

嵌入式部署方案也存在以下不足：

（1）在生产机上只适用于低负载的系统，对中高负载系统不适用。

（2）如果有多个 SAP 商业套件系统，那么每个系统都需要配置 SAP Gateway。

（3）模块只能在系统维护期间进行升级，而在大的集团中，业务系统是很少升级的。

3.1.2　Launchpad 部署

SAP Fiori Launchpad 的实际应用与其部署方式紧密相关。选择哪种部署方式，取决于用户目前已有的系统架构和用户想要实施的应用类型。Launchpad 的部署方式可以是内部部署、云端部署和混合部署。

SAP Fiori Launchpad 部署方式如图 3-3 所示。

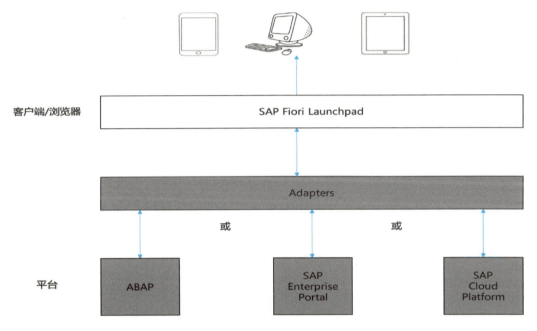

图 3-3　SAP Fiori Launchpad 部署方式

SAP Fiori Launchpad 在哪里运行，取决于其 SAP 企业门户具体的部署方式。

（1）内部部署

在内部部署方式中，客户从 SAP 购买软件并自己管理服务器。如果没有实施 SAP 企业门户，SAP 推荐采用 ABAP 前端服务器结合 SAP Gateway 的部署方式，因为该方式是唯一能够支持 SAP Fiori 所有应用类型（Transactional、Fact Sheet 和 Analytical）运行的平台。如果实施了 SAP 企业门户，则只需在现有的 SAP 企业门户中运行 SAP Fiori Launchpad。

（2）云端部署

在云端部署方式中，客户从 SAP 租赁基础设施和商业软件，该方式获取的服务包括公有云、私有云和企业云。如果实施了 SAP 企业门户，则在云端的 SAP 企业门户中运行 SAP Fiori Launchpad。

（3）混合部署

在混合部署方式中，客户在自己的服务器和云端服务器上各自运行不同的业务。这种部署方式需要客户服务和云端服务具备高度的集成性。具体在哪里运行 SAP Fiori Launchpad，则取决于实施的 SAP 企业门户是部署在自己的服务器上，还是在云端服务器上。

3.1.3 Gateway 部署

SAP Fiori 运行环境无论采用 Central Hub 部署还是 Embedded 部署，都与组件 SAP Gateway 的部署密切相关。

从简化后的 SAP Fiori 系统架构来看，SAP Gateway 的部署通常有以下三种方式：

（1）集中部署在后端系统

将 SAP Gateway 部署在一个单独的系统上，所有 OData 的创建开发动作在后台系统（Backend System）完成，但 OData 的注册和发布在 Gateway 系统完成。Gateway 系统与 Backend 系统通过 RFC 进行连接。这种方式的优点在于，可以将 OData 服务统一管理，所有的 OData service 都集中在 Gateway 中。

优势主要有以下几点：

1）允许在后端没有开发授权的情况下更改 UI，并为所有 UI 问题提供单点维护。
2）为 Fiori Apps 的主题和品牌提供了中心位置。
3）提供单点访问后端系统。
4）由于无法直接访问后端系统，因此增强了安全性。
5）可以直接本地访问元数据（DDIC）和业务数据，轻松重用数据。

不足之处是需要单独的 SAP NetWeaver Gateway 系统。

（2）集中部署在 Hub

将 OData 的开发动作和发布动作放在 Gateway 上完成，网关服务器作为一个专用集线器系统。这种方式的好处在于，所有后端系统都不需要安装 Gateway 相关的组件。不需要在后台系统开发相关服务的场景可以采用这种方式。

主要优势，就是不需要在后端系统安装 Gateway Add-Ons 组件。

不足之处有以下几点：

1）无法直接访问元数据（DDIC）和业务数据，数据的重用是有限的。
2）不能远程使用 GENIL 对象。
3）访问仅限于远程启用的接口，如 RFC 模块、BAPI 等。

（3）嵌入式部署

将 SAP Gateway 直接部署在相关的后端系统上，开发也在后端系统中进行。这种方式的优点在于减少 RFC 通信损耗，因为 Gateway 并非一个独立的系统，而是直接集成在后台系统上。如果仅仅有一个后台系统，或仅仅是 OData 的使用，则可以考虑采用这种部署方式。

主要优势，就是当远程调用时，它需要承担的负载会更少。

不足之处有以下几点：

1）不能使用 Gateway 系统作为其他后端系统的集线器。

2）如果有多个 SAP Business Suite 系统，则必须多次配置网关。

SAP Fiori 应用程序的运行环境，SAP 建议使用集中式部署方案，这意味着在独立系统中，安装独立于客户技术的 SAP Gateway，实现后端组件与前端组件分离。将 SAP Gateway 放在防火墙的后面还是前面，取决于客户希望用户在内部网络还是外部网络使用 SAP Fiori 应用程序。

3.2 环境安装

上节内容介绍了 SAP Fiori 的集中式部署和嵌入式部署，接下来针对不同的应用场景，介绍 SAP Fiori 系统所需的运行环境，以及安装与 SAP Fiori 相关组件时应牢记的事项。这里不包括安装软件（如 ABAP 环境）或设置 SAP HANA 数据库的步骤，假设这些软件已经安装完毕。

3.2.1 安装说明

SAP Fiori 的安装需要区分不同业务场景，这些场景主要包括基于 ABAP 场景、基于 SAP HANA 场景和基于 SAP HANA XS 场景。

1. 安装前的准备工作

在安装 SAP Fiori 系统之前，确保已准备好以下内容：

（1）网络结构，首先要确定 SAP Fiori 系统环境的组件驻留在哪个网络区域。例如，客户是否可以在互联网或仅在公司内网访问 SAP Fiori 应用程序？是否有 DMZ？是否部署了 SAP Web Dispatcher（适用于 Factsheet 和 Analytical）？根据决定的网络结构，确保有适当的安全措施，例如安全防火墙配置。

（2）单点登录证书，对于使用登录票证的单点登录（SSO），需要为使用 SSO 的每个组件提供一个 SSL 服务器证书。

根据系统的应用场景和部署模式，组件可以是：

1）SAP Web Dispatcher（适用于 Factsheet 和 Analytical）。

2）前端服务器上的 SAP Gateway。

3）ABAP 后端服务器（包括 Factsheet 应用程序中搜索组件）。

4）SAP HANA XS 引擎（适用于 Analytical）。

（3）浏览器要求，SAP Fiori 应用程序需要能够显示 HTML5 格式文件的 Web 浏览器。

（4）角色授权，必须为 SAP Fiori 用户设置角色和授权。例如，哪些用户组可以使用哪些应用程序。

（5）SAP HANA 数据库的访问，如果使用基于 SAP HANA 的 SAP Fiori 应用程序，则是必需的。

（6）数据复制，如果在并行方案中使用 SAP HANA 的 SAP Fiori Analytical 应用程序，以及包含 SAP Business Suite 数据的任何数据库，则需要此选项。确保已配置包含 SAP Business Suite 数据的数据库与 SAP HANA 之间的数据复制。

2. SAP Fiori 的安装过程

SAP Fiori 的安装涉及安装前端、后端组件，还要根据不同的业务应用类型，单独安装相应的组件或产品。例如，针对分析型应用，需要安装 HANA 组件，该组件作为单独的产品提供，因此要单独安装。

通过 SAP Fiori 应用程序库和维护计划程序的集成，可以简化安装过程。

安装过程如下：

（1）检查 SAP Fiori 安装的先决条件。

根据不同的 SAP Fiori 应用程序类型和运行环境，检查安装的先决条件。

（2）确定需要安装的各类组件并下载。

根据不同的 SAP Fiori 应用程序类型和运行环境，确定要安装的前端和后端组件、附件组件，按照满足最低版本要求，下载后安装。

（3）执行安装并配置。

按依赖关系，分别执行不同组件的安装程序。安装完成后，需要配置和激活，只有这样才能正常使用。

关于 SAP Fiori 不同运行环境的安装、配置和激活，在后面的内容中将详细介绍。

3. 查看安装的组件清单

在 SAP Fiori 中查看已安装的组件清单，操作步骤如下：

（1）使用 SAP GUI 登录 SAP Fiori 后端系统。

登录 SAP Fiori 后端系统如图 3-4 所示。

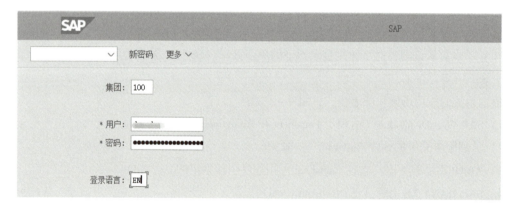

图 3-4　登录 SAP Fiori 后端系统

（2）在 System 菜单上，点击 status 打开新窗口，显示系统状态。在 SAP 系统数据下，点击标签组件版本下方的图标（放大镜图标）。

查看系统状态如图 3-5 所示。

（3）查看已安装的组件列表。

已安装的组件列表如图 3-6 所示。

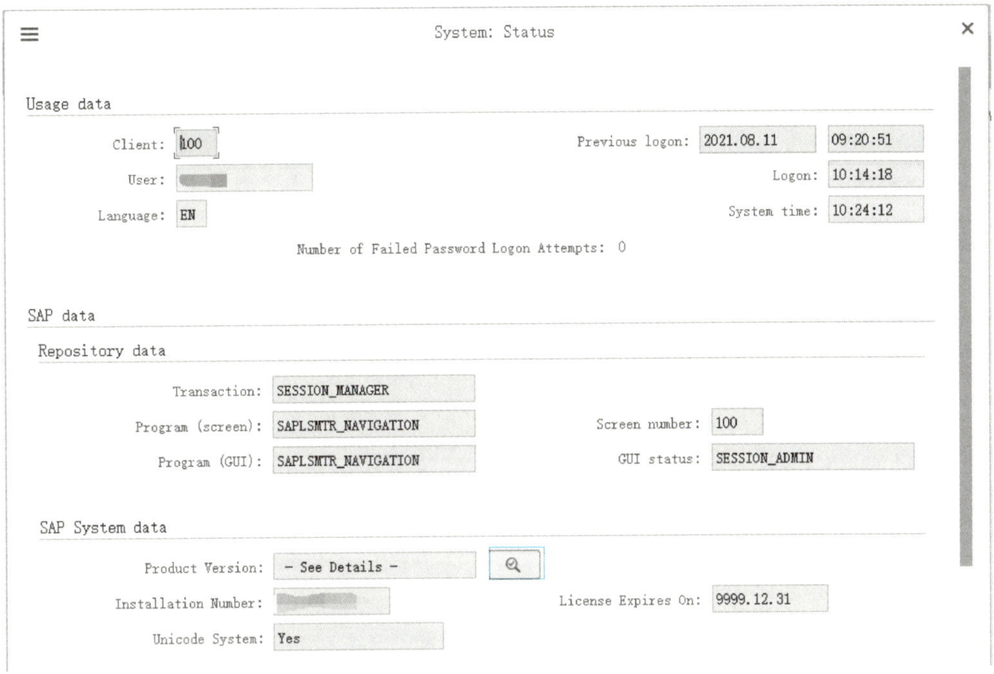

图 3-5　查看系统状态

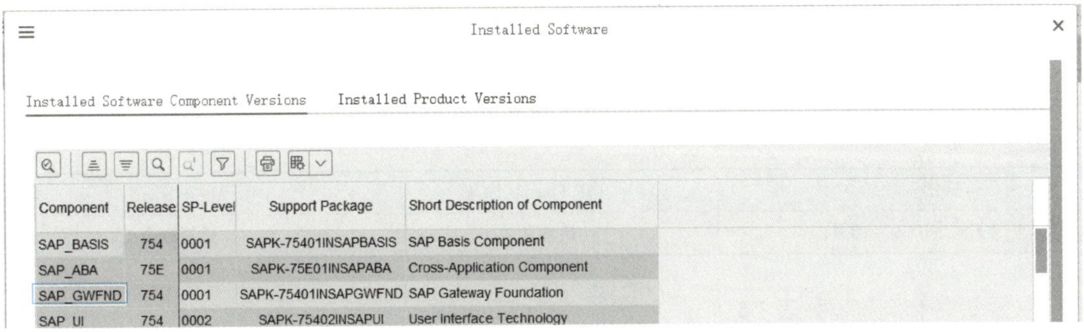

图 3-6　已安装的组件列表

例如，在已安装组件的列表中，显示 SAP Gateway Foundation 安装在 SAP 后端系统上。

4. 对浏览器和操作系统的要求

由于 SAP Fiori 应用给用户带来简单、个性化的用户体验，并且适配和兼容不同的客户端设备，为了呈现 SAP Fiori 应用的最佳体验效果，因此在浏览器和操作系统方面提出了自己的版本要求。

目前支持 SAP Fiori 应用程序的浏览器有 IE、Google Chrome、Safari、Microsoft Edge 和 Mozilla Firefox，支持的操作系统有 Windows、Apple 和 Android。

现阶段支持的浏览器和操作系统的版本如下。

Windows 移动设备和浏览器如表 3-1 所示。

表 3-1　Windows 移动设备和浏览器

操作系统版本	SAP Fiori 客户端	浏览器
8.1 GDR1	最新版本	IE 11.x
10	最新版本	Microsoft Edge

Windows 电脑设备和浏览器如表 3-2 所示。

表 3-2　Windows 电脑设备和浏览器

操作系统版本	Microsoft Browser	Google Chrome	Mozilla Firefox
7	IE 9.x ~ IE 11.x	最新版本	Latest RRC/ESR
8	IE 10.x	最新版本	Latest RRC/ESR
8.1	IE 11.x	最新版本	Latest RRC/ESR
10	Microsoft Edge	最新版本	Latest RRC/ESR

苹果 iOS 设备和浏览器如表 3-3 所示。

表 3-3　苹果 iOS 设备和浏览器

操作系统类型	操作系统版本	SAP Fiori 客户端	Apple Safari
iPhone 5 以上版本	9.x ~ 10.x	最新版本	最新版本
iPad Pro/Mini/Air	9.x ~ 10.x	最新版本	最新版本

苹果 MacOS X 设备和浏览器如表 3-4 所示。

表 3-4　苹果 MacOS X 设备和浏览器

操作系统版本	SAP Fiori 客户端	Apple Safari
OS X 10.9 ~ 10.11	最新版本	最新版本

安卓设备和浏览器如表 3-5 所示。

表 3-5　安卓设备和浏览器

操作系统版本	SAP Fiori 客户端	安卓浏览器	Google Chrome
4.1.3 ~ 7.x	最新版本	最新版本	最新版本

3.2.2　基于 ABAP 安装

基于 ABAP 环境的 SAP Fiori 应用系统的安装，满足 Transactional 应用程序的运行。因此，需要准备相关的组件版本和安装任务清单。

1. 组件版本要求

启用、运行 Transactional 应用程序，需确保系统环境提供相关的后端和前端组件，这些组件包括数据库、ABAP 后端组件、ABAP 前端组件。

(1) 数据库

包含 Transactional 应用程序的 SAP Fiori 产品,可以基于任何数据库安装,其他 SAP Fiori 产品,需要以 SAP HANA 数据库为安装基础。SAP Fiori 产品的数据库要求,取决于相应 SAP Business Suite 产品的数据库要求。

ABAP 环境的数据库要求如表 3-6 所示。

表 3-6　ABAP 环境的数据库要求

数 据 库	详 细 信 息
任何数据库	请参阅相应 SAP Business Suite 产品版本的安装指南
SAP HANA platform edition 1.0 SPS 8	请参阅 SAP HANA 平台的文档: http://help.sap.com/hana_platform→Installation and Upgrade Information→SAP HANA Server Installation and Update Guide

(2) ABAP 后端组件

在后端服务器上,SAP Fiori 作为特定 SAP Business Suite 产品的附加组件进行安装。在后端服务器上安装 SAP NetWeaver 所需的产品版本,取决于相应 SAP Business Suite 产品及其所需数据库的要求。

ABAP 后端组件数据库要求如表 3-7 所示。

表 3-7　ABAP 后端组件数据库要求

数 据 库	产 品 版 本	详 细 信 息
任何数据库	SAP NetWeaver 版本取决于各自的 SAP Business Suite 产品	请参阅相应 SAP Business Suite 产品版本的安装指南
SAP HANA	SAP NetWeaver 7.4 SPS 7	请参阅 SAP NetWeaver 7.4 的文档
	各自 SAP Business Suite 产品	请参阅相应 SAP Fiori 产品文档中的安装信息

(3) ABAP 前端组件

在前端服务器上,必须提供 SAP NetWeaver 组件、SAP Gateway 组件和 Central UI 组件。根据 SAP NetWeaver 版本,相关组件有不同的要求,如果在前端服务器上运行 SAP NetWeaver 7.3 版本,则必须按该版本要求安装组件。如果在前端服务器上运行 SAP NetWeaver 7.4 版本,因所需组件已经随 SAP NetWeaver 的安装一起自动安装,则只需确认它们是否已就位即可。

SAP NetWeaver 7.31 产品版本要求如表 3-8 所示。

表 3-8　SAP NetWeaver 7.31 产品版本要求

产 品 版 本	详 细 信 息
SAP NetWeaver 7.31 SPS 5 或者更高(推荐最低 SPS 8)	请参阅 SAP NetWeaver 7.31 的文档: http://help.sap.com/nw731→Installation and Upgrade Information→Installation Guide

(续)

产品版本	详细信息
SAP Gateway 组件： SAP NetWeaver Gateway 2.0 SPS 10 SAP NetWeaver product versions： SAP EHP3 for SAP NetWeaver 7.0（AS ABAP）或者 SAP EHP1 for SAP NetWeaver 7.3	产品实例： Gateway Server Core NetWeaver 703/731 组成组件版本： GW_CORE 200（GW_Core 200）SP 10 SAP IW FND 250（IW_FND 250）SP 10 SAP WEB UIF 7.31（WEBCUIF 731）SP 10
Central UI 组件： UI add-on 1.0 for SAP enhancement package 3 for SAP NetWeaver 7.0 minimum SPS 12 SAP_NW_UI_EXTENSIONS_7.03 SAP NetWeaver product versions： SAP EHP3 for SAP NetWeaver 7.0（AS ABAP）或者 SAP EHP1 for SAP NetWeaver 7.3	产品实例： Integration Services：Provider Integration Services：Libs 组成组件版本： SAP UI ADD-ON INFRA V1.0（UI_INFRA 100）SP 12 SAP UI2 SERVICES V1.0（UI2_SRVC 100）SP 12 SAPUI5 CLIENT RT AS ABAP 1.00（UISAPUI5 100）SP 12 SAP UI2 FOUNDATION V1.0（UI2_FND 100）SP 12 SAP UI2 IMPL for NetWeaver 7.00 V1.0（UI2_700 100）SP 12 SAP UI2 IMPL for NetWeaver 7.01 V1.0（UI2_701 100）SP 12 SAP UI2 IMPL for NetWeaver 7.02 V1.0（UI2_702 100）SP 12 SAP UI2 IMPL for NetWeaver 7.31 V1.0（UI2_731 100）SP 12

SAP NetWeaver 7.4 产品版本要求如表 3-9 所示。

表 3-9　SAP NetWeaver 7.4 产品版本要求

产品版本	详细信息
SAP NetWeaver 7.4 SPS 4	请参阅 SAP NetWeaver 7.4 的文档： http://help.sap.com/nw74→Installation and Upgrade Information→Installation Guide
SAP Gateway 组件： 基础组件包含在 SAP NetWeaver 7.4 安装（SAP NetWeaver 7.4（AS ABAP）或 SAP NetWeaver 7.4 for suite（AS ABAP））中，并确认它已就位	组成组件版本： SAP NW GATEWAY FOUNDATION（SAP_GWFND）SP 10 对于 SAP NetWeaver 7.4，组件 GWYCARE、IWYFND 和 IWYBEP 被 SAP Gateway 的基础组件所取代
Central UI 组件： SAP UI 的组件包含在 SAP NetWeaver 7.4 安装中（SAP NetWeaver 7.4（AS ABAP）或 SAP NetWeaver 7.4 for Suite（AS ABAP）），并确认它已就位	组成组件版本： USER INTERFACE TECHNOLOGY 7.40（SAP_UI 740）SP 12

2. 安装任务清单

SAP Fiori 应用程序所需的安装任务包括前端服务器所需组件、前后端服务器所需的 SAP Notes 和客户端。

SAP Fiori 应用程序所需安装任务如表 3-10 所示。

表 3-10　SAP Fiori 应用程序所需安装任务

步骤	任务	详细信息
1	前端服务器：安装所需的组件	见"前端服务器安装"
2	前端服务器和后端服务器：安装所需的 SAP Notes	见"SAP Notes 安装"
3	客户端：安装客户端	见"客户端安装"

在安装前端服务器所需组件时，需要进行"指定语言设置"操作，为 SAP 网关系统中支持的语言指定设置。设置包括默认语言和登录语言，先决条件是已在 SAP Gateway 系统和 SAP Business Suite 后端系统中，为 SAP Fiori 安装了相同的语言包。

（1）前端服务器安装

前端服务器安装任务清单如表 3-11 所示。

表 3-11　前端服务器安装任务清单

步骤	任务	详细信息
1	检查或者安装需要的 SAP Gateway 组件	
2	指定默认语言和登录语言	参阅"指定语言设置"
3	安装 central UI 组件	
4	安装与 SAP Business Suite 产品适用的特定于产品的 UI 组件	请参阅相应 SAP Fiori 产品文档中的安装信息

指定语言设置：

针对默认语言，确保 SAP Gateway 系统的默认语言与后端系统的默认语言（如英语）相同。如果不是这种情况，需确保 SAP Gateway 系统包含后端系统语言的子集。

针对 ABAP 应用程序服务器的登录语言，需按如下过程设置：

1）如果是事务 SICF 中的服务，且激活了 Mandatory Logon Data indicator，则系统将使用在其中输入的语言。

2）如果不是上述情况，但 HTTP 请求包含了 HTTP 标头中的语言（作为标头或窗体字段），则使用该语言登录到系统。

3）调用客户端浏览器的语言设置，系统从浏览器语言列表中，选择第一种语言作为登录语言。语言列表是使用 HTTP 头字段"接受语言"确定的。

4）如果此流程未定义任何语言，则使用经典的 SAP 系统机制。登录语言基于用户设置（在事务 SU01 中），如果此处未输入任何内容，则自动使用 SAP 系统的默认语言。

（2）SAP Notes 安装

SAP Notes 安装适用于 Transactional 应用程序，以满足前后端服务器所需。

Central SAP Notes 安装任务清单如表 3-12 所示。

表 3-12　Central SAP Notes 安装任务清单

SAP Note Number	目标服务器	详细信息
2170223	前端服务器	Fiori UI Infrastructure Components Q3/2015
2169917	前端服务器	Fiori SAP Gateway 2.0 Q3/2015

有关 SAP Notes 的更多信息，请参阅 SAP Fiori 产品文档中的安装信息。

（3）客户端安装

SAP Fiori 应用程序同时为台式机和移动设备设计，可与支持 HTML5 的 Web 浏览器一起使用。有关支持的设备、浏览器和操作系统的更多信息，请参阅 SAP Note 1935915。对于 Android 和 iOS 设备，可以使用 SAP Fiori 客户端。

有关 SAP Fiori 客户端的详细信息，感兴趣的读者，可参阅 SAP 帮助门户网站 http://help.sap.com/fiori-client→SAP Fiori Client User Guide 中的相关内容。

3.2.3 基于 HANA 安装

基于 SAP HANA 环境的 SAP Fiori 应用系统的安装，满足 Fact Sheets 应用程序的运行。因此，需要准备相关的组件版本和安装任务清单。

1. 组件版本要求

启用、运行 Fact Sheets 应用程序，需确保系统环境提供相关的后端和前端组件，包括数据库、ABAP 后端组件、ABAP 前端组件。

（1）数据库

SAP HANA 数据库的版本要求，与"基于 ABAP 安装"环境中的数据库版本要求一致。如果是任何数据库源，则只适用于 Transactional 应用程序。

（2）ABAP 后端组件

在后端服务器上，SAP Fiori 作为特定 SAP Business Suite 产品的附加组件安装。在后端服务器上安装 SAP NetWeaver 所需的产品版本，取决于相应的 SAP Business Suite 产品及其所需数据库的要求。

ABAP 后端组件要求如表 3-13 所示。

表 3-13 ABAP 后端组件要求

产 品 版 本	详 细 信 息
SAP NetWeaver 7.4 SPS 7	http://help.sap.com/nw74→Installation and Upgrade Information →Installation Guide
各自的 SAP Business Suite 产品	请参阅 SAP Fiori 产品文档中的安装信息

（3）ABAP 前端组件

与"基于 ABAP 安装"环境中的前端组件一样，在前端服务器上，也必须提供 SAP NetWeaver 组件、SAP Gateway 组件、Central UI 组件。对 SAP NetWeaver 7.3 版本，则必须按该版本要求安装组件。对 SAP NetWeaver 7.4 版本，则只需确认它们是否已就位即可。

有关 SAP NetWeaver 7.3 产品版本要求、SAP NetWeaver 7.4 产品版本要求，参考"基于 ABAP 安装"中对应内容。

2. 安装任务清单

SAP Fiori 应用程序所需的安装任务,包括前端服务器所需组件、反向代理、前后端服务器所需的 Central SAP Notes 和客户端。

SAP Fiori 应用程序所需安装任务如表 3-14 所示。

表 3-14　SAP Fiori 应用程序所需安装任务

步骤	任　　务	详 细 信 息	相关应用类型
1	前端服务器:安装所需的组件	见"前端服务器安装"	Transactional 和 Fact Sheets
2	安装 SAP Web Dispatcher 7.40 或者其他反向代理	见"反向代理安装"	Fact Sheets
3	前端服务器和后端服务器:安装所需的 SAP Notes	见"SAP Notes 安装"	Transactional 和 Fact Sheets
4	客户端:安装客户端	见"客户端安装"	Transactional 和 Fact Sheets

(1) 前端服务器安装

有关前端服务器安装任务,请参考"基于 ABAP 安装"中对应内容。

(2) 反向代理安装

SAP 建议使用 SAP Web Dispatcher 7.4 作为反向代理。如果使用任何其他反向代理,请参阅制造商文档以了解更多信息。

使用 SAP NetWeaver 7.31 版本的 SAP Web Dispatcher 作为反向代理,请参阅对应版本的官方网站文档。

使用 SAP NetWeaver 7.4 版本的 SAP Web Dispatcher 作为反向代理,请参阅对应版本的官方网站文档。

(3) SAP Notes 安装

SAP Notes 安装任务清单如表 3-15 所示。

表 3-15　SAP Notes 安装任务清单

SAP Note Number	目标服务器	详 细 信 息
2170223	前端服务器	Fiori UI Infrastructure Components Q3/2015
2169917	前端服务器	Fiori SAP Gateway 2.0 Q3/2015
		SAP Fiori Search
2143208	后端服务器	SAP NetWeaver Embedded Search 发布的信息
		SAP Fiori Fact Sheets
2182011	前后端服务器	SAP Fiori Fact Sheets 的发布信息

(4) 客户端安装

有关客户端安装,请参考"基于 ABAP 安装"中对应内容。

3.2.4　基于 HANA XS 安装

基于 SAP HANA XS 环境的 SAP Fiori 应用系统的安装,满足 Analytical 应用程序的运行。因此,需要准备相关的组件版本和安装任务清单。

1. 组件版本要求

启用、运行 Analytical 应用程序,需确保系统环境提供相关的后端和前端组件,这些组件包括数据库、ABAP 后端组件、ABAP 前端组件和 SAP HANA 服务器组件。

(1) 数据库

SAP HANA XS 数据库版本要求如表 3-16 所示。

表 3-16 SAP HANA XS 数据库版本要求

数 据 库	详 细 信 息	应 用 类 型
任何数据库	请参阅相应 SAP Business Suite 产品版本的安装指南	Transactional
SAP HANA platform edition 1.0 SPS 8	请参阅 SAP HANA 平台的文档: http://help.sap.com/hana_platform →Installation and Upgrade Information →SAP HANA Server Installation and Update Guide	所有应用类型

(2) ABAP 后端组件

在后端服务器上,SAP Fiori 作为特定 SAP Business Suite 产品的附加组件安装。
ABAP 后端组件版本要求如表 3-17 所示。

表 3-17 ABAP 后端组件版本要求

产 品 版 本	详 细 信 息	应 用 类 型
SAP NetWeaver 7.4 SPS 7	请参阅 SAP NetWeaver 7.4 的文档: http://help.sap.com/nw74→Installation and Upgrade Information→Installation Guide	所有应用
各自的 SAP Business Suite 产品	请参阅 SAP Fiori 产品文档中的安装信息	Transactional
	请参阅相应 SAP Smart Business 产品文档中的产品安装信息	Analytical

(3) ABAP 前端组件

与"基于 ABAP 安装"环境中的前端组件一样,在前端服务器上,也必须提供 SAP NetWeaver 组件、SAP Gateway 组件、Central UI 组件。唯一不同的是,基于 SAP HANA XS 的产品版本适用于 Transactional、Fact Sheet、Analytical 这三种类型应用。

对 SAP NetWeaver 7.3 版本,则必须按该版本要求安装组件。对 SAP NetWeaver 7.4 版本,则只需确认它们是否已就位即可。有关 SAP NetWeaver 7.3 产品版本要求、SAP NetWeaver 7.4 产品版本要求,参考"基于 ABAP 安装"中对应内容。

(4) HANA 服务器组件

SAP HANA 服务器组件产品版本要求如表 3-18 所示。

表 3-18　SAP HANA 服务器组件产品版本要求

产品版本	详细信息	应用类型
SAP HANA Live	请参阅 SAP HANA Live 文档： http://help.sap.com/hba→Installation, Security, Configuration, and Operations Information → Administrator's Guide Installation and Maintenance Process→Installation Information for Virtual Data Models	所有 Analytical
SAP Smart Business modeler： SAP Smart Business 1.0 foundation component SPS 4 （SAP ANALYTICS FOUNDATION 1.0）	相关实例： HANA ContentAnaly Foundation 组成组件版本： HANA CONTENT HBA AF CORE 100（HCO_HBA_R_SB_CORE）SP 3 HANA Content HBA AF EXT 100（HCO_HBA_R_SB_EXT）SP 3 HANA Content HBA AF CXO 100（HCO_HBA_R_SB_CXO）SP 3 HANA Content HBA APF CORE 100（HCO_HBA_R_APF_CORE）SP 2 HANA Content HBA AF TRANSP 100（HCO_HBA_R_SB_TP）	所有 Analytical

2. 安装任务清单

SAP Fiori 应用程序所需安装任务如表 3-19 所示。

表 3-19　SAP Fiori 应用程序所需安装任务

步骤	任务	详细信息	相关应用
1	前端服务器：安装所需的组件	参阅"前端服务器安装"	所有应用
2	SAP HANA 服务器： 安装 SAP HANA 服务器	参阅"SAP HANA 服务器安装"	Analytical
3	安装 SAP Web Dispatcher 7.40 或者其他反向代理	参阅相关说明	Analytical
4	前端服务器和后端服务器： 安装所需的 SAP Notes	参阅"SAP Notes 安装"	所有应用
5	客户端：安装客户端	参阅"客户端安装"	所有应用

（1）前端服务器安装

在安装前端服务器所需组件时，需要进行"指定语言设置"操作，有关内容可参考"基于 ABAP 安装"中对应内容。

主要操作步骤如下：

1）检查或安装需要的 SAP Gateway 组件。

2）指定默认语言和登录语言。

3）安装 Central UI 组件。

4）安装 SAP Business Suite 产品对应的特定适用的 UI 组件，请参阅相应 SAP Fiori 产品文档中的安装信息，主要针对 Transactional 应用。

5）如果应用程序需要，请下载并安装相关的 SAP Smart Business 产品版本。

一些 Analytical 应用程序，使用通用向下钻取来显示 KPI 数据和详细视图。对于这些应用程序，只需安装 KPI 建模框架，不需要安装特定于产品的前端组件。

SAP Smart Business 产品包括用于 Analytical 应用程序特定的前端服务器组件（用于显示 KPI 数据并实现特定的详细视图导航）、后端组件和 SAP HANA 服务器组件（例如 XSOdata 服务），因此，必须在各自的服务器（前端服务器或 SAP HANA 服务器）上安装这些实例。

有关服务器组件安装的更多信息，请参阅相应 SAP Smart Business 产品文档中的产品安装信息。有关应用程序是否使用通用向下钻取应用程序的信息，请参阅特定于应用程序的 SAP Fiori 文档。

6）针对 Analytical 应用类型，下载并安装 SAP Smart Business Modeler 产品版本。SAP Smart Business modeler 是 SAP Smart Business 1.0 基础组件的一部分。有关更多信息，请参阅官方相关文档。

（2）SAP HANA 服务器安装

SAP Fiori Analytical 应用程序使用存储在 SAP HANA Repository 中的设计时对象。这些设计时对象由 SAP 提供，在使用时必须先以交付单元的形式，将这些对象导入到 SAP HANA 系统中。

SAP HANA 服务器安装过程如表 3-20 所示。

表 3-20　SAP HANA 服务器安装过程

步　骤	任　　务	详　细　信　息
1	通过使用 SAP Solution Manager 或直接从 SAP Service Marketplace 下载相关的 zip 文件导入所需的内容包	根据要使用的 Analytical 应用程序，必须在 SAP HANA 服务器上安装相应的 SAP Smart Business 产品版本。安装后，SAP HANA 服务器上提供了产品版本中包含的软件组件。SAP Smart Business 产品版本包含所需的软件组件（如所需的 VDM）。有关更多信息，请参阅相应 SAP Smart Business 产品文档中的产品安装信息
2	安装 SAP Smart Business Modeler 应用程序框架	根据要使用的 SAP Fiori 应用程序，必须在 SAP HANA 服务器上安装 SAP Smart Business Modeler 应用程序产品版本。安装后，SAP HANA 服务器上提供了产品版本中包含的软件组件

（3）反向代理安装

SAP 建议使用 SAP Web Dispatcher 7.4 作为反向代理，更多信息，参阅 "基于 SAP HANA 安装" 中的相关内容。

（4）SAP Notes 安装

针对 Transactional 和 Fact Sheets 应用程序，前后端服务器需要安装 SAP Notes。

SAP Notes 安装任务清单如表 3-21 所示。

表 3-21　SAP Notes 安装任务清单

SAP Note Number	目标服务器	详　细　信　息
2170223	前端服务器	Fiori UI Infrastructure Components Q3/2015
2169917	前端服务器	Fiori SAP Gateway 2.0 Q3/2015

(续)

SAP Note Number	目标服务器	详 细 信 息
SAP Fiori Search		
2143208	后端服务器	SAP NetWeaver Embedded Search 发布的信息
SAP Fiori Fact Sheets		
2182011	前后端服务器	SAP Fiori Fact Sheets 的发布信息

针对 Analytical 应用程序，前后端服务器需要安装 SAP Notes。

SAP Notes 安装任务清单如表 3-22 所示。

表3-22　SAP Notes 安装任务清单

SAP Note Number	详 细 信 息
1778607	SAP HANA Live for SAP Business Suite
1919137	SAP Fiori Analytical Applications incl. SAP Smart Business

（5）安装客户端

有关客户端的安装任务，请参考"基于 ABAP 安装"中对应内容。

3.3　组件配置

针对不同 SAP Fiori 应用程序的运行环境，在安装了相应的组件后，还需要对其进行必要的配置，以保障 SAP Fiori 应用程序的正常运行。

3.3.1　配置工具

对 SAP Fiori 相关组件的配置，通常借助配置工具来完成，任务清单是 SAP Fiori 常用的配置工具。什么是任务清单呢？通俗地说就是一组配置项的集合。通过使用预定义的任务列表，可以自动执行 ABAP 系统中相关组件的配置任务。任务清单支持用户对客户端、前后端服务器的设置和配置。

本节内容重点介绍任务清单这个配置工具的使用。

1. 先决条件

利用任务清单进行 SAP Fiori 配置，需要具备以下先决条件。

（1）获取堆栈级别可用的所有预定义任务，需要 SAP NetWeaver 7.4 SPS 6 或更高版本，实现对应的 SAP Notes。

SPS 版本与 SAP Notes 对应表如表 3-23 所示。

表 3-23 SPS 版本与 SAP Notes 对应表

SAP NetWeaver 7.4 SPS	SAP Note
SPS 6	2017302
SPS 7	2017302
SPS 8	2088777、2120509
SPS 9	2088777、2120509
SPS 10	2120509

需要注意的是，只有 SAP NetWeaver 7.4 SPS 8 版本及以上，才能使用 SAP Fiori 前端配置的任务清单。

（2）嵌入搜索的任务，需要 SAP NetWeaver 7.4 SPS 9 或更高版本。

（3）分配了执行任务清单所需的角色。

有关详细信息，请参阅 SAP 帮助门户网站：

http://help.sap.com/nw_platform→Application Help→Function-Oriented View→Solution Life Cycle Management→SAP NetWeaver Configuration→Configuration using ABAP Task Manager for Lifecycle Management Automation→Standard Roles and Permissions

使用配置工具执行任务清单时，系统将引导用户完成任务配置。此外，任务清单还包括任务的详细描述文档。

SAP Fiori 预定义的任务清单如表 3-24 所示。

表 3-24 SAP Fiori 预定义的任务清单

任　　务	任 务 清 单	说　　明
SAP Gateway 基本配置	SAP_GATEWAY_BASIC_CONFIG	使用前端服务器上的此任务清单，执行 SAP Gateway 的基本配置步骤
SAP Fiori Launchpad 初始化配置	SAP_FIORI_LAUNCHPAD_INIT_SETUP	使用前端服务器上的此任务清单，激活 SAP Gateway 系统（前端）上的 OData 和 HTTP 服务
创建 SAP 系统和 SAP Gateway 之间的可信任连接	SAP_SAP2GATEWAY_TRUSTED_CONFIG	使用后端服务器上的此任务清单，创建从 SAP 系统到 SAP Gateway 的可信连接
激活嵌入式搜索	SAP_ESH_INITIAL_SETUP_000_CLIENT	使用此任务清单，在客户端 000 中自动初始设置嵌入式搜索。该任务清单是执行嵌入式搜索的必要步骤，可能需要很长时间，需要在后台启动任务清单
SAP Gateway 添加后端系统	SAP_GATEWAY_ADD_SYSTEM	使用前端服务器上的此任务清单，将 SAP 系统（后端）连接到 SAP Gateway 系统（前端）。任务清单创建或使用现有的可信远程函数调用（RFC）目标，检查单点登录（SSO）配置文件参数，配置 SSO 票证并创建系统别名。更改记录在自定义请求中，应在任务清单的开头创建或选择该请求。 注意：该任务清单使用当前用户受信任的 RFC 目标，需在后端系统中维护授权对象 S_RFCACL，并将相应的角色或配置文件分配给当前用户

(续)

任　　务	任务清单	说　　明
SAP Gateway 维护系统别名	SAP_GATEWAY_ADD_SYSTEM_ALIAS	使用前端服务器上的此任务清单，为现有远程函数调用目标创建系统别名，将远程函数调用目标配置为受信任。更改记录在自定义请求中，应在任务清单的开头创建或选择该请求
SAP Gateway 激活 OData 服务	SAP_GATEWAY_ACTIVATE_ODATA_SERV	使用前端服务器上的此任务清单，为 SAP Fiori 应用程序激活 OData 服务。OData 服务提供有关应用程序要显示的磁贴信息
SAP Basis 激活 HTTP 服务（SICF）	SAP_BASIS_ACTIVATE_ICF_NODES	使用前端服务器上的此任务清单，根据事务 SICF 激活 HTTP 服务。ICF 节点提供对 Web 资源的访问
在客户端上启用嵌入式搜索	SAP_ESH_INITIAL_SETUP_WRK_CLIENT	使用此任务清单，在客户端中自动初始设置嵌入式搜索。可能需要很长时间，需要在后台启动任务清单
在同一客户机中的一台服务器上： SAP Gateway 基本配置 SAP Fiori Launchpad 初始化配置 SAPGatewa-激活 OData 服务 SAP Basis 激活 HTTP 服务（SICF）	SAP_GW_FIORI_ERP_ONE_CLNT_SETUP	使用此任务清单，在 ERP 系统所在的同一客户端上配置 SAP Gateway 和 SAP Fiori。 由以下可用的任务清单组成： SAP_GATEWAY_BASIC_CONFIG SAP_FIORI_LAUNCHPAD_INIT_SETUP SAP_GATEWAY_ACTIVATE_ODATA_SERV SAP_BASIS_ACTIVATE_ICF_NODES

2. 使用步骤

任务清单的使用步骤如下：

（1）确定需要执行的任务清单，可参照上表。

（2）执行任务清单，使用事务代码 STC01，启动 ABAP 任务管理器，以实现其生命周期管理自动化。

（3）显示所选任务清单中可用的文档。

3.3.2　Launchpad 配置

SAP Fiori Launchpad，可翻译为 SAP Fiori 用户的快速启动面板或应用桌面。Launchpad 是访问应用程序的入口点，通过配置，方便用户访问已分配给各自角色的应用程序。

SAP Fiori Launchpad 的配置任务，参阅以下文档：

（1）有关 SAP NetWeaver 7.31，请参阅 SAP 帮助门户网站：

http://help.sap.com/nw-uiaddon→Application Help→SAP Library→SAP Fiori Launchpad→Setting Up the Launchpad

（2）有关 SAP NetWeaver 7.4，请参阅 SAP 帮助门户网站：

http://help.sap.com/nw74→Application Help→UI Technologies in SAP NetWeaver→SAP Fiori Launchpad→Setting Up the Launchpad

SAP Fiori Launchpad 的配置内容如下：

1. 激活 OData 服务

配置 Launchpad 和 Launchpad Designer 时，需要先激活 OData 服务和 ICF 服务。SAP Gateway 为 Launchpad 和 SAP Fiori 应用程序使用的 OData 服务提供基础架构。因此，必须在 SAP Gateway 中启用 OData 服务，并且在 OData 服务和后端服务之间建立目标映射。

在 SAP NetWeaver 7.4 Support Package 6 版本中，可以使用 SAP 提供的任务清单，对 SAP Fiori 进行配置。

有关 OData 服务的内容，将在第 8 章详细介绍。

2. 激活 SAP Gateway

激活 SAP Gateway 的事务代码为 SPRO，其路径为 SAP Reference IMG→SAP NetWeaver→SAP Gateway→OData Channel→Configuration→Activate or Deactivate SAP Gateway。

有关 Gateway 的内容，将在后续相关章节中分别详细介绍。

3. 激活 SAP Fiori Launchpad

对 OData 服务、SAP Gateway 激活后，接下来对 SAP Fiori Launchpad 进行配置，具体步骤如下：

（1）管理 SAP 系统别名

管理 SAP 系统别名，其事务代码为 SPRO，导航到 SAP Reference IMG→SAP NetWeaver→Gateway→OData Channel→Configuration→Connection Settings→SAP Gateway to SAP System→Manage SAP System Aliases。

管理 SAP 系统别名如图 3-7 所示。

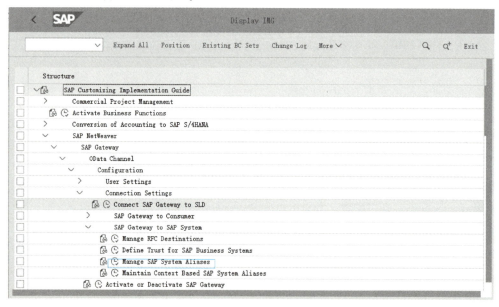

图 3-7　管理 SAP 系统别名

(2) 激活和维护服务

激活和维护服务的事务代码为/N/IWFND/MAINT_SERVICE，激活的服务包括：

- /UI2/PAGE_BUILDER_CONF
- /UI2/PAGE_BUILDER_PERS
- /UI2/PAGE_BUILDER_CUST
- /UI2/INTEROP
- /UI2/TRANSPORT

激活和维护服务如图 3-8 所示。

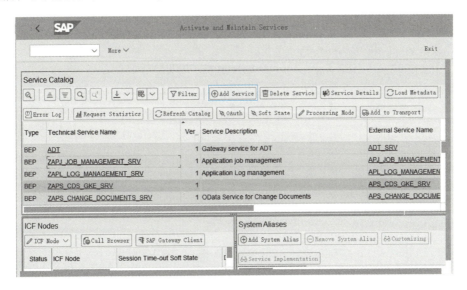

图 3-8　激活和维护服务

(3) 激活 ICF 服务

激活 ICF 服务的事务代码为 SICF，包含以下子节点下的服务：

- /default_host/sap/bc/ui2/nwbc/
- /default_host/sap/bc/ui2/start_up
- /default_host/sap/bc/ui5_ui5/sap/ar_srvc_launch
- /default_host/sap/bc/ui5_ui5/sap/ar_srvc_news
- /default_host/sap/bc/ui5_ui5/sap/arsrvc_upb_admn
- /default_host/sap/bc/ui5_ui5/ui2/ushell
- /default_host/sap/public/bc/ui2
- /default_host/sap/public/bc/ui5_ui5

激活 ICF 服务如图 3-9 所示。

(4) 为 Launchpad 管理员分配管理员权限

分配管理员权限的事务代码为 PFCG，复制标准角色 SAP_UI2_ADMIN_700，生成新的角色 ZFIORI_ADMIN_ROLE。

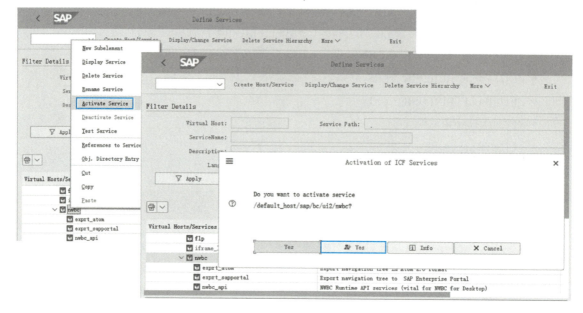

图 3-9 激活 ICF 服务

具体步骤为：

1）复制标准角色

复制标准角色如图 3-10 所示。

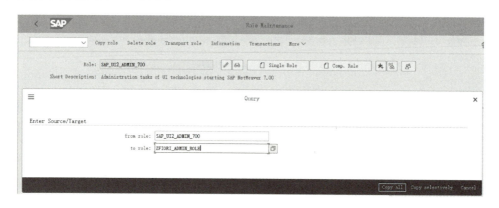

图 3-10 复制标准角色

2）创建新角色

创建新角色如图 3-11 所示。

3）添加 SAP Gateway 服务

添加 SAP Gateway 服务如图 3-12 所示。

4）为用户分配角色

为用户分配角色如图 3-13 所示。

为 Launchpad 的管理员分配管理员权限，到这里就介绍完了。

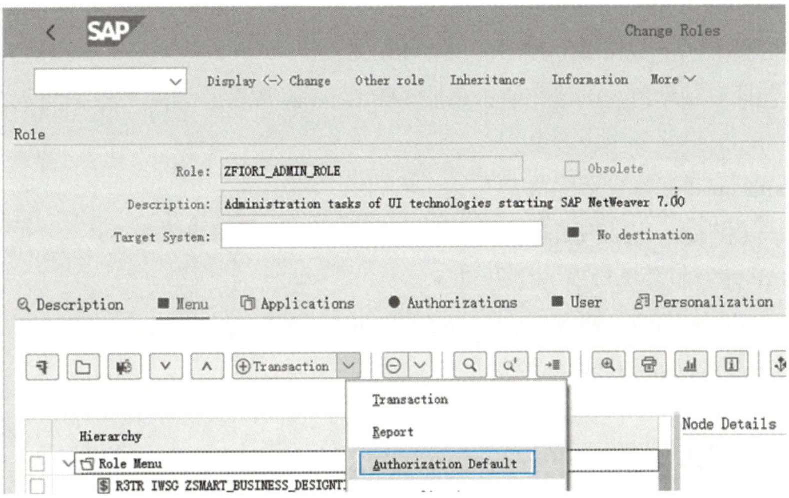

图 3-11 创建新角色

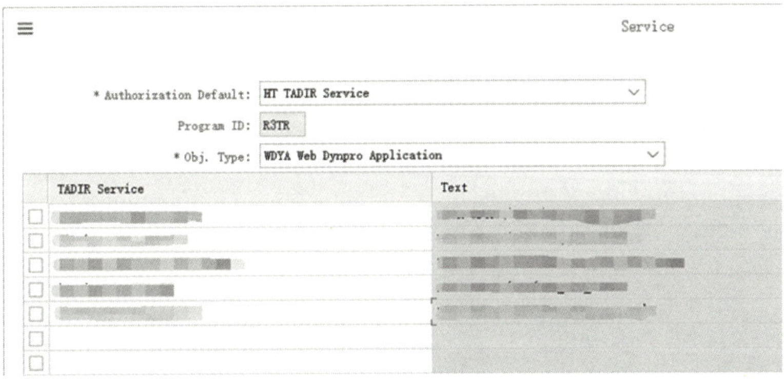

图 3-12 添加 SAP Gateway 服务

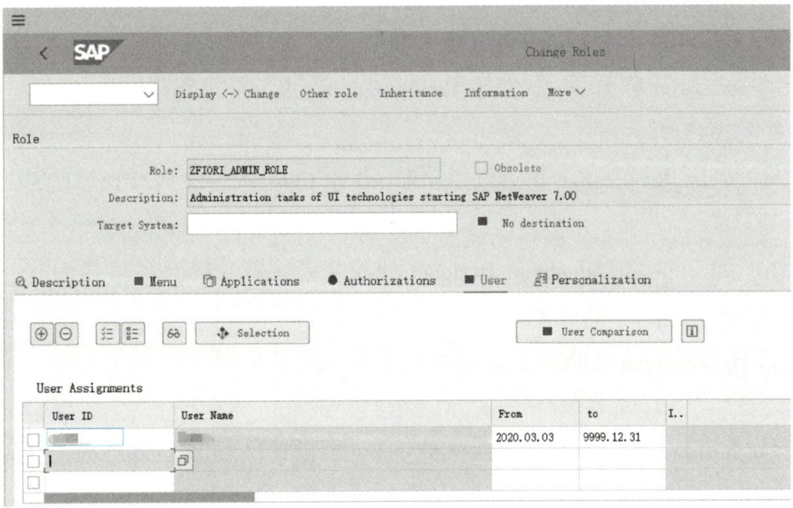

图 3-13 为用户分配角色

（5）为最终用户分配 Launchpad 的启动权限，事务代码为 PFCG。例如，复制角色 SAP_UI2_USER_700，生成新的角色 ZFIORI_END_USER_ROLE。

具体步骤包括复制角色、创建角色、添加 SAP Gateway 服务、为用户分配角色，在这里就不再赘述。

（6）为 Launchpad 配置登录屏幕

为 Launchpad 和 Launchpad Designer 配置登录屏幕，具体操作步骤如下：

1）在 ABAP 前端服务执行事务代码 SICF。

2）在 Service Path 项中，输入/sap/bc/ui5_ui5/ui2/ushell，点击 Execute。

查找 ushell 服务，如图 3-14 所示。

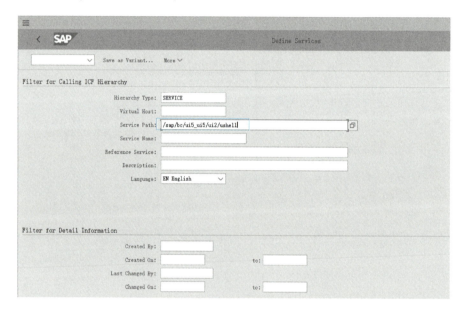

图 3-14　查找 ushell 服务

3）双击 ushell 服务并点击 Error Pages 标签页。

4）选中 System Logon 单选项后，点击 Configuration，进行登录配置。

登录配置如图 3-15 所示。

5）选中 Custom Implementation 单选项后，在 ABAP Class 项中输入/UI2/CL_SRA_LOGIN，点击 Save。

重复步骤 1）到 5），为 Launchpad Designer 配置登录屏幕，其服务路径为/sap/bc/ui5_ui5/sap/arsrvc_upb_admn。

完成 SAP Fiori Launchpad 的配置后，就可以正常登录了。

登录地址为：

http（s）://＜host＞:＜port＞/sap/bc/ui5_ui5/ui2/ushell/shells/abap/Fiori Launchpad.html?sap-client=＜Client＞

SAP Fiori 登录屏幕如图 3-16 所示。

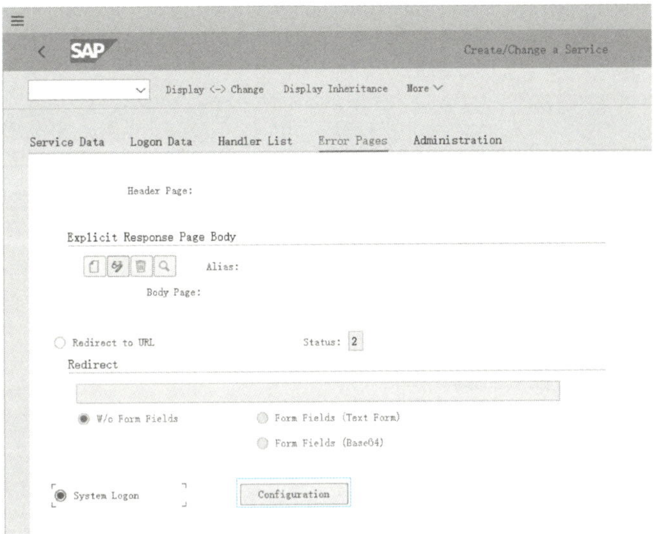

图 3-15 登录配置

图 3-16 Fiori 登录屏幕

3.3.3 Gateway 配置

安装和配置 SAP 网关服务器时需要考虑所选择的部署模式。如前所述，如果 SAP NetWeaver 版本为 7.3，则必须安装 SAP Gateway 2.0 SPS 10 组件，该组件由 GW_CORE 200 SP 10、SAP IW_FND 250 SP 10 和 SAP WEBUIF 7.31 SP10 组成。

安装 SAP Gateway 2.0，请参阅 http://help.sap.com/nwgateway 上的联机帮助。

在 SAP NetWeaver 7.4 中，GW_CORE、SAP IW_FND、IW_BEP 和 IW_HDB 组件被新的软件组件 SAP GW_FND（SAP Gateway Foundation SP 10）所取代。因此，如果运行的是 SAP NetWeaver 7.4，则无须安装任何其他组件，因为这些组件已包含在 SAP NetWeaver 7.4 中。

SAP Gateway 的配置内容如下：

1. 激活 SAP Gateway

激活 SAP Gateway 的事务代码为 SPRO，路径为 SAP Reference IMG→SAP NetWeaver→SAP

Gateway→OData Channel→Configuration→Activate or Deactivate SAP Gateway。

激活 SAP Gateway 如图 3-17 所示。

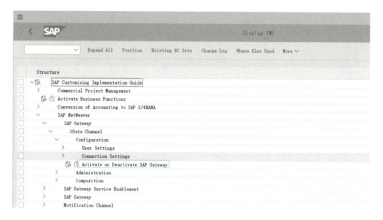

图 3-17　激活 SAP Gateway

2. 与 SAP 商业套件集成

SAP Gateway 与 SAP 商业套件集成，就是在彼此之间建立可信的 RFC 连接，以定义 ABAP 前端服务器上的 SAP 网关、ABAP 后端服务器上的 SAP Business Suite 之间的可信关系。

具体操作步骤如下：

（1）登录 ABAP 前端服务器，执行事务代码 SM59，并点击 Create。

（2）在 Technical Settings 页签中，输入 RFC Destination、Connection Type、Description、Load Balancing、Target Host、Instance Number 等相关项内容，以创建连接。

创建 RFC 连接如图 3-18 所示。

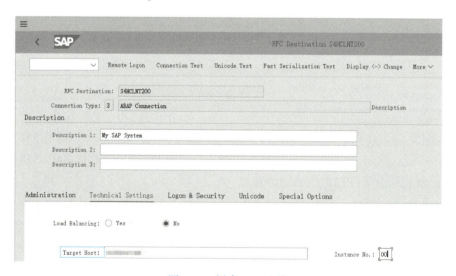

图 3-18　创建 RFC 连接

（3）在 Logon & Security 页签中，输入 Language、Client、User、Trust Relationship 等相关项内容，设置用户账号及密码。

设置用户账号信息如图 3-19 所示。

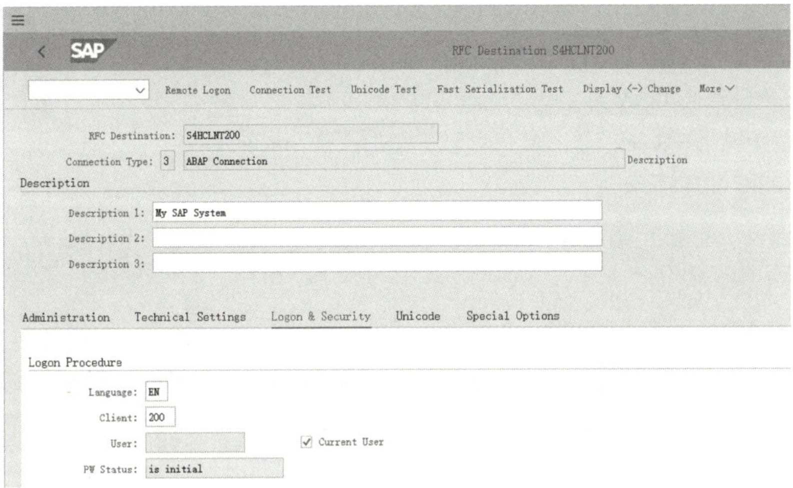

图 3-19　设置用户账号信息

（4）在 ABAP 后端系统中创建可信任连接，目标主机作为 ABAP 前端服务器。在后端服务器中设置完 RFC 目标后，需要运行创建信任关系向导。

具体步骤如下：

1）运行事务代码 SMT1，并点击 Create。

2）按照创建信任关系向导中的步骤操作。

3）保存设置。

3. 为应用程序创建 SAP 系统别名

如果是嵌入式部署，那么系统别名就是 SAP Gateway 系统本身，因此，需要创建系统别名条目（本地）。如果是集中式部署，则表示别名从集中式系统指向 SAP 商业套件系统，因此，需要输入 SAP 网关系统详细信息，如 SAP System Alias、Description、Local GW、For Local App、RFC Destination 等。

为应用程序创建 SAP 系统别名的事务代码为 SPRO，路径为 SAP Reference IMG→SAP NetWeaver→Gateway→OData Channel→Configuration→Connection Settings→SAP Gateway to SAP System→Manage SAP System Aliases。

设置系统别名如图 3-20 所示。

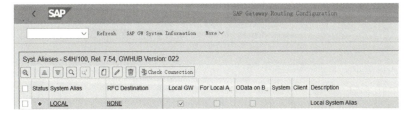

图 3-20　设置系统别名

4. 为管理员用户分配角色模板

在这个步骤中，需要将角色模板/IWFND/RT_ADMIN 分配给 FIORI_ADMIN 用户。具体步骤如下：

（1）运行事务代码 PFCG。

（2）创建角色，在 Role 中输入角色名称，然后选择 Single Role。

创建角色如图 3-21 所示。

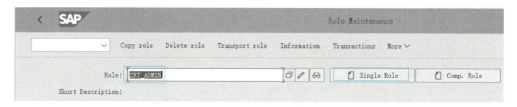

图 3-21　创建角色

（3）在 Authorizations 页签中，点击 Change Authorization Data 后，选择角色模板，如/IWFND/RT_ADMIN，点击 Adopt reference，对角色进行授权。

选择角色模板对角色授权如图 3-22 所示。

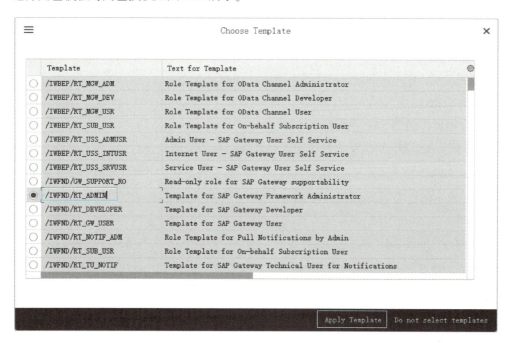

图 3-22　选择角色模板对角色授权

（4）点击 Generate，保存并激活角色。

激活角色如图 3-23 所示。

（5）返回并选择 User 标签页，将此角色分配给用户。

分配角色给用户如图 3-24 所示。

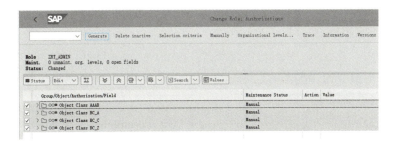

图 3-23　激活角色

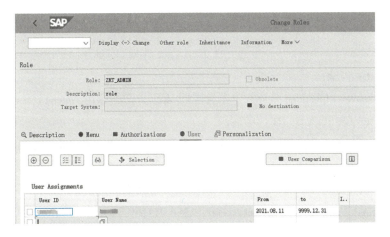

图 3-24　分配角色给用户

5. 指定默认语言和登录语言

SAP Gateway 只支持连接到相同语言的 SAP 后端系统，因此，要确保 SAP Gateway 和后端系统中的默认语言相同，包括验证后端语言是不是 SAP Gateway 语言的子集。

登录语言基于事务 SU01 中的用户设置，如果没有定义任何内容，那么将自动使用默认语言。

设置用户默认登录语言，如图 3-25 所示。

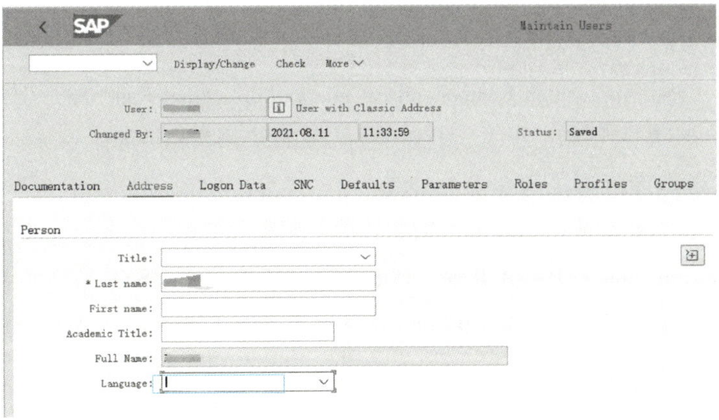

图 3-25　设置用户默认登录语言

如果事务代码 SICF 中的某个服务被激活,并带有所需的登录数据指示器,那么系统将使用在 Logon Data 中已设置的语言。

3.3.4　Search Model 配置

SAP Fiori Search 用来查找应用程序和中央业务对象(central business objects)。如果使用该功能,则需要在 Launchpad 中配置 SAP Fiori Search,通过相应的搜索模型,启用对业务对象的搜索。在 SAP Note 1999463 中,列出了为 SAP Business Suite 提供的最新搜索模型列表。

Search Model 的配置内容如下。

1. 实施 SAP Notes

在 SAP NetWeaver Enterprise Search 和 SAP Fiori Fact Sheets 的发行信息说明(RINs)中,对以下列出的 SAP Notes 实施:

- SAP NetWeaver Embedded Search(在后端服务器实施的 SAP Notes):SAP NetWeaver 7.4 Support Package Stack 6:RIN 1976027
- SAP Fiori Fact Sheets(在后端服务器和前端服务器实施的 SAP Notes):RIN 1998490

2. 激活业务功能

在 SAP 后端服务器的 Activate Business Functions 中,激活以下业务功能:

(1)激活 SAP Fiori search 和 fact sheets:SAP HANA-Based Search for SAP Business Suite(BSESH_HANA_SEARCH)。

欲了解更多信息,请在网址 http://help.sap.com/erp607→Business Functions→Business Functions in SAP Business Suite Foundation→General Business Functions for SAP Business Suite→SAP HANA-Based Search for SAP Business Suite 中查询。

(2)激活 fact sheets:SAP HANA-Based Navigation for SAP Business Suite(BSCBN_HANA_NAV)。

欲了解更多信息,请在网址 http://help.sap.com/erp607→Business Functions→Business Functions in SAP Business Suite Foundation→General Business Functions for SAP Business Suite→SAP HANA-Based Navigation for SAP Business Suite 中查询。

此外,IMG→Cross-Application Components→General Application Functions→HANA-Based Search for SAP Business Suite 配置项和定制的 SAP Business Suite 应用是相关的。

3. 设置辅助数据库以连接到 SAP HANA

在后端系统中,需要完成用于搜索的辅助数据库配置项 IMG→Cross-Application Components→General Application Functions→HANA-Based Search for SAP Business Suite→Configure Indexing→Set TREX/BWA Destination or SAP HANA DB Connection,或者使用报表 ESH_ADM_SET_TREX_DESTINATION 设置数据库连接。

先决条件如下:

(1)在事务代码 DBCO 中,可以创建第二个数据库连接。

（2） SAP＜SID＞数据库用户是可用的，且数据库用户必须具有如下权限：

1）对象权限 TREXVIADBSL 和 TREXVIADBSLWITHPARAMETERS。

2）Scheme _SYS_REPO 的 SELECT 权限。

3）Scheme SAP＜SID＞的 SELECT、ALTER 和 INDEX 权限。

欲了解更多信息，请在网址 http://help.sap.com/nw_platform under→Application Help→Function-Oriented View→Search and Operational Analytics→Embedded Search→Setting Up Embedded Search→Creating a Connection Between Embedded Search and SAP HANA or TREX/BWA 中查询。

4. 激活基于连接器的授权检查

为了将搜索结果限制在用户有权查看的业务对象实例，嵌入式搜索支持基于业务对象实例的授权。此外，还支持基于搜索连接器的授权检查，主要是出于性能原因。

欲了解更多信息，请在网址 http://help.sap.com/nw_platform→SAP NetWeaver Enterprise Search→Security Information→Security Guide→Authorizations→Restricting Authorizations for Searching 中查询。

5. 激活 UI 服务

在事务代码 SICF 中，需激活如下服务：

- default_host→sap→bc→webdynpro→sap→ESH_ADMIN_UI_COMPONENT
- efault_host→sap→bc→webdynpro→sap→esh_eng_modeling
- default_host→sap→bc→webdynpro→sap→esh_eng_wizard
- default_host→sap→bc→webdynpro→sap→esh_search_results_ui
- default_host→sap→bc→webdynpro→sap→wdhc_help_center
- default_host→sap→es→cockpit
- default_host→sap→es→saplink
- default_host→sap→es→search
- default_host→sap→es→ina→GetResponse
- default_host→sap→es→ina→GetServerInfo
- default_host→sap→es→ina→Loader

6. 创建连接器

创建连接器的先决条件是需要开通 SAP_ESH_SEARCH 和 SAP_ESH_LOCAL_ADMIN 的权限。用事务代码 ESH_COCKPIT 创建连接器时，每个 Fact Sheet 应用的相关搜索组件所需的连接器都记录在该 Fact Sheet 应用的实施文档中。

更多关于连接器的创建，请查询网址：

http://help.sap.com/nw_platform→＜release＞→Application Help→Function Oriented View→Search and Operational Analytics→Embedded Search→Setting Up Embedded Search→Creating Connectors

7. 开始索引连接器

更多关于索引连接器的信息，请查询网址：

http://help.sap.com/nw_platform→ < release > →Application Help→Function -Oriented View→Search and Operational Analytics→Embedded Search→Setting Up Embedded Search→Starting Indexing of Connectors

3.4 结束语

在熟悉 Transactional、Fact Sheets 和 Analytical 这三种应用类型的系统架构后，本章重点学习了 SAP Fiori 应用程序的部署、每种应用类型运行环境的构建和配置，包括各自版本要求、安装任务、安装步骤和激活方法。SAP Fiori 应用程序在其运行环境中，不仅要正常运行，更要安全使用。因此，在下一章中重点学习 SAP Fiori 的安全。

第 4 章

Fiori 安全

内容关键词

通信通道、安全传输

访问安全、身份验证、登录验证、权限验证

Kerberos/SPNego、SAML2.0、X.509 证书和 Logon Tickets 登录票证

单点登录 SSO、用户管理 UUMS、认证中心、权限管理

本章概要

- 通信安全
- 访问安全

SAP Fiori 应用程序的正常使用，不仅要考虑其自身的通信安全，更要考虑用户访问安全。只有这样，才能确保应用程序被正确的用户访问，未经授权的用户不能访问相应业务的数据和流程。根据 SAP Fiori 的系统架构和应用程序的通信通道，本章重点对通信安全，基于身份验证、单点登录和用户权限的访问安全进行详细介绍。

4.1 通信安全

SAP Fiori 的系统架构跨越多个不同的网络层，其应用程序根据不同的应用场景，使用不同的通信通道以及用于每个连接的协议，以确保数据在不同通信路径之间安全传输。

SAP Fiori 应用程序通信通道如图 4-1 所示。

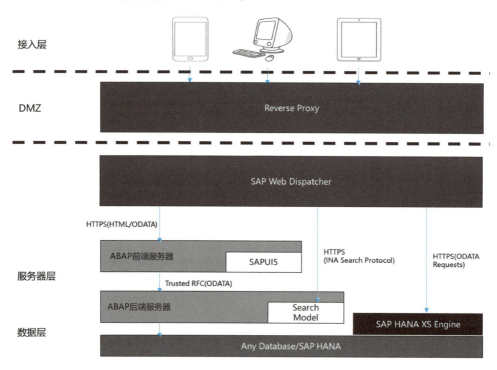

图 4-1　SAP Fiori 应用程序通信通道

SAP Fiori 系统的第一个防御点，就是保护这些层之间的通信线路。如客户端、反向代理和服务器之间的通信，必须通过不同的通信通道和协议来建立，保障在 SAP Fiori 系统环境中安全地传输数据。

例如，在互联网环境中实现事务性应用程序，常见的安全措施就是放置反向代理，即 SAP Web Dispatcher 或第三方反向代理，像 DMZ 中的 Apache 一样。SAP 建议在互联网场景中部署

SAP Web Dispatcher，以实现互联网与企业内网（SAP 商业套件通常被部署在企业内网中）的访问。

SAP Fiori 应用程序使用不同的通信通道，以及用于每个连接的协议，其安全凭证类的数据会在不同通信路径之间传输。

不同通信路径之间传输的通道和协议如表 4-1 所示。

表 4-1　不同通信路径之间传输的通道和协议

通 信 通 道		协　　议	应用程序类型
客户端/浏览器	SAP Web Dispatcher	OData HTTP/HTTPS	Fact Sheet、Analytical
SAP Web Dispatcher	ABAP 前端服务器	OData HTTP/HTTPS	所有
SAP Web Dispatcher	SAP HANA XS	OData HTTP/HTTPS	Analytical
SAP Web Dispatcher	ABAP 后端服务器	INA HTTP/HTTPS	Fact Sheet
ABAP 前端服务器	ABAP 后端服务器	RFC	Transactional、Fact Sheet
ABAP 后端服务器	SAP HANA/其他数据库	SQL	Analytical

为了避免第三方拦截两层之间的通信，需要建立一个不易被窃听的系统。安全通信意味着，监控哪些用户可以访问 SAP Fiori Launchpad 上的敏感数据，同时确保未提供访问权限的第三方不会截获任何内容。通常采用加密技术，使未经授权用户难以读取数据。在 SAP Fiori 环境的不同层次上通信，人们越来越意识到拦截问题的重要性。为了确保数据安全，可以采取以下两个重要步骤：

（1）使用安全传输层协议（TLS）或安全套接层（SSL）保护 HTTP 连接。
（2）使用安全网络通信（SNC）保护 RFC 连接。

4.2　访问安全

SAP Fiori 应用程序的访问安全，主要包括身份验证、单点登录和用户权限。身份验证细分为用户登录验证和用户权限验证两部分，前者用来验证用户进入系统是否合法，主要介绍单点登录机制；后者用来验证用户是否有权限执行特定的 Fiori 应用，主要介绍用户权限机制。

4.2.1　身份验证

要访问 SAP Fiori 应用程序，需要在 SAP Fiori 系统中有一个用户身份，用户凭系统配置的用户权限，登录或访问后端系统，这个用户身份需要事先进行身份认证。具体的认证过程是，用户通过客户端或者浏览器提供的证书，和存储到数据库授权用户的证书进行对比，对比成功后，会创建一个在客户端和系统之间的安全会话（Security Session），这个过程就是身份验证。

1．身份验证

SAP Fiori 应用程序支持的身份验证，主要包括 Kerberos/SPNego、SAML2.0、X.509 证书和

Logon Tickets 登录票证。

（1）Kerberos/SPNego

Kerberos/SPNego 是一个可防御各种攻击的强健网络授权协议，包括权限认证协议、使用 tickets 认证、避免本地存储密码在互联网上传输、第三方可信任和基于对称密钥加密。如果系统上已经部署了 Kerberos/SPNego，建议使用它作为权限认证模式。如果在公司局域网之外使用 Kerberos/SPNego 作为权限认证，则需安装 VPN 来连接。

Kerberos/SPNego 身份验证的优势如下：

1）通过重用已经提供的凭据来简化登录过程，例如使用 Windows 用户来登录 ABAP 前端系统。

2）不需要单独登录到 ABAP 前端服务器。

3）支持登录到 SAP GUI，对 SAP GUI 和 HTTP 访问，使用 Kerberos 简化了系统环境中的单一登录设置。

4）得到越来越多移动设备供应商的支持。

有关 Kerberos/SPNego 所需配置的详细信息，请参阅 SAP 帮助门户网站 http://help.sap.com/sapsso 中 Secure Login for SAP Single Sign-On Implementation Guide 中的相关内容。

（2）SAML2.0

SAML2.0（Security Assertion Markup Language 2.0，安全声明标记语言）是一个 XML 框架，也可以说是一组协议和规范。SAML2.0 在不同的安全域（security domain）之间交换认证和授权数据，可以用来传输或跨域传递用户身份证明。相比 Kerberos 权限认证的配置，SAML 相对简单一些，SAML 权限认证是基于服务提供者的权限认证。

在 SAML 框架下，无论用户使用哪种信任机制，只要满足 SAML 接口、信息交互定义和流程规范，相互之间都可以无缝集成。SAML 现有的各种身份鉴别机制（例如 PKI、Kerberos 和口令）、各种授权机制（例如基于属性证书的 PMI、ACL、Kerberos 访问控制），通过使用统一接口实现跨域的互信任操作，便于分布式应用系统的信任和授权的统一管理。要注意的是，SAML 并不是专为单点登录设计，但它却为单点登录的标准化提供了可行的框架。

SAML 权限认证的流程如下：

1）用户请求进入系统，用户在客户端通过反向代理，向路由器发出请求。

2）启动 IDP，SAML2.0 IDP 服务器验证用户信息，然后授予用户权限认证。

3）IDP 创建并发送一个包含用户信息的特殊格式消息给路由服务器，路由服务器确定消息是否来自可知的 IDP 服务器，并创建一个安全对话给用户，并且准许连接应用系统。

SAML2.0 身份验证的优势如下：

1）它包括广泛的联合功能，这意味着可以在联合用户域的场景中很好地工作，在这些场景中，信任配置可能很复杂。

2）它包括广泛的用户映射功能，能够根据标识属性映射 SAP 用户，如 SAP 用户名属性或用户的电子邮件地址。这意味着 SAML2.0 对于具有多个用户域的场景，可以很好地工作。

有关 SAML 2.0 认证所需的配置信息如下：

如果是 SAP NetWeaver 7.31 版本，请参阅 http://help.sap.com/nw731→Application Help→Function-Oriented View→Security→User Authentication and Single Sign-On→Integration in Single Sign-On（SSO）Environments→Single Sign-On for Web-Based Access→Using SAML 2.0→Configuring AS ABAP as a Service Provider。

如果是 SAP NetWeaver 7.4 版本，请参阅 http://help.sap.com/nw74→Application Help→Function-Oriented View→Security→User Authentication and Single Sign-On→Integration in Single Sign-On（SSO）Environments→Single Sign-On for Web-Based Access→Using SAML 2.0→Configuring AS ABAP as a Service Provider。

(3) X.509 证书

如果在组织中实现了用户身份验证的公钥基础结构（PKI），则可以通过配置所需后端系统（如 ABAP 或 SAP HANA）的 X.509 证书来接受 X.509 认证。

使用 X.509 证书进行身份验证具有以下优点：

1）在登录期间不需要发布系统，这意味着它在面向互联网的情况下工作得很好。

2）支持登录到 SAP GUI，为 SAP GUI 和 HTTP 访问使用 X.509 证书，简化了系统环境中的单一登录设置。

X.509 证书必须分发到用于访问 SAP Fiori 应用程序的工作站和设备。对于移动设备，可以通过移动设备管理软件（如 SAP Afaria）集中执行此分发。

有关 X.509 证书所需配置的信息如下：

如果是 SAP NetWeaver 7.31 版本，请参阅 http://help.sap.com/nw731→Application Help→Function-Oriented View→Security→User Authentication and Single Sign-On→Integration in Single Sign-On（SSO）Environments→Single Sign-On for Web-Based Access→Using X.509 Client Certificates→Using X.509 Client Certificates on the AS ABAP→Configuring the AS ABAP to use X.509 Client Certificates。

如果是 SAP NetWeaver 7.4 版本，请参阅 http://help.sap.com/nw74→Application Help→Function-Oriented View→Security→User Authentication and Single Sign-On→Integration in Single Sign-On（SSO）Environments→Single Sign-On for Web-Based Access→Using X.509 Client Certificates→Using X.509 Client Certificates on the AS ABAP→Configuring the AS ABAP to use X.509 Client Certificates。

(4) Logon Tickets 登录票据

Logon Tickets 是存储在客户浏览器上的 Cookies。由于登录票证作为浏览器 Cookie 传输，因此，只有当运行环境中的所有系统都位于同一个 DNS 域时，才能使用此身份验证机制。在 SAP Fiori 应用程序中，使用 Logon Tickets 有两种选择，要么使用现有系统发出 Logon Tickets，要么配置 ABAP 前端系统发送 Logon Tickets。无论是哪种选择，都必须在后端系统中配置接受 Logon Tickets。

登录票证的身份验证机制，可以从企业网络外部访问。例如，如果使用前端系统发出 Logon Tickets，后端系统接受验证 Logon Tickets，那么这个权限验证流程是：

1）输入用户名和密码，登录前端系统。

2）ABAP 前端系统先验证用户名和密码，接着进行权限认证。如果权限认证成功，用户登录系统时，发送 SAP Logon Tickets。

3）用户的浏览器存储 SAP Logon Tickets，并用来登录后端系统。

4）用户的浏览器发送 SAP Logon Tickets 到 ABAP 后端系统。

5）后端系统验证 SAP Logon Tickets。

6）如果后端系统验证成功，ABAP 服务器接入用户连接。

有关使用登录票证所需的配置信息如下：

如果是 SAP NetWeaver 7.31 版本，请参阅 http://help.sap.com/nw731→Application Help→Function-Oriented View→Security→User Authentication and Single Sign-On→Integration in Single Sign-On（SSO）Environments→Single Sign-On for Web-Based Access→Using Logon Tickets→Using Logon Tickets with AS ABAP Configuring AS ABAP to Accept Logon Tickets。

如果是 SAP NetWeaver 7.4 版本，请参阅 http://help.sap.com/nw74→Application Help→Function-Oriented View→Security→User Authentication and Single Sign-On→Integration in Single Sign-On（SSO）Environments→Single Sign-On for Web-Based Access→Using Logon Tickets→Using Logon Tickets with AS ABAP Configuring AS ABAP to Accept Logon Tickets。

2. 身份验证在 SAP Fiori 中的应用

SAP Fiori 应用程序的身份验证，包括在 ABAP 前端服务器上进行初始用户身份验证、对所有后端请求进行身份验证。

（1）对前端初始用户身份验证

当用户启动 SAP Fiori 应用程序时，启动请求将通过 SAP Fiori Launchpad 从客户端发送到前端服务器。在启动期间，ABAP 前端服务器使用身份验证，以确保对应用访问的安全性。

（2）对后端请求身份验证

在 ABAP 前端服务器上进行初始身份验证后，SAP Fiori 应用程序和 SAP Fiori Launchpad 可以向 ABAP 后端服务器发送请求。

后端系统请求身份认证包括以下两种场景：

1）对 ABAP 后端服务器的请求

Transactional 和 Fact Sheet 应用程序从 ABAP 前端服务器向 ABAP 后端服务器发送 OData 请求时，需进行初始身份验证。验证通过后，在客户端和 ABAP 前端服务器之间建立安全会话，对于 ABAP 后端服务器的 OData 请求，由受信任的 RFC 进行安全通信。对于 SAP Fiori Launchpad 的搜索，Fact Sheet 还会将客户端的 INA 搜索请求发送到 ABAP 后端服务器。这些请求可以通过 Kerberos/SPNego、X.509 证书或登录票证进行身份验证。当然，除了将 ABAP 前端服务器配置为初始身份验证后，颁发的登录票证，也可以使用现有门户来执行此操作。

对于登录票证，必须配置 ABAP 前端服务器以颁发登录票证。或者在已经发出登录通知单的环境中使用现有系统。此外，必须配置所需的后端系统（ABAP 或 SAP HANA）以接受登录票证，同时确保 ABAP 系统中的用户与 SAP HANA 中的数据库用户，具有相同的用户名，不支持用户映射。

2)对 SAP HANA XS 的请求

Analytical 应用程序从客户端向 SAP HANA XS 发送 OData 请求时,这些请求可以通过 Kerberos/SPNego、X.509 证书或登录票证进行身份验证。同样,既可以将 ABAP 前端服务器配置为初始身份验证后颁发的登录票证,也可以使用现有门户来执行此操作。

SAP Fiori 应用程序支持的身份验证,主要涉及单点登录和用户权限这两个主要过程,前者用来验证用户是否允许访问服务器,后者用来验证用户是否有权访问特定应用程序或执行特定操作。

4.2.2 单点登录

单点登录(SSO,Single Sign-on)是一种方便用户访问多个系统的技术,用户只需在登录时,进行一次身份验证,就可以在多个系统间自由穿梭,不必重复输入用户名和密码来确定身份。单点登录的实质就是安全上下文(Security Context)或凭证(Credential)在多个应用系统之间的传递或共享。

1. 单点登录的实现条件

要实现 SSO,需要所有应用系统共享一个身份认证中心,这是前提条件。认证中心的主要功能是将用户的登录信息和用户信息库相比较,对用户进行登录认证。认证成功后,认证中心生成统一的认证标志(ticket)并返还给用户。另外,认证中心还需要对 ticket 进行校验,判断其有效性。

所有应用系统能够识别和提取 ticket 信息,这是实现 SSO 的另一个条件。让用户只登录一次,就必须让应用系统能够识别已经登录过的用户。应用系统需要对 ticket 进行识别和提取,通过与认证系统的通信,能自动判断当前用户是否登录过,从而完成单点登录的功能。

一个完整的用户认证中心应具备以下功能:

(1)统一用户管理,就是实现用户信息的集中管理,并提供标准接口。

(2)统一认证管理,就是用户认证是集中统一的,并支持 PKI、用户名/密码等多种身份认证方式。

(3)单点登录,就是支持不同域内多个应用系统间的登录。

2. 单点登录在 SAP Fiori 中的应用

对前端初始用户身份验证,SAP 建议设置单点登录,从而允许用户使用其现有的单一凭据,来启动 SAP Fiori 应用程序。初始身份验证可以基于 ABAP 前端服务器上的用户密码,为应用的登录提供专用的登录处理程序。在 ABAP 前端服务器上进行初始身份验证后,在客户端和 ABAP 前端服务器之间会建立安全会话。对于后端服务器请求的身份验证,可能需要额外配置用于身份验证的单点登录。

单点登录虽然提供 Kerberos/SPNego、X.509 证书和 SAML 的身份验证机制,但不同的 SAP Fiori 应用场景,所支持的 SSO 认证方法也不同:

(1)如果已经部署了 Kerberos/SPNego 作为单点登录方法,建议使用它作为权限认证模式。

登录期间，Kerberos/SPNego 身份验证要求颁发系统，如 Microsoft Active Directory。由于此系统通常位于企业网络中，所以不能将 Kerberos/SPNego 用于大多数面向互联网的部署方案。如果从企业网络外部启用带有 Kerberos/SPNego 身份验证的单一登录，则需要设置 VPN 连接。

（2）如果配置使用 SAML2.0 作为单点登录方法，那么在 ABAP 前端服务器配置 SAML2.0，并结合 IDP 软件一起使用。IDP 软件是指 SAP IDP、Ping Federate、微软的 Active Directory Federation Service（AD FS）。相比 Kerberos 单点登录的配置，SAML 相对简单一些，在登录期间，SAML 2.0 身份验证要求访问颁发系统（认证提供方）。为了确保在面向互联网的部署场景中使用 SAML 2.0，作为单点登录并利用其联合功能，必须确保从企业网络外部安全地访问 SAML。

4.2.3 用户权限

用户权限用来验证用户是否有权限执行特定的 Fiori 应用，这些 Fiori 应用主要指 Launchpad、Transactional、Fact Sheet 和 Analytical。用户权限主要包括用户管理和用户授权。

1. 用户管理

说到用户管理，离不开统一用户管理系统（UUMS），它是解决用户同步问题的根本办法。UUMS 统一存储所有应用系统的用户信息，同时，应用系统对用户的相关操作，全部由 UUMS 完成，而授权等操作则由各应用系统独自完成，即统一存储、分布授权。

统一用户认证是以 UUMS 为基础，对所有应用系统提供统一的认证方式和认证策略，以识别用户身份的合法性。用户名/密码的认证是基础的常用方式，在 SAP NetWeaver、Java 或者 ABAP 应用服务器上，都有一些用户管理工具。SAP Fiori 为 Java 和 ABAP 提供了两个用户管理工具。

SAP Fiori 的用户管理使用以下事务代码：

（1）事务代码 SU01：用户 ABAP 环境的用户管理。

（2）事务代码 PFCG，用于创建角色并分配权限。

SAP Fiori 的用户管理需要注意以下事项：

（1）用户必须存在于以下系统：

1）SAP Gateway（所有应用类型）。

2）SAP 商业套件 ABAP 后端服务器（所有应用类型）。

3）SAP HANA 数据库（Fact Sheet 和 Analytical 应用类型）。

（2）ABAP 系统和 SAP HANA 数据库中的用户名必须相同。

（3）如果是嵌入式部署，则不需要在其他系统中创建用户。

（4）如果使用中央用户管理（CUA），需要同步后端和前端系统中的用户，来保证用户名一致。

2. 权限管理

SAP Fiori 关于权限的概念，包括前端系统的默认权限和后端系统所需的权限。为了更好地管理好用户，需要对不同 SAP Fiori 应用程序的各种用户进行授权，主要包括 SAP Fiori Launchpad、SAP Gateway 和 SAP Fiori 应用程序（分 Transactional、Fact Sheet 和 Analytical 三种类型）。

（1）SAP Fiori Launchpad

SAP Fiori Launchpad 是所有 SAP Fiori 应用程序的入口。用户通过身份验证后，可以查看和访问由管理员分配给用户角色业务目录下的那些 SAP Fiori 应用程序。

SAP 为 SAP Fiori 应用程序的用户提供业务角色。每个业务角色都提供对特定业务用户相关应用程序示例的访问。例如，My Quotations 应用程序业务目录下的 PFCG 角色，允许用户访问 My Quotations 应用程序。因此，要让用户在 SAP Fiori Launchpad 中能够查看该应用程序，管理员必须将业务目录角色分配给该用户。SAP Fiori Launchpad 目录和 UI PFCG 角色捆绑了执行应用程序所需的所有前端权限。

以 My Quotations 应用程序的实施为例，在 SAP Fiori 应用程序参考库中查看该应用程序。

在参考库中查看某个应用程序如图 4-2 所示。

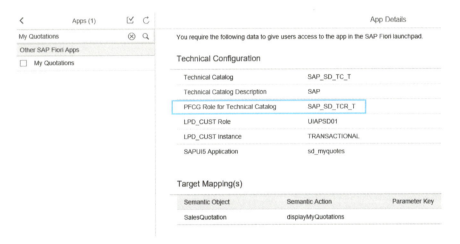

图 4-2　在参考库中查看某个应用程序

（2）SAP Gateway

当授权用户在 SAP Fiori Launchpad 中能够查看到某个应用程序后，下一步就是赋予用户运行或者启动 OData 服务的权限。SAP Gateway 网关级授权，是用来设置启动 OData 服务，以运行应用程序，例如对某个服务启动授权。

添加 SAP Gateway 权限如图 4-3 所示。

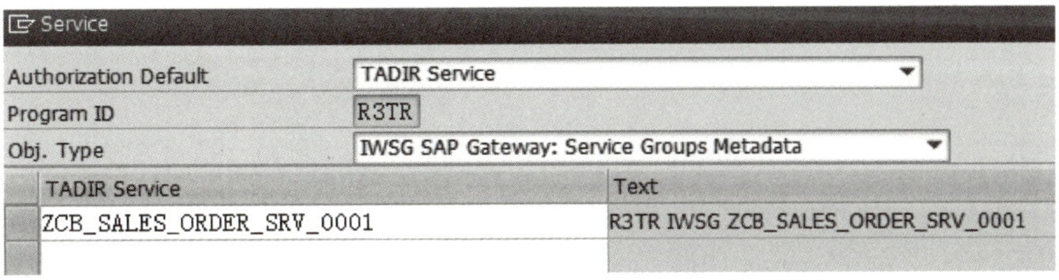

图 4-3　添加 SAP Gateway 权限

与之前所覆盖业务目录的前端 PFCG 角色一样，SAP 为每个事务型和表单型的应用程序提供后端 PFCG 角色。例如，My Quotations 应用程序是用后端授权角色（PFCG）作为技术目录交付的。这些角色包括对运行应用程序所需的相应 OData 服务的引用。对于分析型应用，要让用户读取 KPI 数据，需要将应用授予 SAP HANA 服务器中特定于应用程序的角色，例如分配给用户 CASH POSITION 应用程序的角色。

（3）SAP Fiori 应用程序

SAP Fiori 应用程序分 Transactional、Fact Sheet 和 Analytical，不同应用类型，授权的内容不同：

1）对于 Transactional 应用程序的授权，需要管理员为用户分配后端和前端角色。

2）对于 Fact Sheet 应用程序的授权，除了 OData 服务授权之外，还需要授权用户访问底层搜索模型。

3）对于 Analytical 应用程序的授权，需要授予 SAP HANA 服务器中特定于应用程序的角色，例如，分配给用户的 CASH POSITION 应用程序角色。

对 SAP Fiori 应用程序的授权，需要启动事务代码 PFCG，有关授权的详细操作步骤，在第 3 章已经详细介绍，这里不再赘述。

4.3　结束语

SAP Fiori 通信安全不仅是应用程序级端到端的通道安全，更是组件或系统之间数据通信的路径安全。本章重点学习了客户端、反向代理和服务器之间如何使用不同的通信通道和协议建立安全通信机制，以确保数据在 SAP Fiori 系统中进行安全传输。SAP Fiori 访问安全采用 Kerberos/SPNego、SAML2.0、X.509 证书、Logon Tickets 等安全策略，这些策略也适用于 Fiori 系统中的所有组件。SAP Fiori 提供了身份验证的安全防护，通过与认证系统的通信，为用户单点登录、多系统访问提供了安全机制。针对用户权限，SAP 系统中有着严谨的权限定义和权限管控。

1. SAP 的权限定义

（1）用户（User），也就是 SAP 系统的登录用户。每一个用户都会对应一个相应的用户主数据，用户主数据包含这个 User 的所有相关信息和角色信息。

（2）角色（Role），角色反映用户的业务身份，例如系统管理员（Admin）、开发人员（Developer）等。不同的角色，有着不同的业务分工，在系统中有着不同的操作权限。这些角色执行不同的事务代码，对于某一事务代码，还可以有不同的操作权限。每一个角色都会对应一个具体的参数文件。

（3）参数文件（Profile），参数文件包含具体的权限信息。例如，是否有执行某一事务代码的权限，是否有更改的权限，等等。

（4）权限对象（Authorization Object），权限对象是权限配置的载体，包含一系列的权限字段，用于设定具体的授权。

(5)权限字段(Authorization Field),用于设定具体的权限值。

2. SAP 的权限管控(含授权和鉴权)

权限管控的对应关系如图 4-4 所示。

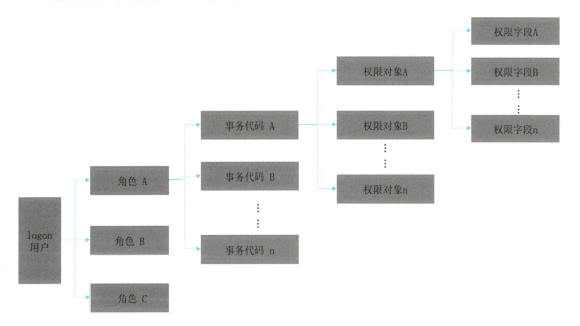

图 4-4　权限管控的对应关系

有关 SAP 系统中的权限内容,有兴趣的读者可以深入了解和学习,这里不展开阐述。

第 5 章

启 动 面 板

内容关键词

Launchpad 的磁贴、目录和组

Launchpad Designer 与管理员工作项内容

创建 Launchpad 和应用、创建和分配传输请求

创建目录、创建磁贴

创建和配置目标映射

创建角色、角色授权和分配角色给用户

Launchpad 主页的编辑模式

本章概要

- 关于 Launchpad
- Launchpad Designer
- Launchpad 主页定制

第 5 章 启动面板

Fiori Launchpad 是 SAP Business 应用程序跨平台和设备、基于 Web 的切入点，是 SAP Fiori 应用的入口。它是一个基于角色、能够进行用户个性化定制的快速启动面板。本章重点对 Launchpad Designer 实现快捷访问的全周期操作，如应用、传输请求、目录、磁贴、目标映射、角色、授权以及主页配置的方法和步骤，进行详细介绍。

5.1 关于 Launchpad

SAP Fiori Launchpad 作为 Fiori 应用的入口，不仅具有快速启动快捷导航的功能，还具有实时分析能力。它的美观是因为基于简单和直观的用户体验而设计，不需要太多的培训就能掌握。用户在 Launchpad 中可以方便地获取基于他们角色的应用，例如，当一个采购员登录 Launchpad 时，他只能看到与采购员角色相关的应用。

在使用 SAP Fiori Launchpad 前，必须对其进行安装、配置并激活，有关内容在第 3 章中已经介绍。

登录 SAP Fiori Launchpad 的默认地址：

https://<host>.<domain>:<port>/sap/bc/ui5_ui5/ui2/ushell/shells/abap/Fiorilaunchpad.html?sap-client=<client>&sap-language=EN

其中语言可按照实际情况赋值。

登录后的 SAP Fiori Launchpad 主页如图 5-1 所示。

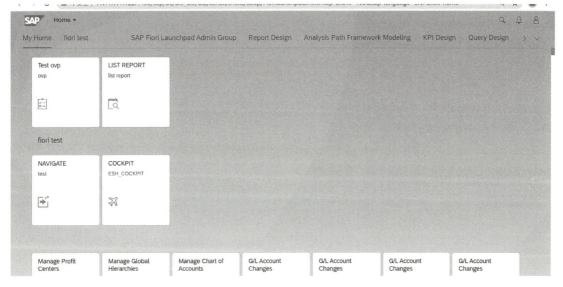

图 5-1　登录后的 SAP Fiori Launchpad 主页

上图显示的是 SAP Fiori 2.0 个人工作台主页，它展现了各种类型的应用。用户可根据自己的需要对界面进行个性化配置，例如，通过 Launchpad 添加或者删除应用，实现主页的个性化定制。

在用户主页中，应用是以磁贴的形式来展现的，不同的磁贴可放入同一组中，组是用户放置在首页的程序的集合，目录是用户可运行的所有程序的集合。因此，使用 SAP Fiori Launchpad，离不开磁贴、目录和组。

（1）磁贴

磁贴基于用户角色，用来访问不同的 Fiori 应用程序。它可在多种设备类型上运行，并为业务应用程序提供单点访问，例如事务、分析、资料单、智能业务应用程序等。

SAP Fiori Launchpad 的磁贴通常包括静态磁贴、动态磁贴和新闻磁贴。

- 静态磁贴，用以展现预定义的静态内容，例如文本和图标。
- 动态磁贴，用以展现动态数值，比如未审批采购订单等。
- 新闻磁贴，用于将 RSS 订阅展现在 Launchpad 中，用户通过配置磁贴来展现图片或者实时订阅，还可以配置每个实时订阅的刷新频率。

SAP Fiori Launchpad 的磁贴类型如图 5-2 所示。

图 5-2　SAP Fiori Launchpad 的磁贴类型

（2）目录

SAP Fiori Launchpad 的目录就像书的章节，可以包含很多内容。目录是由不同磁贴构成的，每个磁贴代表一种特定的 Fiori 应用，或指向包含 Fiori 磁贴组的其他页面。

SAP Fiori Launchpad 的目录如图 5-3 所示。

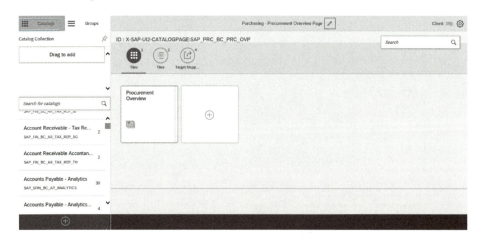

图 5-3　SAP Fiori Launchpad 的目录

(3) 组

SAP Fiori Launchpad 的组，类似于用户的个人收藏夹，组可以由用户在 Launchpad 中创建，或者通过 Fiori 管理员创建并分配给用户。

SAP Fiori Launchpad 的组如图 5-4 所示。

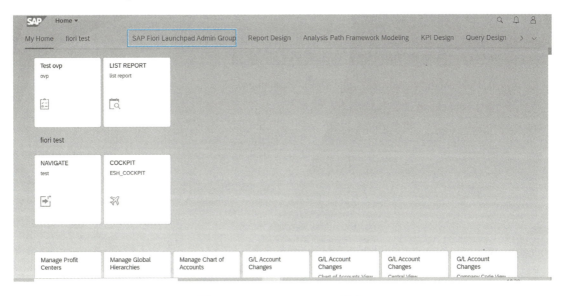

图 5-4　SAP Fiori Launchpad 的组

5.2　Launchpad Designer

用户在个人主页中能够看到应用，是因为 Launchpad 管理员分配给该用户账号。Launchpad 的访问是基于角色控制的，用户只能访问由 Fiori 管理员分配给他们、被赋予权限的应用或组。

Fiori 管理员的主要工作项内容有：

（1）创建 Launchpad 和应用。

（2）创建和分配传输请求。

（3）创建目录。

（4）创建磁贴。

（5）创建和配置目标映射。

（6）创建和授权角色。

登录 SAP Fiori Launchpad Designer 的默认地址是：

https://<host>.<domain>:<port>/sap/bc/ui5_ui5/sap/arsrvc_upb_admn/main.html?sap-client=<client>?scope=CUST

关于 Launchpad Designer 的实施操作，以采购订单处理（Purchase Orders Processing）为例，按其工作项内容详细介绍。

5.2.1 创建 Launchpad 和应用

Launchpad 管理员进入 Launchpad Designer 后，可以创建或维护 Launchpad 和应用程序。

1. 创建 Launchpad

具体步骤如下：

（1）用 SAP GUI 登录系统，运行事务代码 LPD_CUST。

（2）选中 New Launchpad 图标，创建新的 Launchpad。

选中 New Launchpad 图标，如图 5-5 所示。

图 5-5　选中 New Launchpad 图标

（3）输入相关项内容并提交，在弹出的对话框中选择 yes，跳过创建命名空间的提示，新的 Launchpad 创建成功。

输入相关项内容，如图 5-6 所示。

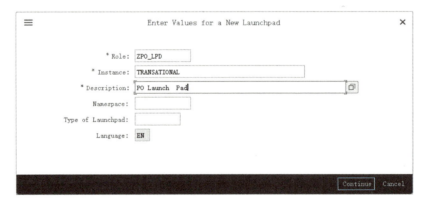

图 5-6　输入相关项内容

2. 创建应用

具体步骤如下：

（1）点击 New Application 图标，创建新的应用，如图 5-7 所示。

（2）输入 Link Text 和 Application Type，这里选择 URL。

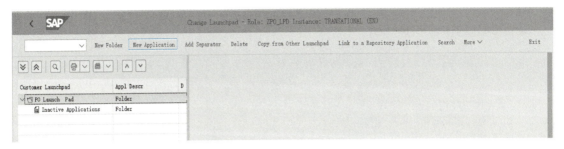

图 5-7　点击 New Application 图标

输入或选择相关项内容，如图 5-8 所示。

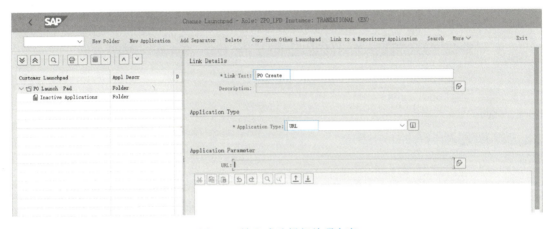

图 5-8　输入或选择相关项内容

（3）对选择的 URL 项进行文本编辑，如图 5-9 所示。

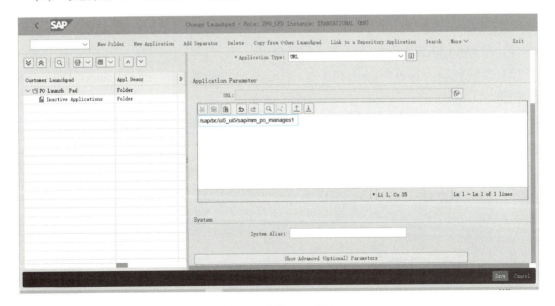

图 5-9　编辑 URL 文本

（4）在高级参数设置中填写相关内容并提交，新的应用创建成功。

高级参数设置如图 5-10 所示。

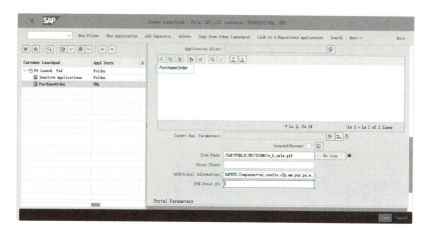

图 5-10　高级参数设置

5.2.2　创建和分配传输请求

在 Fiori Launchpad Designer 中创建、更新或者删除目录或磁贴的时候，所有的操作都可以被捕捉并且进行保存。根据启动方式的不同，这些操作可以保存在定制化请求或者工作台请求中，以便传输到其他系统使用。下面将以定制化请求为例，对 Fiori Launchpad Designer 操作的保存过程进行演示说明。

1. 创建传输请求

具体步骤如下：

（1）用 SAP GUI 登录系统，运行事务代码 SE01。

（2）在 Fiori Launchpad Designer 页面中，点击右上角的设置图标，进入 Transport Organizer 页面，如图 5-11 所示。

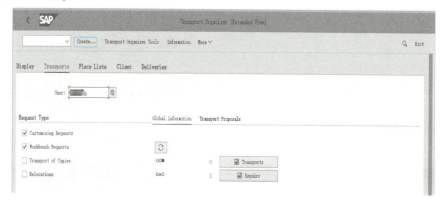

图 5-11　进入 Transport Organizer 页面

(3)创建传输请求,选择 Customizing request,如图 5-12 所示。点击 Copy。

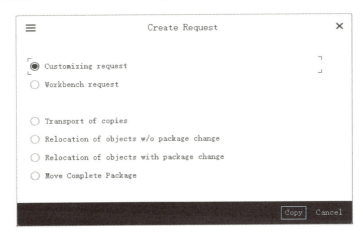

图 5-12　选择 Customizing request

(4)输入相关项内容并保存,传输请求创建成功,如图 5-13 所示。

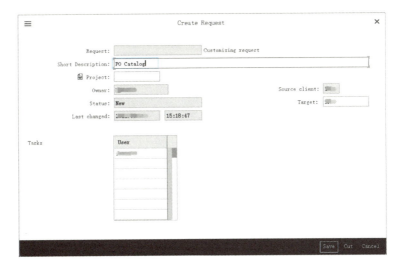

图 5-13　输入相关项内容

(5)创建成功后,在请求列表中就能看到所创建的传输请求,如图 5-14 所示。

图 5-14　查看请求列表

2. 分配传输请求

（1）登录 SAP Fiori Launchpad Designer，点击右上角的设置图标。

（2）点击配置图标，在下拉列表中选择刚才创建的传输请求进行分配，如图 5-15 所示。

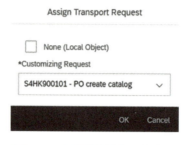

图 5-15 选择传输请求进行分配

5.2.3 创建目录

用户能够在主页中看到和使用磁贴，是因为 Launchpad 管理员在 Fiori Launchpad Designer 中已经配置目录并且将目录分配给用户。

创建目录的具体步骤如下：

（1）在 Launchpad Designer 中，点击左下角的 + 图标，创建新的目录，如图 5-16 所示。

图 5-16 点击 + 图标

（2）输入相关项内容并保存，新的目录创建成功，如图 5-17 所示。其中 ID 用在后端系统中，将目录分配给用户的标识。

图 5-17　创建目录

5.2.4　创建磁贴

磁贴是一种基于用户角色的对象，用于访问不同的 Fiori 应用程序，需要经过创建、配置操作后，才能被用户所用。

创建磁贴的具体步骤如下：

（1）在 Launchpad Designer 页面中，导航到 Tiles 图标，并点击 + 图标。

创建磁贴导航，如图 5-18 所示。

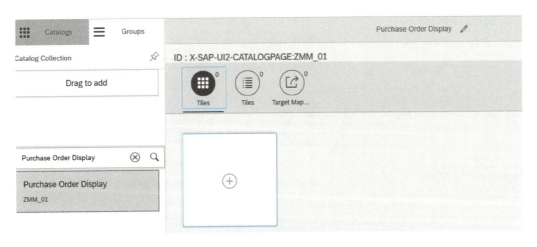

图 5-18　创建磁贴导航

（2）选择磁贴类型，例如，选择静态磁贴类型，创建新的磁贴，如图 5-19 所示。

（3）输入相关项内容并保存，新的磁贴创建成功，如图 5-20 所示。

图 5-19 选择磁贴类型

图 5-20 输入相关项内容

5.2.5 创建和配置目标映射

只有静态类型和动态类型的磁贴,才需要创建和配置目标映射。

1. 创建目标映射

在 Launchpad Designer 页面中,选择前面创建的目录,点击 Target Mappings 图标后,再点击右下角的 Create Target Mapping,创建目标映射,如图 5-21 所示。

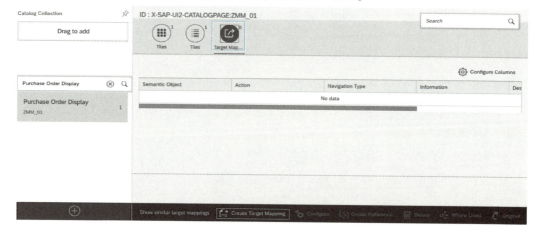

图 5-21 创建目标映射

2. 配置目标映射

对创建中的目标映射，输入相关项内容并保存，进行目标映射配置，如图 5-22 所示。

图 5-22　配置目标映射

5.2.6　创建和授权角色

前面步骤已经创建了目录，下面将为该目录创建一个角色，并把该角色分配给相应用户。

1. 创建角色

（1）登录前端服务器，运行事务代码 PFCG。

（2）键入 Z_PO_REP_ROLE 并点击 Single Role，如图 5-23 所示。

图 5-23　Role Maintenance 操作

（3）输入相关项内容，点击 Save，新的角色创建成功，如图 5-24 所示。

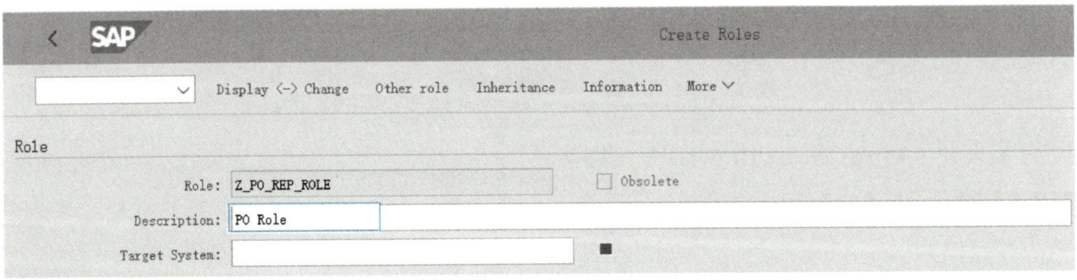

图 5-24　创建角色

2. 授权角色

对角色授权，加入授权访问目录。

（1）菜单授权

在 Menu 项中，点击 Transaction 旁的下拉框，选择要插入的内容，如图 5-25 所示。

图 5-25　菜单授权

（2）目录授权

1）在下拉列表展示的内容中，选中 SAP Fiori Tile Catalog，如图 5-26 所示。

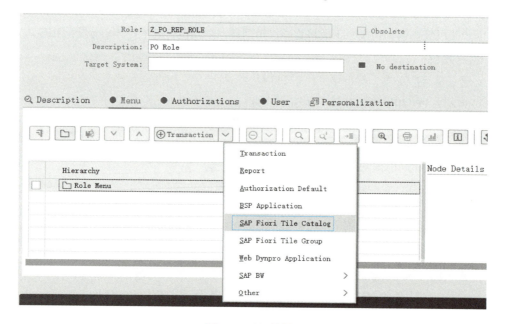

图 5-26　目录授权

2）输入要创建的 Catalog ID 并确认、保存。

输入相关内容项，如图 5-27 所示。

3. 分配用户

将已经授权的角色，分配给相关用户。

（1）在 User 页签中，输入相关项内容（如用户 ID）并保存。

将角色分配给用户，如图 5-28 所示。

（2）用户登录 SAP Fiori launchpad，点击 App Finder。用户可以将目录中的应用添加到组，也可以查看已经创建的磁贴。

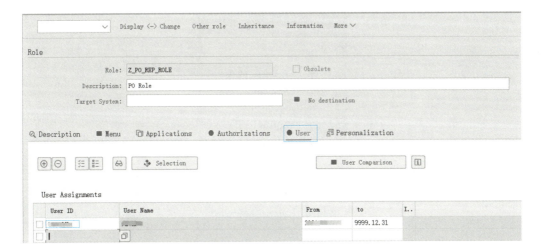

图 5-27　输入相关内容项

图 5-28　将角色分配给用户

登录后的用户组如图 5-29 所示。

图 5-29　登录后的用户组

到现在为止，已经成功创建了目录和磁贴，下面通过 Fiori Launchpad 主页配置将 Fiori 应用分配给已有的组或新建的组，实现登录用户主页上 Fiori 应用的个性化展示。

5.3 Launchpad 主页定制

用户登录 SAP Fiori Launchpad 主页后，针对管理员分配的应用，可以个性化定制自己的工作台页面。通过配置 Fiori Launchpad 主页中的组、目录，可实现应用的快速启动、快捷访问。SAP Fiori Launchpad 配置的场景分普通用户和管理员用户。

1. 普通用户的主页定制

普通用户 Launchpad 主页的定制操作如下：

（1）将主页切换至编辑模式，如图 5-30 所示。

图 5-30　切换至编辑模式

（2）点击 Add Group 按钮，在页面中输入组名称，创建新组，如图 5-31 所示。

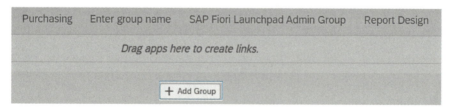

图 5-31　创建新组

（3）为组添加新目录或选中某目录。

添加目录如图 5-32 所示。

（4）实现用户主页上 Fiori 应用的可见。

Fiori 应用展现在用户主页中，如图 5-33 所示。

在 Launchpad 中创建组并将应用分配到组的过程，如果用户感到复杂和烦琐，可以通过 Launchpad 管理员在 SAP Fiori Launchpad Designer 中实现。

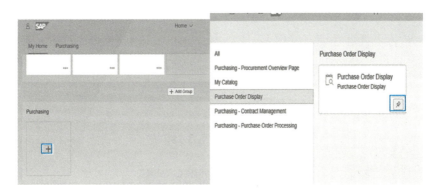

图 5-32 添加目录

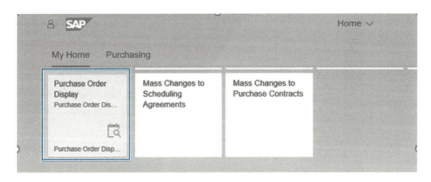

图 5-33 Fiori 应用展现在用户主页中

2. 管理员的主页定制

具体步骤如下：

（1）管理员在 Launchpad Designer 中点击 Groups 页签，点击左下角的 + 按钮。创建新组，如图 5-34 所示。

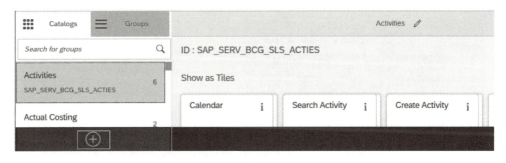

图 5-34 创建新组

（2）为组指定名称和唯一 ID，这个组 ID 将在后台系统中分配给用户角色，如果允许用户自定义组中的内容，则勾选用户个性化设计选项。

输入相关项内容，如图 5-35 所示。

图 5-35　输入相关项内容

（3）为组添加新磁贴或选中某磁贴。

添加磁贴，如图 5-36 所示。

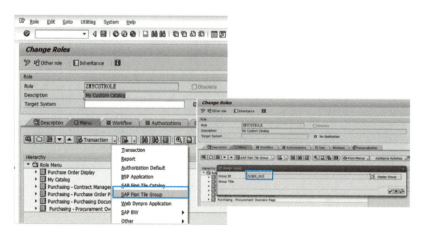

图 5-36　添加磁贴

（4）为用户分配组，与为用户分配目录一样，用户通过在角色中指定组 ID 为用户分配组，如图 5-37 所示。

(5)实现用户主页上组的可见。

展现已经定义的组,如图 5-38 所示。

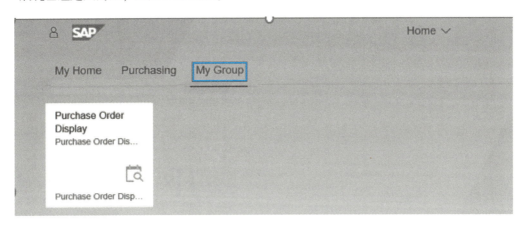

图 5-38　展现已经定义的组

5.4　结束语

Launchpad 是移动或桌面设备上 Fiori 应用程序的入口,而 Launchpad Designer 是管理员配置 Launchpad 的标准工具。本章重点对 Launchpad Designer 的工作项内容进行详细介绍。

Fiori Launchpad 带来的主要优势如下:

(1)简单和连贯的用户体验。

(2)简化基于角色的导航和业务功能访问。

(3)实时的上下文和个性化访问。

(4)具有单一用户体验的跨设备、版本和渠道的自适应。

(5)能在多个平台上运行,如 ABAP、SAP Portal、SAP HANA Cloud Portal 和 HANA。

用户登录 SAP Fiori Launchpad 主页后,针对管理员分配的应用,可以个性化定制自己的工作台页面。通过配置 Fiori Launchpad 主页中的组、目录,做到应用的快速启动、快捷访问。

第 6 章

开 发 环 境

内容关键词

SAP Web IDE 的安装、配置

SAP Web IDE 的内、外网环境

SAP Web IDE 的工作台、创建项目的方法和过程，开发和部署的步骤

Eclipse IDE 的安装和使用

本章概要

- SAP Web IDE 安装
- SAP Web IDE 使用
- 关于 Eclipse IDE

开发 SAP Fiori 应用程序，可以使用 SAP Web IDE、Application Studio 和 VS code（安装 SAP Fiori 工具）。本书仅对 SAP Web IDE、Eclipse IDE 的安装和使用进行详细介绍。

SAP Web IDE 是 SAP 提供的网页开发集成环境，不仅简化了整个开发过程，如 SAP Fiori 应用的原型设计、开发、测试、部署的全套流程，而且还帮助无编程经验的人员使用向导和模板来创建应用，为开发人员灵活编写代码提供编辑工具。SAP Web IDE 缩短了端到端的生命周期，开发者可以更快捷、更有效地开发 Fiori 应用程序。本章重点对 SAP Web IDE 个人版的安装和使用，特别是在 SAP Web IDE 开发环境中创建项目、开发应用、调试代码和部署应用的具体方法和实现步骤，进行详细介绍。

Eclipse IDE 是一个开放源代码、基于 Java、可扩展的集成开发环境。就其本身而言，它只是一个框架和一组服务，通过插件构建开发环境。幸运的是，Eclipse 附带了一个标准的插件集，为开发 SAP Fiori 应用提供了成熟的开发环境。

6.1 SAP Web IDE 安装

在使用 SAP Web IDE 开发 Fiori 应用前，需要对其进行安装和配置。SAP 提供了 SAP Web IDE 个人版和云版本给用户学习和使用。

6.1.1 个人版

个人版下载地址为 https://tools.hana.ondemand.com/#sapui5，在下载页面，根据自己的操作系统，选择合适的版本进行下载。

个人版下载如图 6-1 所示。

下载完成后，进行个人版安装，主要步骤如下：

（1）解压安装包到某一个文件夹后，在 SAP WEB IDE 目录下，打开 Orion.ini 配置文件，如图 6-2 所示。修改默认端口，例如 8088。因为 Orion 默认端口为 8080，可能会被其他的软件占用。

另外，如果要配置代理服务及端口，则需要在该文件末尾添加如下代码：

```
Dhttp.proxyHost = <Proxy address>
Dhttp.proxyPort = <Proxy port>
Dhttps.proxyHost = <Proxy address>
Dhttps.proxyPort = <Proxy port>
Dhttps.nonProxyHosts = localhost|<host1>|<host2>
```

（2）在 SAP WEB IDE 目录下，启动 Orion 应用程序，如图 6-3 所示。

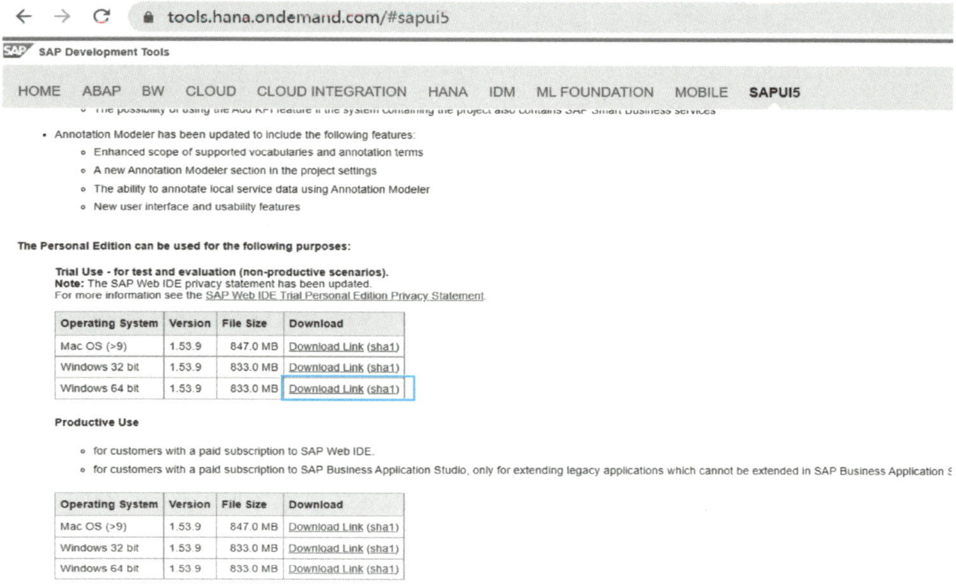

图 6-1 个人版下载

图 6-2 Orion.ini 文件配置

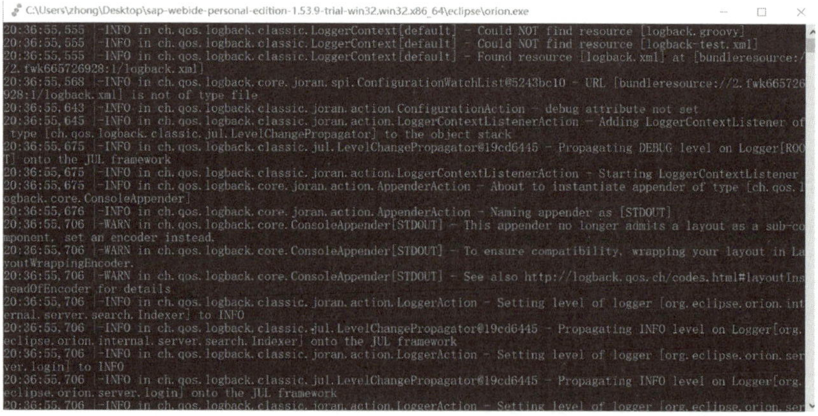

图 6-3 启动服务

如果要退出服务，则在窗口输入 exit，按回车键即可。

（3）在浏览器中输入 http://localhost:8088/mywebide/index.html。

登录界面如图 6-4 所示。

图 6-4　登录界面

（4）如果没有账号，则需要先注册，注册后在用户收到的 Email 邮件中激活链接。如果已有账号，则直接登录。

用户登录如图 6-5 所示。

图 6-5　用户登录

（5）登录成功，进入个人版工作桌面，如图 6-6 所示。

到这里，SAP WEB IDE 个人版的安装和配置已经完成。

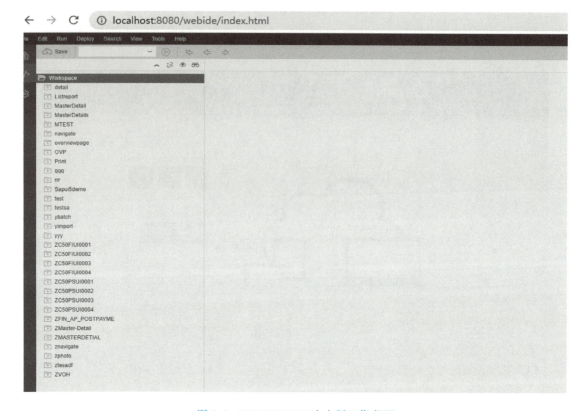

图 6-6　SAP WEB IDE 个人版工作桌面

6.1.2　云版本

云版本安装，就是在 SAP Cloud Platform 上对 SAP Web IDE 的安装。SAP 为不同国家和地区提供了 SAP Cloud Platform 的下载网址，用户可以在官网上选择。

云版本安装的步骤如下：

（1）在 URL 中输入 https：//account. hanatrial. ondemand. com/cockpit 并登录。

（2）输入账号信息，点击 Log On，如果没有账号，则需要先注册。

（3）登录成功后，进入用户的桌面。

登录云平台后的屏幕如图 6-7 所示。

（4）创建服务连接，并连接到后端系统。服务连接地址取决于后端系统服务器的位置，既可以在外网中，也可以在企业内网中。

如果在外网中，则按如下步骤配置：

1）在 SAP HANA cockpit 的主页上，导航到 Neo Trial→Destinations→New Destination，创建服务器地址，如图 6-8 所示。

第 6 章 开发环境

图 6-7 登录云平台后的屏幕

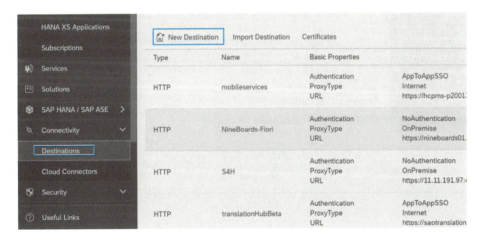

图 6-8 服务器地址创建

2）配置地址信息，如 Name、Type、Description、URL、Proxy Type、Authentication 等，如图 6-9 所示。

图 6-9 配置地址信息

·97

如果在企业内网中，则需要先安装云连接器，其作用是将 SAP Cloud Platform 和现有本地系统集成。云连接器有开发和生产两个版本，开发版本安装简单不需要管理者权限，生产版本则需要管理者权限才可以安装。

SAP 云连接器的安装很简单，从 https：//tools. hana. ondemand/#cloud 下载，按照说明安装。安装后，要在连接器上添加所需连接的后端系统，然后在 SAP Web IDE 里添加服务器信息。

1）对 Destinations Configuration 项进行配置。

2）点击 New Property，配置相关属性项并保存。

配置内容如图 6-10 所示。

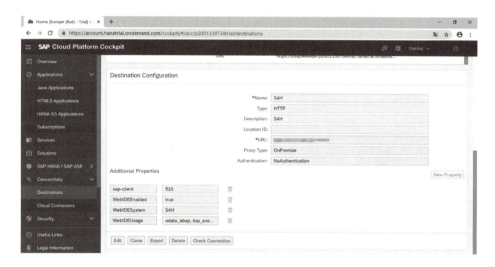

图 6-10　配置内容

后端系统无论在外网中，还是在企业内网中，都要先创建服务连接，并确保成功连接到后端系统中。

（5）启动 SAP Web IDE。

完成对 SAP Web IDE 在 SAP Cloud Platform 的配置后，就可以在云平台上开发 Fiori 应用程序了。接下来，重点介绍 SAP Web IDE 个人版的使用。

6.2　SAP Web IDE 使用

本节内容介绍使用 SAP Web IDE 创建项目的方法，以及开发和部署应用的全过程和步骤。下面，先了解 SAP Web IDE 工作台。

SAP Web IDE 工作台如图 6-11 所示。

（1）菜单栏（标识1），是 SAP Web IDE 所有功能的集合。

（2）工具栏（标识2），是 SAP Web IDE 常用的功能，如保存、删除、运行等。

（3）左侧边栏（标识3），是欢迎页和开发者选项。

第 6 章 开发环境

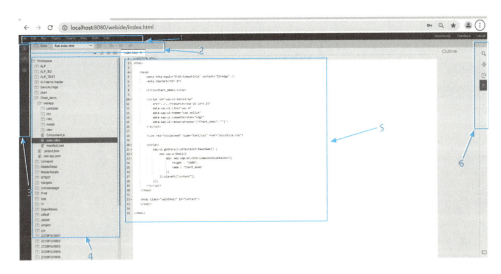

图 6-11 SAP Web IDE 工作台

（4）左侧区域（标识 4），是项目的目录结构树，用来存放项目代码。

（5）右侧区域（标识 5），是代码编辑器，用来查看和编辑应用程序的代码，如果打开多个代码文件，则以标签的形式呈现。

（6）右侧边栏（标识 6），可提供 Search、Git Pane、Git History 和 Collaboration Pane 的功能，此外还有 SAP Jam、API Reference 和 Outline 等辅助功能。

6.2.1 创建项目

使用 SAP Web IDE 开发工具，既可以创建一个新的项目，也可以从外部导入项目。SAP Web IDE 在创建项目时，有很多种方法，具体使用哪种，取决于要创建应用程序的类型和数据源。

1. 创建项目的方法

（1）采用菜单栏 File→New 创建新项目，这是最通用的方法。

（2）New Project from Template 方法。

该方法提供了很多标准模板类型，用来创建 SAPUI5 项目，为 SAP Fiori 应用程序开发、插件开发提供多种选择。以下列出了 SAPUI5 1.52 版本中所有的标准页面模板类型。

Category 中标准页面模板类型如表 6-1 所示。

表 6-1 Category 中标准页面模板类型

Category 类型	对应模板类型
SAP Fiori Elements	Analytical List/Object Page、List Report Application、Overview Page 三种
SAP Fiori Application	CRUD Master-Detail Application、SAP Fiori Master-Detail Application、SAP Fiori Worklist Application、SAPUI5 Application 四种
Featured	List Report Application、SAP Fiori Master-Detail Application、SAP Fiori Worklist Application、SAPUI5 Application 四种

本书第 7 章将对 SAP Fiori Elements 类型中四种标准页面模板的应用开发进行详细介绍。使用模板创建项目如图 6-12 所示。

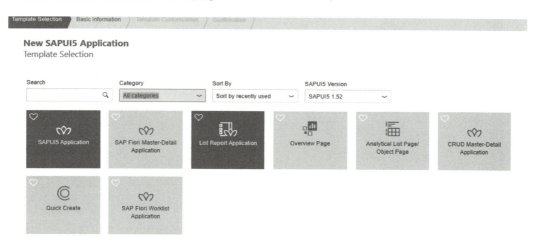

图 6-12　使用模板创建项目

（3）New Project from Sample Application 方法。

该方法是使用样例来创建项目，如图 6-13 所示。

图 6-13　使用样例来创建项目

（4）New Extension Project 方法。

如果想要改变或者扩展原始的 SAP Fiori 程序功能，可以用这种方法，即通过扩展创建项目，如图 6-14 所示。该方法将对程序做出的改动放在这个扩展项目里，而不会对原始程序有任何影响。

除了上述几种创建新项目的方法外，还可以通过导入应用的方式来创建项目。导入应用的方法有：

图 6-14 通过扩展创建项目

（1）采用菜单栏 File→Import 来导入应用程序。

（2）将 Archive、SAPUI5 ABAP Repository、SAP Cloud Platform、Clone from Git Repository 里任何现有的应用程序，引入到 SAP Web IDE 的工作区里。

导入现有应用程序如图 6-15 所示。

图 6-15 导入现有应用程序

2. 创建项目的过程

以 New Project from Template 方法为例，创建新项目的过程包括以下步骤：

（1）在登录后的工作桌面中，选择 Create a project→New Project from Template。

（2）在 Template Selection 页签中，选择 Category 下拉框中某个类型，再根据 Fiori 应用开发的需要，选择相应的页面模板。

（3）在 Basic information 页签中，输入项目名称和命名空间等信息。

（4）在 Template Customization 页签中，选择视图类型，输入视图名称。

（5）点击 Finish，完成新项目的创建，同时也产生项目的工程目录。

在工程目录结构中，有 Model、View、Controller 三个文件夹，分别代表数据模型、页面视图和业务代码，即 MVC。MVC 是前端开发最常见的框架。

工程目录结构如图 6-16 所示。

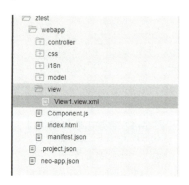

图 6-16　工程目录结构

6.2.2　开发步骤

创建好项目后，接下来就要对应用功能进行开发。开发 Fiori 应用，既可以直接使用代码编辑器设计、编写用户界面，也可以使用模板和向导，为应用程序自动生成文件和代码。前者是传统的最基本的 SAPUI5 开发方式（自开发方式），后者是利用模板快速构建应用的开发方式（模板开发方式）。

有关这两种开发方式的优缺点以及适合的开发场景、开发实现等内容，本书将分别在第 7 章和第 14 章中进行详细介绍。

SAP Fiori 应用开发的步骤：

1. 添加数据源

开发 Fiori 应用前，需要添加数据源，通过建立与后端系统的数据连接，借助 OData Servic 接口实现数据访问。

（1）进入 manifest.json 文件视图

在项目工程目录结构中，点击左边文件 manifest.json 后，在右边代码编辑区域中，会出现该文件的内容，有 Descriptor 和 CodeEditor 视图编辑模式。在文件 manifest.json 上右击，选择 Open With 可以进行编辑视图模式的切换，这里选择 Descriptor 模式。

manifest.json 文件视图如图 6-17 所示。

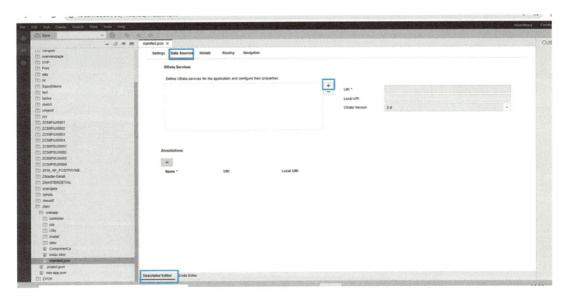

图 6-17　manifest.json 文件视图

（2）准备数据源

进入 Data Connection 页签，选择 SAP 系统和 services，为项目添加数据源，如图 6-18 所示。点击 Next，进入 Confirmation 页签，点击 Finish，数据源添加完成。

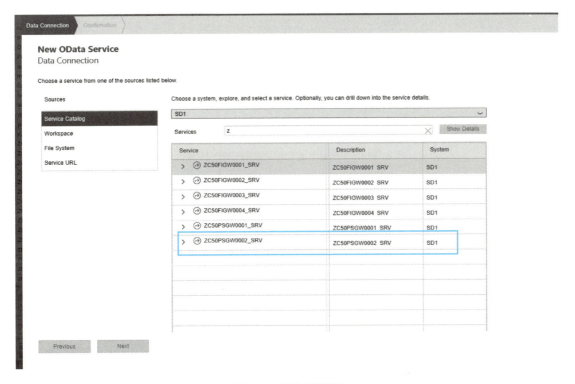

图 6-18　添加数据源

数据源添加完成后，打开 manifest. json 文件，可以查看数据源配置信息。通过前后对比发现，OData Service 和 URI 已经被获得，添加数据源成功。本步骤操作主要解决“从哪里怎么获取数据”的问题。

2. 创建数据模型

创建数据模型为非必需步骤，只有业务中用到了分析型图表时，如 Smart 控件展示，才需要创建数据模型。

打开 manifest. json 后，切换到右边代码编辑区域的 Models 页签中，点击 + 按钮，输入模型名称等信息，创建数据模型，如图 6-19 所示。

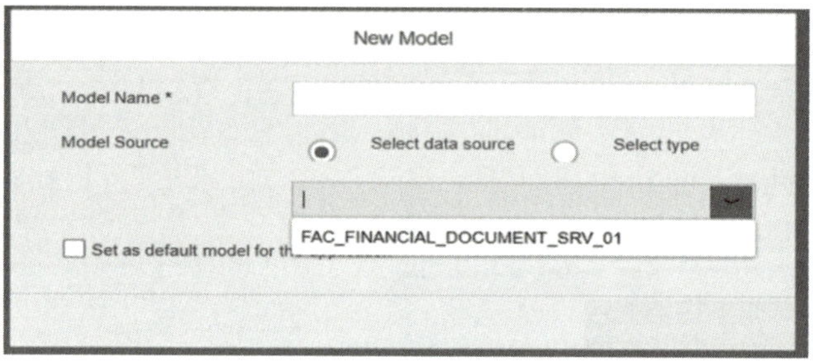

图 6-19　创建数据模型

本步骤操作主要为数据模型创建指定数据源、URI 等配置信息，同时在后台自动生成配置代码，通过 manifest. json 文件可以查看。

manifest. json 文件代码如图 6-20 所示。

```
    "i18n": "i18n/i18n.properties",
    "applicationVersion": {
        "version": "1.0.0"
    },
    "title": "{{appTitle}}",
    "description": "{{appDescription}}",
    "resources": "resources.json",
    "ach": "ach",
    "sourceTemplate": {
        "id": "servicecatalog.connectivityComponent",
        "version": "0.0.0"
    },
    "dataSources": {
        "FAC_FINANCIAL_DOCUMENT_SRV_01": {
            "uri": "/sap/opu/odata/sap/FAC_FINANCIAL_DOCUMENT_SRV_01/",
            "type": "OData",
            "settings": {
                "odataVersion": "2.0",
                "localUri": "localService/metadata.xml"
```

图 6-20　manifest. json 文件代码

3. 页面布局设计

页面设计有 Layout Editor 和 Code Editor 两种模式。在 view 文件夹下面的某个页面文件名上右击，选择 Open With 可以进行页面设计视图模式的切换。例如，在 Layout Editor 模式（视图界面拖曳模式）中，拖曳一个 List 控件到页面中，如图 6-21 所示。

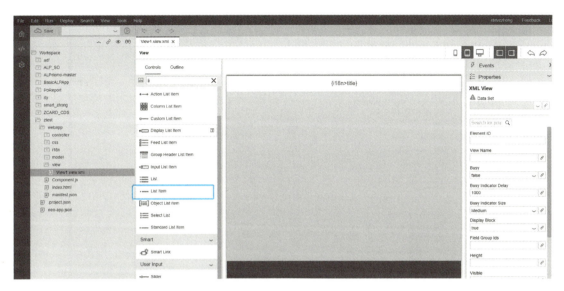

图 6-21　在视图界面中拖曳控件

4. 页面控件配置

将控件拖曳到视图界面后,需要对该控件进行数据源绑定和属性设置。

(1) 数据源绑定

切换到 Outline 页签中,点击 Data Set 旁边的按钮,选择数据源 OData Service 进行数据源绑定,如图 6-22 所示。

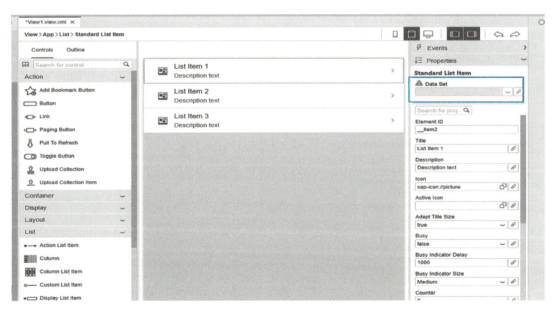

图 6-22　数据源绑定

数据源绑定成功后,可以查看 Data Set 的详细信息,如图 6-23 所示。

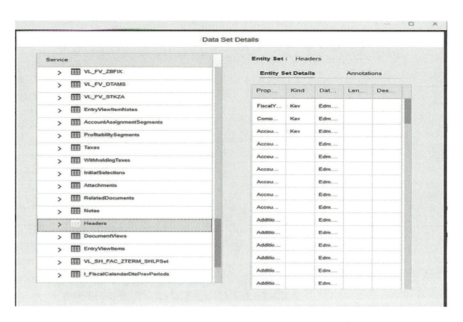

图 6-23 Data Set 的详细信息

（2）控件属性设置

控件属性设置就是将表字段 Fields 绑定到控件，并设置该控件的其他属性。例如，对 List Item 1 控件的 Title 和 Description 这两个属性进行设置、对 Title 进行数据绑定。

控件数据绑定如图 6-24 所示。

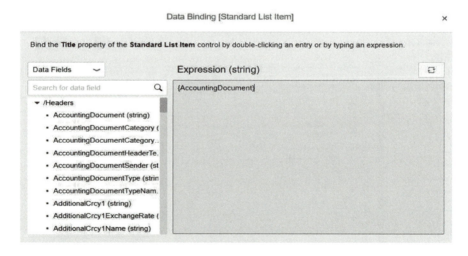

图 6-24 控件数据绑定

点击 Save，控件属性设计完成。到这里，使用 SAP Web IDE 开发 Fiori 应用的主要操作步骤已经完成。

5. 预览与测试

预览与测试步骤用来检验 SAP Fiori 应用的开发效果。检验的方法是通过测试来实现，既可在不同设备上测试，也可通过模拟器来测试。SAP Web IDE 的美妙之处，就在于可以用随机生成的数据来测试开发的程序。

测试与预览效果如图 6-25 所示。

图 6-25　测试与预览效果

6.2.3　部署应用

部署应用是 SAP Fiori 开发的最后阶段。由于 SAP Fiori 可以在不同平台上进行部署，建议与 Git 做集成。

SAP Fiori 应用的部署环境有：

（1）ABAP Repository

（2）SAP Cloud Platform

（3）连接到 Sap Fiori launchpad

在这里只介绍（1）和（2）这两种环境的部署，（3）在第 5 章已经进行了介绍。

1. 部署到 ABAP Repository 环境

针对 SAP Web IDE 的个人版，SAP Fiori 应用部署的操作如下：

（1）右击项目目录，在弹出的菜单中选择 Deploy→Deploy to SAPUI5 ABAP Repository。

（2）在 Deployment Options 页签中，选择要部署的目标系统后，输入后端系统的用户名和密码，然后点击 Next。

部署目标系统选择如图 6-26 所示。

（3）在 Deploy a New Application 页签中，输入程序名和描述，然后为程序选择一个包，点击 Next。

部署应用的相关信息如图 6-27 所示。

（4）选择部署方式，是创建一个新应用，还是修改已经存在的应用。

（5）部署完成后，可在后端系统上查看这个程序，也可将这个程序导入到 SAP Web IDE 中，通过 SAP Fiori Launchpad 运行这个应用程序。

2. 部署到 CloudFoundry 环境

针对 SAP Web IDE 的云版本，SAP Fiori 应用部署的操作如下。

（1）配置相关信息后，如图 6-28 所示。点击 OK。

图 6-26　部署目标系统选择

图 6-27　部署应用的相关信息

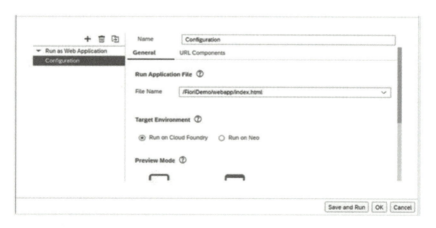

图 6-28　配置相关信息

（2）对项目代码进行 Build，生成 .mtar 部署文件，如图 6-29 所示。

（3）使用右键菜单，选择 Deploy→Deploy to SAP Cloud Platform 进行部署，如图 6-30 所示。

（4）部署完成后，登录到 SAP Cloud Platform，就可以查看到这个应用程序。

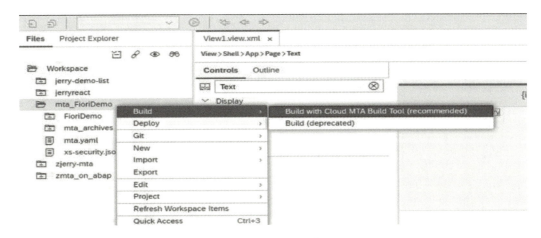

图 6-29　Build 项目代码

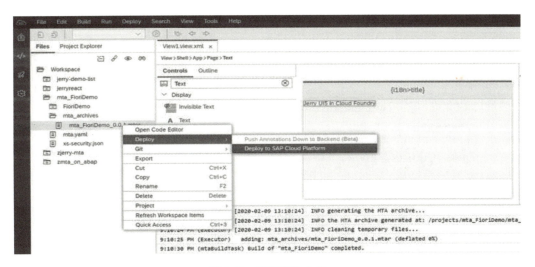

图 6-30　选择部署方式

6.3　关于 Eclipse IDE

虽然大多数用户乐于将 Eclipse 当作 Java 集成开发环境（IDE）来使用，但是它的目标却不仅限于此。对于习惯使用 Eclipse IDE 的开发者来说，使用它来开发 SAP Fiori 应用，更加得心应手。

下面介绍 Eclipse IDE 的使用。

6.3.1　安装插件

使用 Eclipse IDE 开发 Fiori 应用前，需要在 Eclipse 中安装一个插件，并进行相关配置。
安装 Eclipse 插件的详细步骤如下：

(1) 打开已安装好的 Eclipse，选择 Help 页签，点击 Install New Software…，安装工具，如图 6-31 所示。

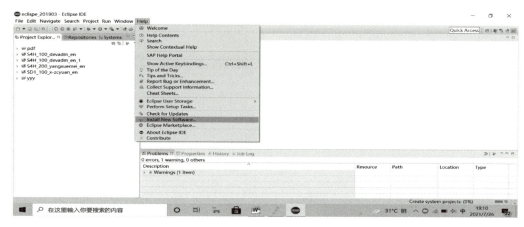

图 6-31　选择安装工具

(2) 在 Work with 框内输入地址并按回车键，加载工具选项。

安装和加载的插件地址为 https：//tools.hana.ondemand.com/。

安装和加载插件如图 6-32 所示。

图 6-32　安装和加载插件

(3) 选择 ABAP Development Tools for SAP NetWeaver 和 UI Development Toolkit for HTML5，单击 Next。

选择需要安装的工具项，如图 6-33 所示。

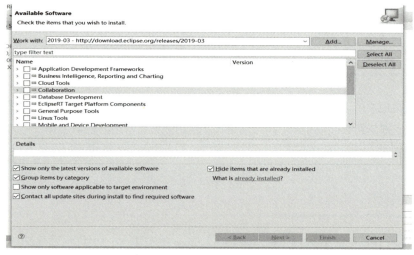

图 6-33　选择需要安装的工具项

(4)点击 Finish 进行插件安装。

(5)安装完成后,在 Project Explorer 中会出现一个 Create an ABAP project 选项,如图 6-34 所示。

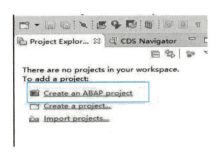

图 6-34　安装完成后的 Project Explorer

安装和加载插件后,需要重启 Eclipse。

在 Eclipse IDE 中安装和配置 Fiori 开发环境就介绍到这里。接下来学习如何使用 Eclipse IDE 开发 Fiori 应用。

6.3.2　使用

使用 Eclipse IDE 开发 Fiori 应用的方法和步骤,主要包括创建项目、开发应用和调试代码。

1. 创建项目

在 Eclipse IDE 中创建一个 Fiori 应用,主要操作步骤如下。

(1)选择创建项目的方式,导航到 File→New→Other...,如图 6-35 所示。

图 6-35　选择创建项目的方式

（2）选择 SAPUI5 Application Development 类型，如图 6-36 所示。

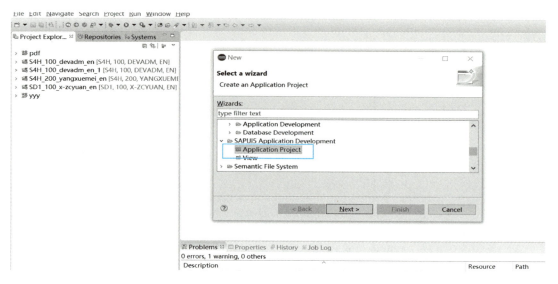

图 6-36　选择创建项目的应用类型

（3）输入项目名称、指定 Library 项和 Options 项。

Library 通常会选择 sap.m，这个库支持手机，是跨平台开发最常用的基础库。

输入相关项内容，如图 6-37 所示。

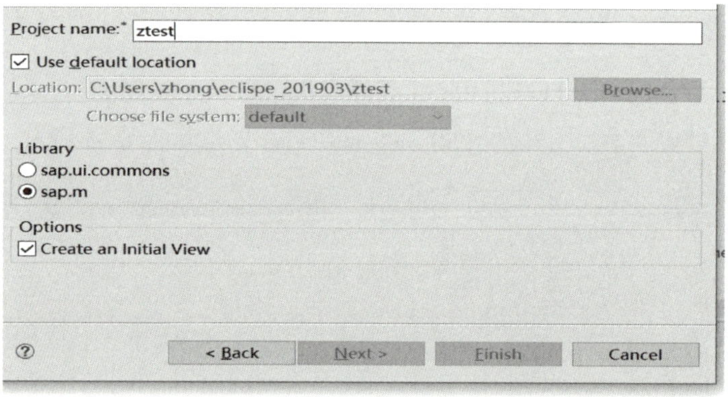

图 6-37　输入相关项内容

勾选 Options 选项，默认创建一个初始的 View，需要指定视图名称、视图文件的格式。视图格式目前有 JavaScript、XML、JSON 和 HTML 四种类型，根据个人习惯进行选择，目前大多采用 XML 格式。如图 6-38 所示。

点击 Finish，基于 SAPUI5 Application Development 的应用项目在 Eclipse IDE 中创建完毕。

项目目录结构如图 6-39 所示。

为了更好地提升代码的结构性和耦合性，还需要建立 css、i18n、localService 等相关子文件夹，用来存放基于样式、多语言、元数据等设置的文件。

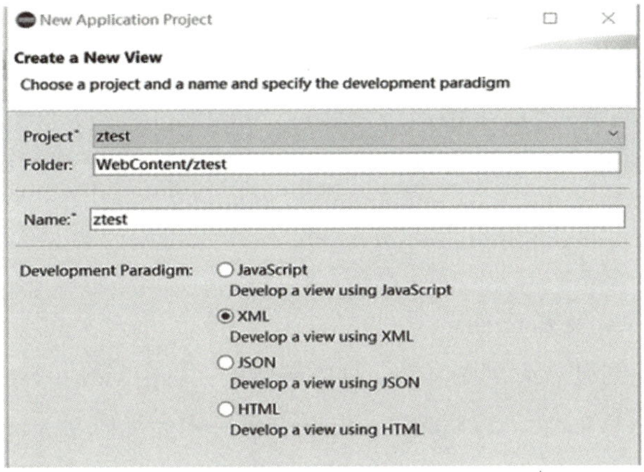

图 6-38　创建视图

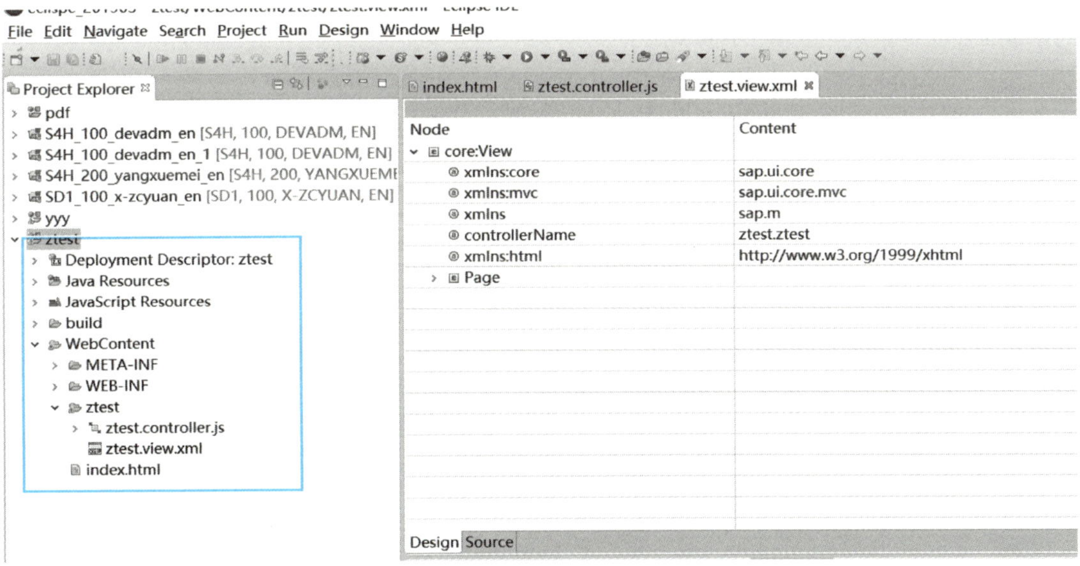

图 6-39　项目目录结构

在 WebContent/WEB-INF/目录下，web.xml 文件用来设置代理地址，主要的 DOM 结构和节点内容示例如下：

```
<servlet>
    <servlet-name>SimpleProxyServlet</servlet-name>
    <servlet-class>com.sap.ui5.proxy.SimpleProxyServlet</servlet-class>
</servlet>
<servlet-mapping>
    <servlet-name>SimpleProxyServlet</servlet-name>
    <url-pattern>/proxy/* </url-pattern>
```

```
        </servlet-mapping>
    <context-param>
        <param-name>com.sap.ui5.proxy.REMOTE_LOCATION</param-name>
        <param-value>http://XXX.XXXXX.com:8000</param-value>
    </context-param>
```

2. 开发应用

(1) 创建应用的 View 及 Controller。

选择 view 文件夹，创建 view 视图文件，具体操作是：右击 view→New→other→选择 SAPUI5 Application Development→View。创建完成后，View 文件夹中会生成 *.controller.js 和 *.view.xml 两个文件，这时候应将 *.controller.js 文件拖放到 controller 文件夹中。当然，根据 Fiori 应用的业务逻辑需要，也可以在 controller 目录下直接创建 x.controller.js 文件。model 数据层代码由相关业务的对象模型自动生成，并保存在 model 目录下。

(2) 在 i18n 文件夹下创建多语言文件 i18n.properties，具体操作是：右击 i18n→New→File，如图 6-40 所示。

(3) 配置 manifest 文件。

(4) 通过 index.html 启动 Fiori 应用程序。

(5) 启动 Tomcat，运行 Fiori 应用程序。

右击项目名→Run As→Web App Preview。启动服务后，在 Chrome 浏览器中输入 http://localhost:9090/zrico_ecp_ui/URL 进行 Fiori 应用的访问。

运行 Fiori 应用程序示例，如图 6-41 所示。

图 6-40　创建多语言文件 i18n.properties

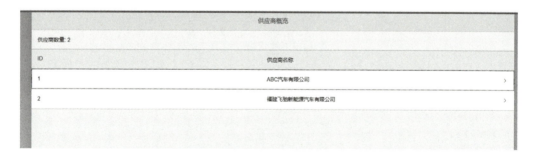

图 6-41　运行 Fiori 应用程序示例

用 Eclipse IDE 进行 Fiori 应用程序的开发，到这里已经介绍完毕。

3. 调试代码

优秀的开发者都善于使用浏览器的调试功能，对应用程序的问题进行定位、跟踪和调试，可用快捷键 F12 打开调试控制台。

（1）针对应用的问题，在浏览器上打开代码调试控制台，如图 6-42 所示。

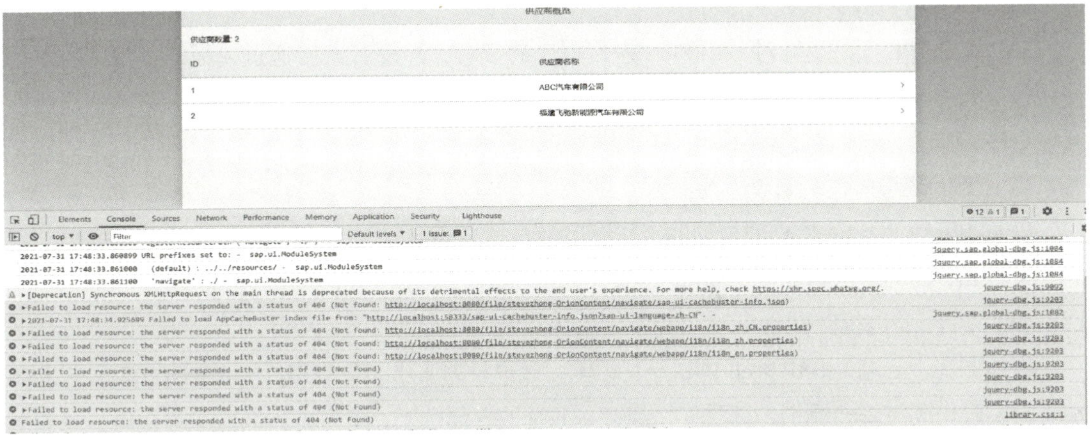

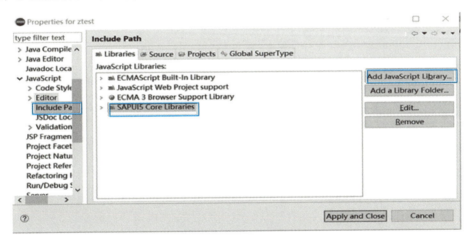

图 6-42　浏览器代码调试

（2）在代码调试过程中，有时会遇到代码补全的问题，需要添加 SAP UI5 的核心库。添加核心库引用的操作是：右击 Properties→Properties for XMLView→Include Path，点击 Add JavaScript Library，添加需要引用的类库，如图 6-43 所示。

图 6-43　添加核心库引用

6.4　结束语

虽然大部分开发人员仍在使用 Eclipse 开发 Fiori 应用程序，但 SAP Web IDE 有一些 Eclipse 不具有的优势。用 Eclipse IDE 开发程序时，要先安装必要的插件和运行库，然后开始写代码，最后编译和运行。而用 SAP Web IDE 开发程序时，只需要选择向导或工具，然后选择模板生成代码，最后即时编译和运行。

使用 SAP Web IDE 开发工具的优势如下：

（1）开发者可以更快地交付程序

SAP Web IDE 预制了针对 SAP Fiori 应用程序的模板，开发者直接通过模板开发程序，然后使用模拟数据测试运行。开发者还可以直接应用 SAP Gateway 服务器提供的 OData 服务，来快速开发程序。

（2）开发环境搭建更简单方便

安装和配置 Eclipse 是一项烦琐的工作，还要面对 Eclipse 不同版本可能造成的一些问题。而 SAP Web IDE 的环境搭建就显得简单方便。

（3）基于云开发环境

提供了基于云端的 SAP Web IDE 开发环境，用户只需注册即可使用。SAP Web IDE 云开发环境支持实时代码审查和测试，并且支持连接到共享的存储空间，具备多人同时编写代码、动态生成程序、即时预览版本的功能。这些优势可以让团队人员更好地协作，更有效地满足用户的要求和期望。

第 7 章

前 端 框 架

内容关键词

Elements 框架的优势与约束、Elements 模板类型
Overview Page 模板开发
List Report 模板开发、Object Page 模板开发
Analytical List Page 模板开发
annotation 注解文件与配置开发

本章概要

- 关于 Elements 框架
- Elements 模板开发

Elements 是 SAP 为 Fiori 应用程序提供的一套开发框架，可以理解为模板。通过一些配置和简单的注解（annotation），可以生成常用的页面。SAP Fiori Elements 通常被嵌入到 SAP Web IDE 开发工具中，由于 Elements 使用元数据注解和预定义模板来生成 SAP Fiori 应用程序，因此，在保障 SAP 产品用户体验一致性的同时，也大大减少了代码量，使开发变得更加方便。即使不熟悉前端开发三件套"HTML + CSS + JS"的业务顾问，也可以完成 Fiori 的应用开发。

　　本章将详细介绍 Overview、List Report、Object Page 和 Analytical List 这四种页面类型的应用程序开发。开发人员根据自己的业务场景，选取相应的页面模板，不必关注前端 UI，可将更多的时间和精力用于业务逻辑的实现，极大地提高了开发的效率和应用程序的稳定性。

7.1　关于 Elements 框架

　　SAP Fiori Elements 通过自带的页面模板类型和元数据注解功能，实现应用程序的快速开发。Elements 的使用十分简单，在 Web IDE 中直接通过 New→Project from Template，就可以使用 Elements 框架开发 Fiori 应用程序。

　　在 Category 下拉框选中 SAP Fiori Element，可以筛选出可用的 Elememts 模板，如图 7-1 所示。

图 7-1　筛选 Elememts 模板

　　选择 Elements 的某个页面模板类型，按照操作导航步骤，完成该页面应用程序的标准开发。同时，SAP Web IDE 会自动生成该应用的工程目录及相关代码。由于 Elements 提供了预定义的模板和 UI 样式，使用了 SAPUI5 提供的视图和控制器，并且遵循 MVC 开发模式，因此，这些视图、控制器、component.js 不需要应用层面的视图实例。在运行时，SAPUI5 解析 OData 服务和注解中包含的元数据，同业务数据一起，使用框架统一提供的视图来渲染页面。

Elements 的工程目录结构如图 7-2 所示。

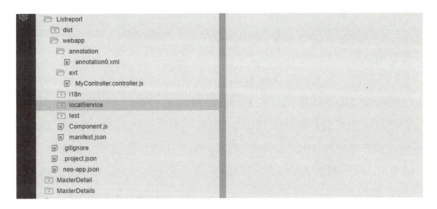

图 7-2　Elements 的工程目录结构

1. Elements 的优势与约束

SAP Fiori Elements 开发应用程序的优势如下：

（1）开发效率高，Fiori Elements 提供的模板能涵盖 80% 的应用需求。

（2）开发人员无须重复创建相似的 UI，可以直接重用。

（3）用 Elements 开发的 Fiori 应用，使用了统一的 floorplans、views 和控制器，保证了 UI 界面的高度一致性。

（4）使用 SAPUI5 统一的模板，无须需手动创建前端页面，最大程度地符合最新的设计准则。

（5）UI 和业务逻辑的解耦合，开发人员只需专注于"哪些内容要在页面上显示"，至于"如何显示"，则通过 SAP Fiori Element 的框架自动完成。

（6）采取元数据驱动的开发模式，使用语义化注解，极大地减少了前端代码的规模，开发者可以专注于业务逻辑的设计与实现。

（7）基于 Odata metadata 和 annotation，以及 manifest.json 的配置，可以自动生成 Fiori App，极大地提高了开发的效率和 App 的稳定性。

annotation 可以在编译、类加载、运行时被读取，并执行相应的处理。通过使用 annotation，开发人员可以在不改变原有逻辑的情况下，在源文件中嵌入一些补充信息。也就是说，annotation 是一种能被程序直接使用的方式，描述了 OData 对象（Entity）及其属性（Attribute）的目的或意图。

annotation 分为 CDS annotation 和 Local annotation，前者通过在代码前加 @ 符号的方式来实现，细分为全局 annotation 与元素 annotation，还有一部分可以划分为 UI annotation，用于 Fiori 前端的开发。后者通过在前端工程中添加一个 annotation 文件，比如 annotations.xml 的方式来实现，添加后可直接在文件里面写代码，也可在 Web IDE 自带的编辑器中，直接编辑 annotation 文件。

有关 annotation 的内容，有兴趣的读者可以参考相关文档深入了解，本书不展开介绍。

使用 SAP Fiori Elements 的约束项如下：

（1）如果想扩展 Elements 应用，要求使用 Web IDE 1.17 以上版本。

（2）OData 服务的模型源于 CDS view，因此 CDS view 是 Elements 应用数据模型的首要资源。

CDS view（核心数据服务视图）是 SAP 推出的下一代 database view，具有很多 SE11 中所没有的新特性，可以被 SAP 产品外的应用程序所使用。相对于传统的 database view（只是将多张表进行关联），CDS View 是一个成熟的 Data Model。

CDS view 分为 SAP ABAP CDS view 和 HANA CDS view，前者位于 ABAP 应用服务器层，使用 Open SQL，支持的数据库不限于 HANA，因此，既能在 ECC 也能在 S/4 HANA 里使用，可以帮助开发人员以更现代的方式进行 ABAP 应用开发。后者是 HANA 数据库的一部分，位于 HANA XS 层，使用 Native SQL，既可创建 HANA 数据库模型，又可开发原生的 HANA 应用。

有关 CDS view 的内容，有兴趣的读者可以深入了解，本书不展开介绍。

（3）基于 BOPF 的事务性运行时模型，基于 annotation 自动生成。

（4）UI 注解需要使用 SAP Fiori ABAP 编程模型里定义的 Tag，并且附加到 CDS view 上。

（5）使用 SAP Gateway 的 catalog service 读取注解。

2. Elements 模板类型

SAP Fiori Elements 提供了多种页面模板类型，本章重点介绍常用的 Overview Page、List Report、Object Page 和 Analytical List Page 这四种模板应用程序的开发。

（1）Overview Page（概览页模板）

Overview Page 的特征，就是在一个页面内可以呈现多种信息，用于全面了解业务场景，让用户迅速得到所需的 Overview 状态。页面由多种样式的卡片组成，提供了 List、Link List、Table、Stack、Analytic 五种类型的选项卡，这些选项卡都是关键业务数据，并通过视图方式来展现。让用户更快地决定和关注最重要的任务，点击选项卡可以快速访问相关内容。

Overview Page 的页面效果如图 7-3 所示。

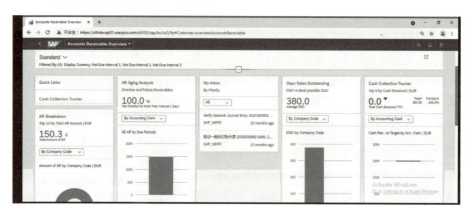

图 7-3　Overview Page 的页面效果

（2）List Report（列表报告页模板）

List Report 的特征，就是在其中显示大量 Overview 的信息，通常由列表内容和对象页面链接组成。

List Report 的页面效果如图 7-4 所示。

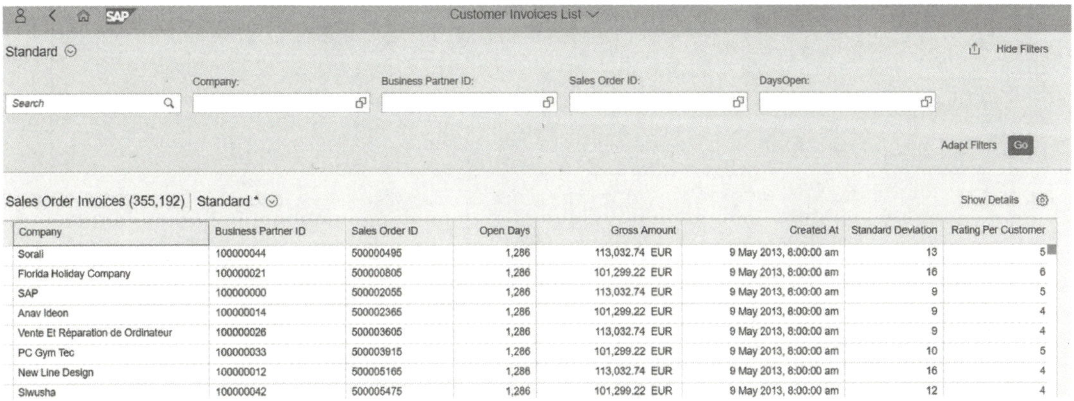

图 7-4　List Report Page 的页面效果

（3）Object Page（详情页模板）

Object Page 是基于对象的详情页，允许用户显示、创建、更改详情内容，并且可以用预定义的 SAP Fiori 元素进行布局。通过列表页面中某个链接，进入该对象的详情页。Object Page 用于显示有关单个项目的详细信息。

Object Page 的页面效果如图 7-5 所示。

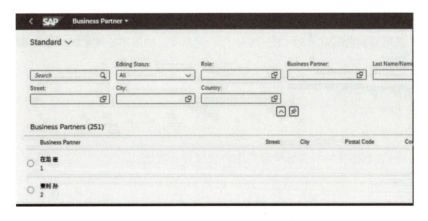

图 7-5　Object Page 的页面效果

（4）Analytical List Page（分析列表页模板）

Analytical List Page 的特征，用于提供业务数据的见解和可视化，也就是通过可视化的方式，呈现并分析数据。使用该类型模板可以构建各种指标的图形和不同风格的图表，实现数据的可视化分析。页面由图表以及列表的分析视图组成。

Analytical List Page 的页面效果如图 7-6 所示。

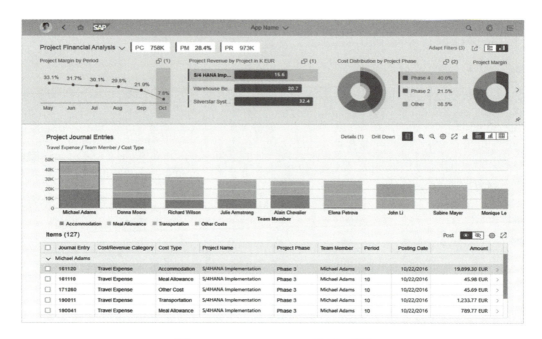

图 7-6　Analytical List Page 的页面效果

7.2　Elements 模板开发

基于 Fiori Elements 的开发，前后端概念比较模糊。前端使用模板，其渲染需要很多后端注解的支持，且前后端耦合较高，对 CDS View 有一定要求。如果不使用 CDS View 和注解，就需要使用 OData 注解。

使用 CDS View 和注解的开发步骤如下：

（1）创建 CDS View

CDS View 中既要包含展示的数据，也要包含这些数据关于 UI 的注解（推荐用 annotation extension 方式实现），这些注解将告诉模板的组件如何展示数据。

（2）创建项目

创建项目的各种方法，已经在第 6 章进行了详细的介绍，这里不再赘述。创建项目的时候，需要选用第一步中发布的 OData Service 作为数据源。

（3）创建好项目后，就可以直接访问应用程序。Fiori Elements 会自动根据 CDS View 中的 UI 注解渲染和展示数据。

（4）通过在本地覆盖 external annotation 的方式覆盖 CDS View 的 UI 注解（可转化成 OData annotation）。也可通过模板暴露的 API，在 manifest.json 中配置扩展信息。

Elements 的版本不一样，提供的模板类型也就不同。以 Elements 对应的 SAPUI5 1.52 版本为例，其模板类型有 Analytical List/Object Page、List Report Application 和 Overview Page。下面重点

学习 Overview Page 模板、List Report 模板、Object Page 模板和 Analytical List 模板的应用开发。

7.2.1　Overview

用 Overview Page 模板开发一个页面应用程序，具体步骤如下：

（1）在 SAP Web IDE 中创建新项目，选择 New→Project from Template。

（2）在 Template Selection 页签中，选择开发的页面程序类型，点击 Next。

（3）在 Basic Information 页签中，输入相关项内容，点击 Next。

Basic Information 相关项内容如图 7-7 所示。

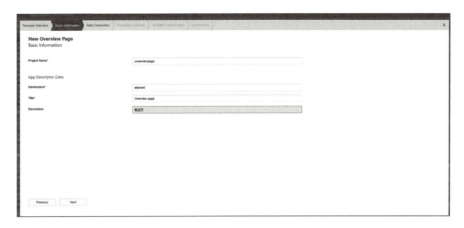

图 7-7　Basic Information 相关项内容

（4）在 Data Connection 页签中，输入相关项内容，如选择服务目录、服务器，并指定程序所需要的 OData 服务。

Data Connection 相关项内容如图 7-8 所示。

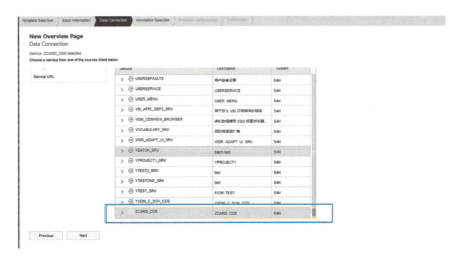

图 7-8　Data Connection 相关项内容

（5）在 Annotation Selection 页签中，创建并上传 annotation 元注解文件，点击 Next。annotation 元注解文件是 OData 服务的语义描述文件，用来定义内容。

Annotation Selection 相关项内容如图 7-9 所示。

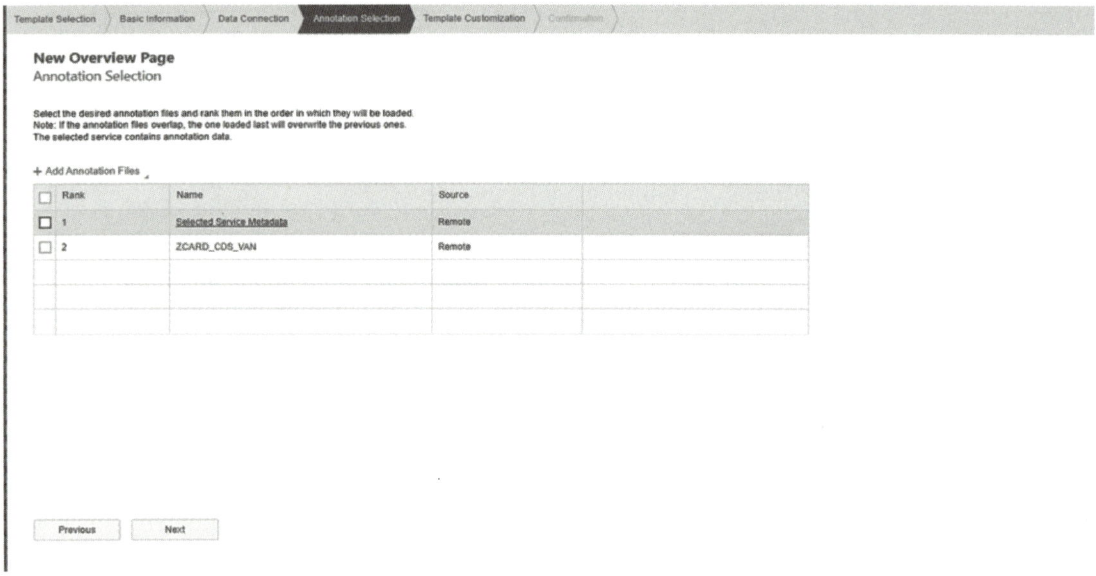

图 7-9 Annotation Selection 相关项内容

（6）在 Template Customization 页签中，配置模板相关项内容，点击 Finish。

Template Customization 相关项内容如图 7-10 所示。

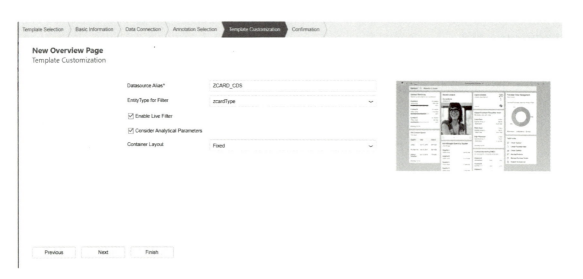

图 7-10 Template Customization 相关项内容

到这里，Overview Page 应用程序页面已经创建好了，接下来创建选项卡。

（7）在项目目录上右击，选择 New→Card，创建选项卡，如图 7-11 所示。

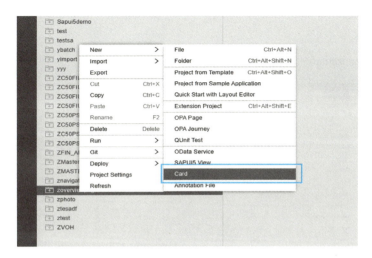

图 7-11　创建选项卡

（8）在 Select a Card 页签中，确定选项卡类型，本示例选择 List 选项卡，如图 7-12 所示。点击 Next。

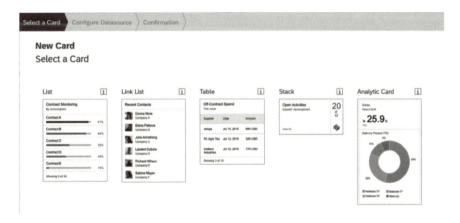

图 7-12　确定选项卡类型

（9）在 Configure Datasource 页签中，配置数据源，如图 7-13 所示。点击 Next。

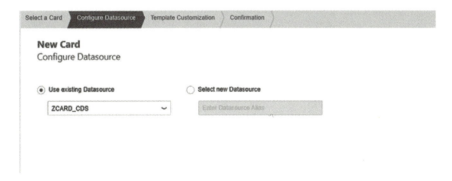

图 7-13　配置数据源

（10）在 Template Customization 导航 TAB 中，设置 General、Annotation、Card Properties 相关内容，并点击 Next。

Template Customization 相关项内容如图 7-14 所示。

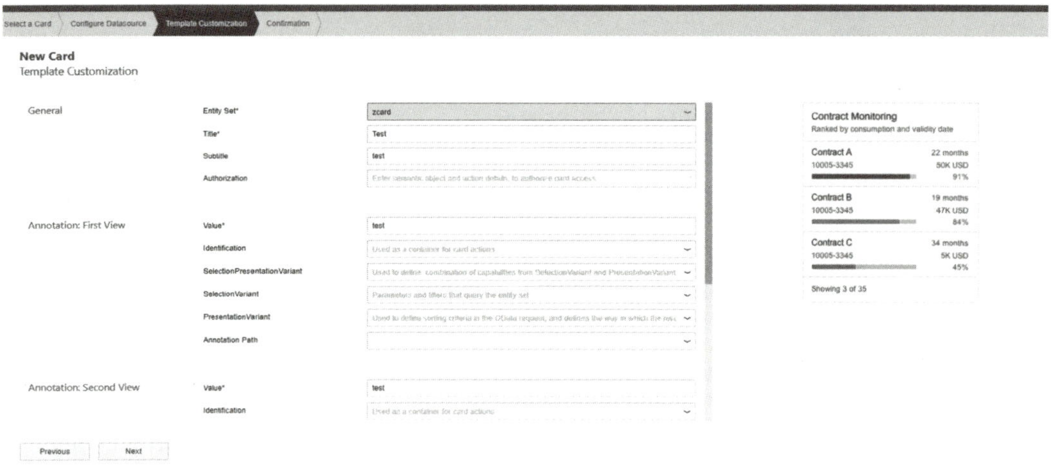

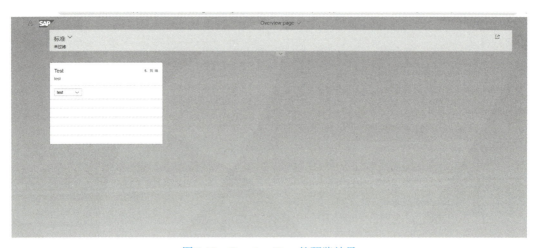

图 7-14　Template Customization 相关项内容

点击 Finish，Overview Page 的选项卡已经创建好。到这里，已经完成了一个 Overview Page 的应用开发。

使用上述步骤（7）～（10），还可以为 Overview Page 添加其他类型的选项卡。

下面，赶快看看 Overview Page 的展示效果吧。

（11）在项目目录位置右击，选择 Run→Run Configuration。

（12）选择 Run Component.js，点击 Save and Run。

本示例 Overview Page 的预览效果如图 7-15 所示。

图 7-15　Overview Page 的预览效果

如果需要部署应用，在项目目录位置右击，在弹出的菜单中选择 Deploy 后，再选择要部署的平台，就可以对 Overview Page 应用进行部署。

7.2.2　List Report

用 List Report 模板开发一个页面应用程序，具体步骤如下：

（1）在 SAP Web IDE 中创建新项目，选择 New→Project from Template。

（2）在 Template Selection 页签中，选择开发的页面程序类型，点击 Next。

（3）在 Basic Information 页签中，输入相关项内容，点击 Next。

（4）在 Data Connection 页签中，选择服务目录和服务器，指定程序所需要的 OData 服务。从 Service Catalog 的下拉菜单里，选择指向 S4H 系统的 Destination，并选择 YTEST_SRV 作为本示例中的指定服务。

Data Connection 相关项内容如图 7-16 所示。

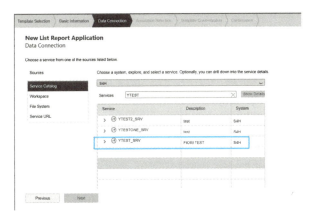

图 7-16　Data Connection 相关项内容

（5）在 Template Customization 页签中，配置模板相关项内容，点击 Finish。
Template Customization 相关项内容如图 7-17 所示。

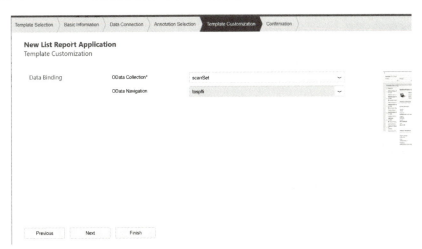

图 7-17　Template Customization 相关项内容

到这里，完成了一个 List Report 的应用开发。

现在，运行 List Report 应用。

List Report 应用程序的运行效果如图 7-18 所示。

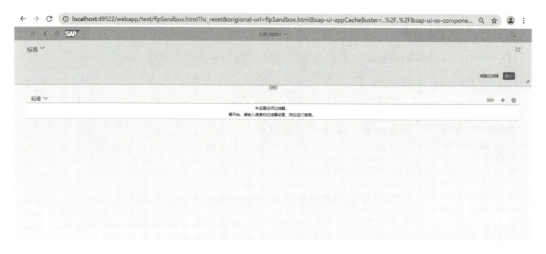

图 7-18　List Report 应用程序的运行效果

运行后，只看到一个空白的页面，这是因为尚未在 List Report Application 里指定有意义的 annotation。Elements 是通过配置 annotation 实现业务需求，避免通过编写代码来开发应用，以提高开发效率和降低投入的精力。

annotation 通过预编译，变成 UI5 的 XML 文件，其本质还是一个 UI5。预编译，就是在首次打开页面时发生，下次打开时，预编译的结果会直接存在浏览器中，不用再编译，除非发生了一些修改。

通过 annotation XML 配置 List Report 应用的示例如下。

（6）新建一个 annotation 文件，选择 New→Annotation File。

新建的 annotation 文件如图 7-19 所示。

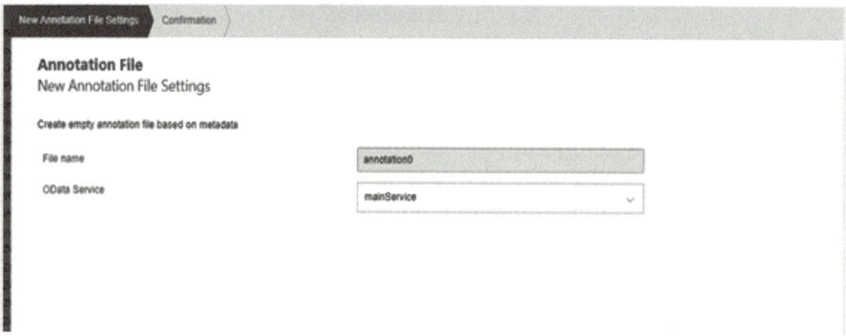

图 7-19　新建 annotation 文件

（7）对新创建的 annotation 文件进行配置，如图 7-20 所示。

（8）annotation 文件配置成功后，manifest.json 会自动引用刚刚创建的 annotation.xml 文件。

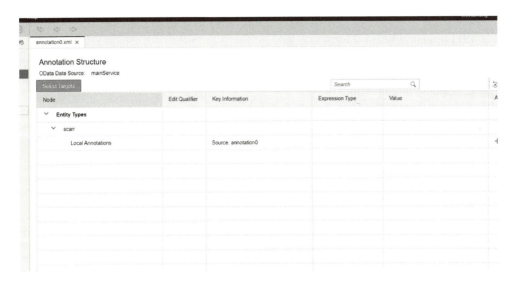

图 7-20 配置 annotation 文件

自动引用 annotation 文件的相关代码如图 7-21 所示。

```
{
    "_version": "1.7.0",
    "sap.app": {
        "id": "Zlistreport",
        "type": "application",
        "i18n": "i18n/i18n.properties",
        "applicationVersion": {
            "version": "1.0.0"
        },
        "title": "{{appTitle}}",
        "description": "{{appDescription}}",
        "tags": {
            "keywords": []
        },
        "dataSources": {
            "mainService": {
                "uri": "/sap/opu/odata/sap/YTEST_SRV/",
                "type": "OData",
                "settings": {
                    "localUri": "localService/metadata.xml",
                    "annotations": [
                        "annotation0"
                    ]
                }
            },
            "annotation0": {
                "type": "ODataAnnotation",
                "uri": "../annotation0.xml",
                "settings": {
                    "localUri": "../annotation0.xml"
                }
            }
        },
        "offline": false,
        "sourceTemplate": {
            "id": "ui5template.smartTemplate",
            "version": "1.40.12"
        }
    },
```

图 7-21 自动引用 annotation 文件

（9）在 annotation 文件结构中，根据业务需求，添加不同注解类型。例如，在本示例添加 UI. LineItem、DataFieldWithURL、UI. DataField、UI. PresentationVariant 和 UI. HeaderInfo。

其中，UI. DataFieldWithUrl 和 UI. DataField 用来绘制 Elements 表格中出现的两列（字段），

UI.PresentationVariant 用来排序，UI.HeaderInfo 用来丰富用户表头信息。

添加 UI.LineItem，如图 7-22 所示。

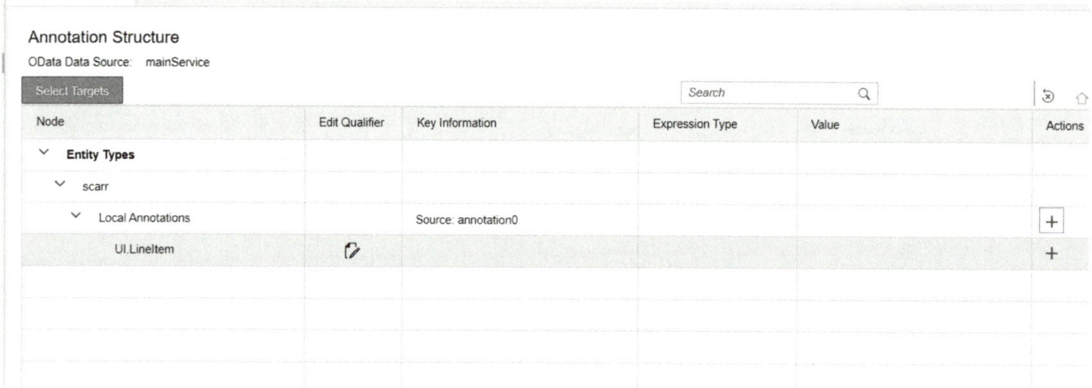

图 7-22 添加 UI.LineItem

添加 UI.DataField，如图 7-23 所示。

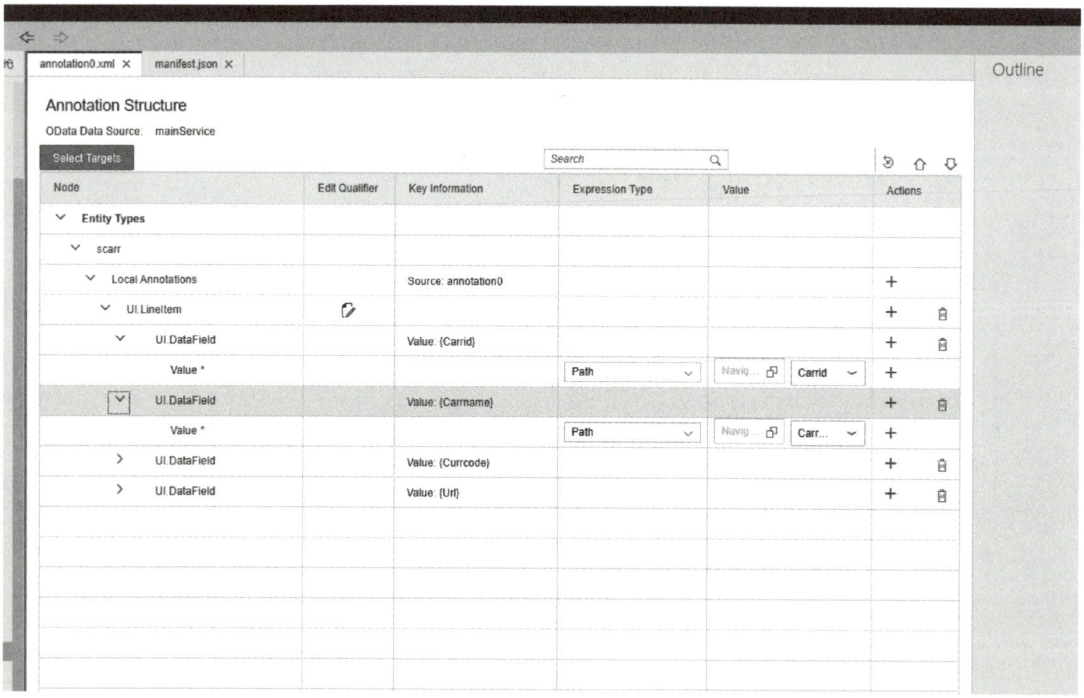

图 7-23 添加 UI.DataField

添加后，可以查看效果。

添加 UI.DataField 后的效果如图 7-24 所示。

添加 UI.HeaderInfo，如图 7-25 所示。

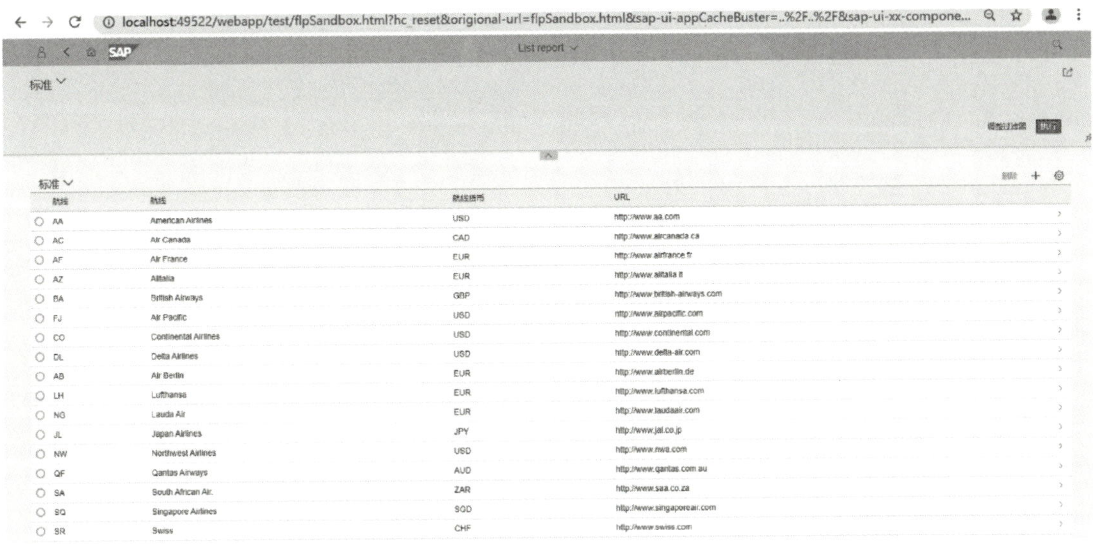

图 7-24　添加 UI.DataField 后的效果

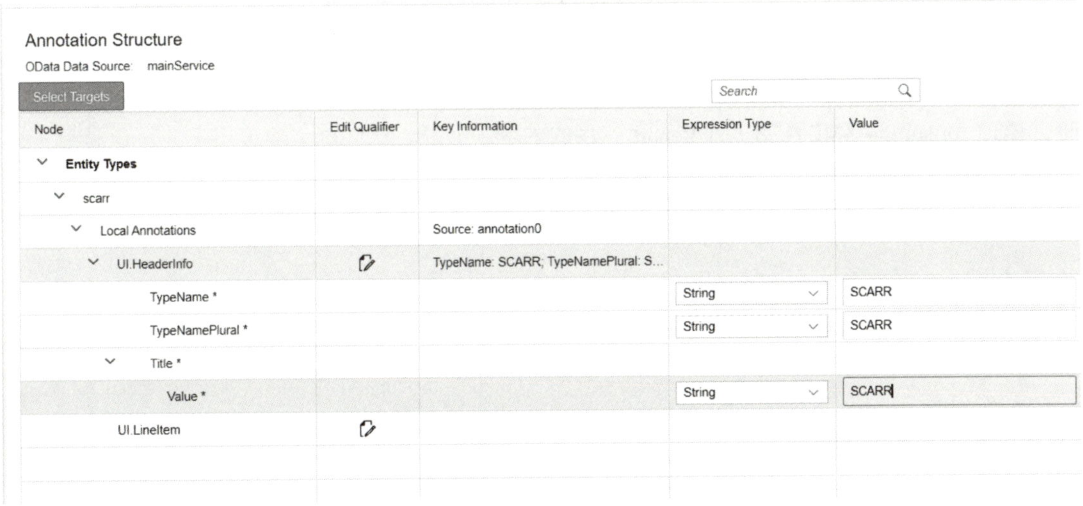

图 7-25　添加 UI.HeaderInfo

本示例中，如果实现排序功能，则需要添加 UI.PresentationVariant。例如按 Name 字段排序，则只需将 UI.PresentationVariant.SortOrder.Common.SortOrder 施加到 Name 字段上，即可实现按 Name 自动排序。

到这里，完成了已添加 annotation 的 List Report 应用开发。

List Report 应用程序的运行效果如图 7-26 所示。

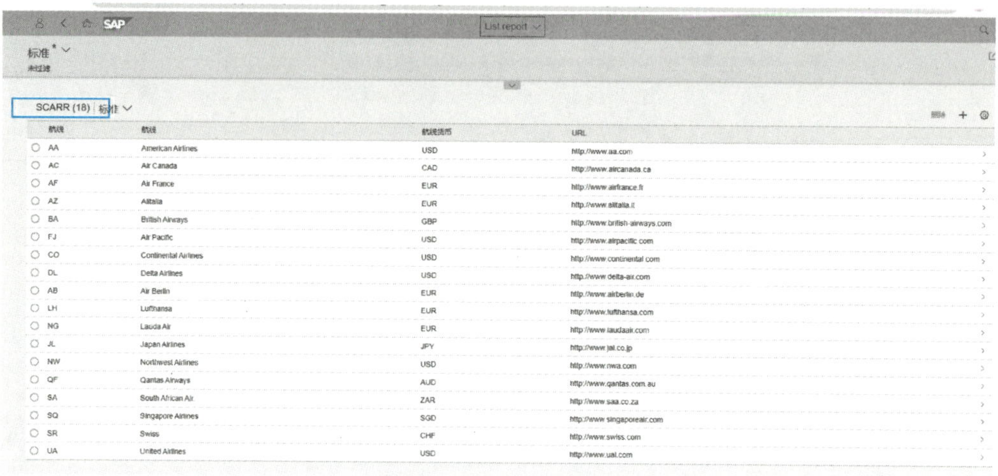

图 7-26　List Report 应用程序的运行效果

7.2.3　Object Page

Object Page 常与 List Report 一起构建应用程序,并通过 List Report 提供访问入口。因此,在开发 Object Page 应用时,也要有相应的 List Report 应用程序关联。

参照 List Report 应用类型的开发步骤,从(1)到(5)完成 List Report 应用程序的创建。同时,通过 annotation XML 配置 List Report 应用的内容。

List Report 创建好后,需要在 manifest 文件中设置 Object Page 属性,如图 7-27 所示。

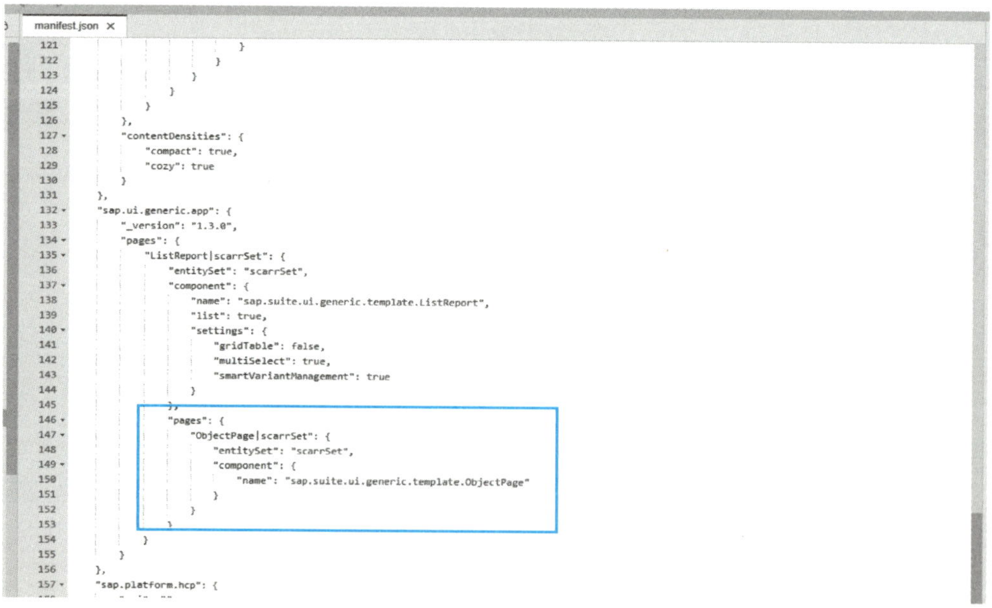

图 7-27　在 manifest 中设置属性

用 Object Page 模板开发一个页面应用程序，具体步骤如下：

（1）定义 HeadFacets，HeadFacets 用来显示页面抬头部分的内容，需要在 annonation. XML 文件中配置。

配置 localannotation，创建 UI. ReferenceFacet，显示页面抬头内容。

配置页面抬头，如图 7-28 所示。

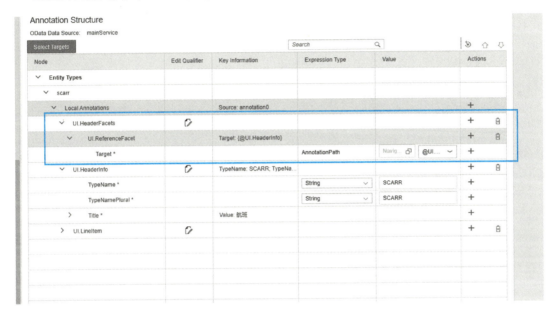

图 7-28　配置页面抬头

（2）定义 UI. Facets，UI. Facets 用来配置自适应的部分页面内容，可以是字段、表格等。因此，要先为 UI. Facets 配置 FieldGroup，FieldGroup 可以存放多个字段，便于在页面上显示内容。

配置 FieldGroup，如图 7-29 所示。

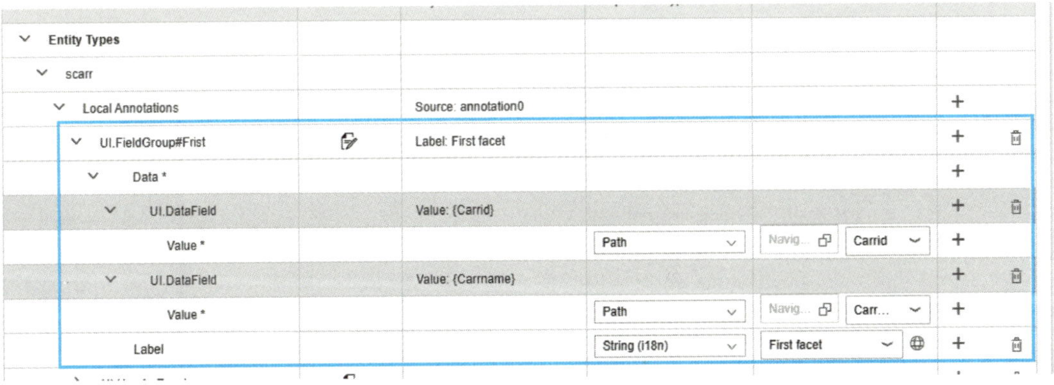

图 7-29　配置 FieldGroup

（3）配置 UI. Facets，在 UI. Facets 中选择 UI. ReferenceFacet，并将 FieldGroup 放在 UI. ReferenceFacet 上，如图 7-30 所示。

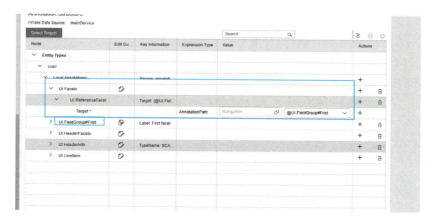

图 7-30　配置 UI. Facets

配置 UI. Facets 以及 UI. FieldGroup 后，发现在 UI. FieldGroup 中的字段已经在页面上显示了，整个过程简单快速。

配置后的效果如图 7-31 所示。

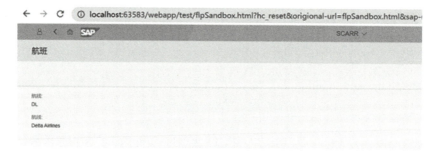

图 7-31　配置后的效果

（4）当然也可以在 UI. Facets 中配置表格内容，例如，将行项目 SPFLI 的数据显示在 UI. Facets 中，因此，需要先配置 UI. lineitem。

配置 UI. lineitem，如图 7-32 所示。

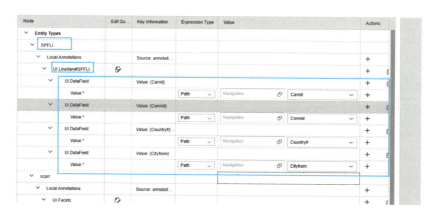

图 7-32　配置 UI. lineitem

（5）在创建好的 UI. Facets 中，再增加一个新的 UI. ReferenceFacet，并将 UI. lineitem#SPFLI 绑定，填入 UI. ReferenceFacet 中 Label 的值 Items，如图 7-33 所示。

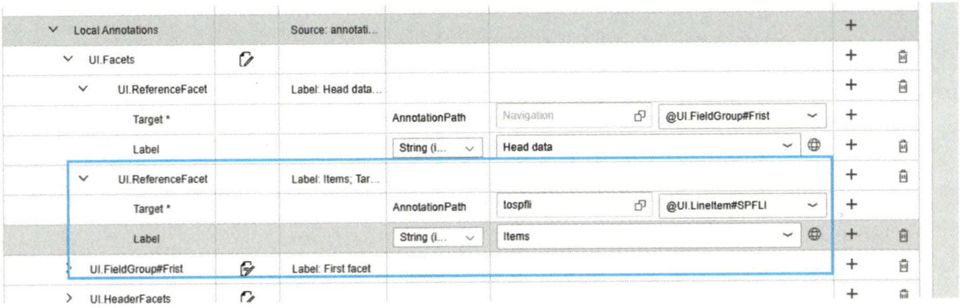

图 7-33　增加 UI. ReferenceFacet

到此，用 Elements 开发一个基本的 Object Page 应用就介绍完了。Object Page 是在 List Report 上跳转过来的，赶快运行应用程序吧。

运行 ListReport 应用程序，如图 7-34 所示。

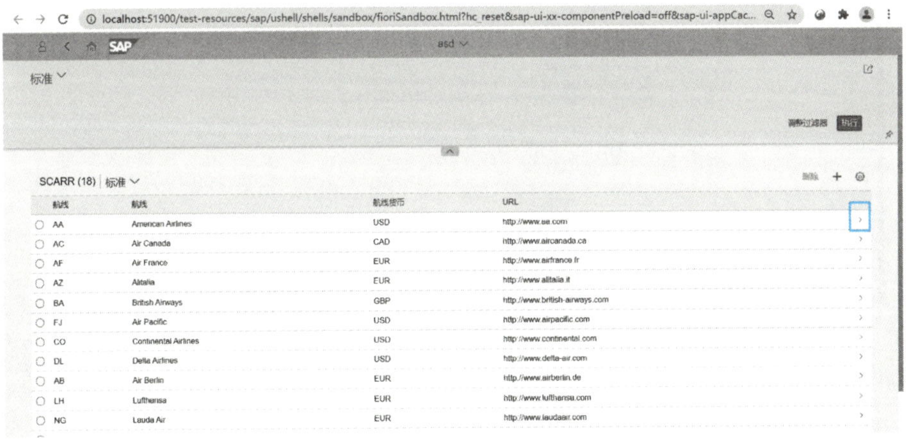

图 7-34　运行 List Report

在 ListReport 列表中选择某行的导航，跳转到该行对应的 Object Page 应用程序页面。Object Page 应用程序运行效果如图 7-35 所示。

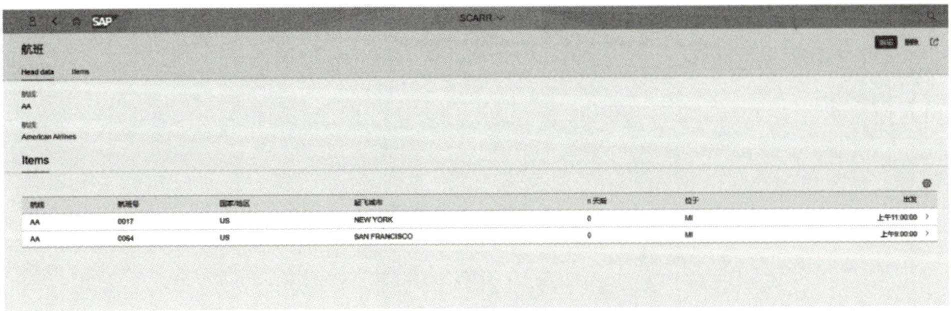

图 7-35　Object Page 应用程序运行效果

7.2.4 Analytical List

用 Analytical List 模板开发一个页面应用程序，具体步骤如下。

本示例采用 SAP S/4 Hana 上的 CDS 视图和注解。

（1）在 SAP Web IDE 中创建新项目，选择 New→Project from Template。

（2）在 Template Selection 页签中，选择开发的页面程序类型，点击 Next。

（3）在 Basic Information 页签中，输入相关项内容，点击 Next。

（4）在 Data Connection 页签中，选择服务目录和服务器，指定程序所需要的 OData 服务。
Data Connection 相关项内容如图 7-36 所示。

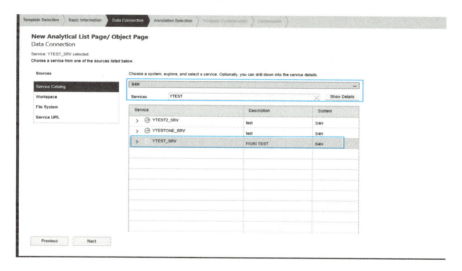

图 7-36　Data Connection 相关项内容

（5）在 Annotation Selection 页签中，查看已经配置的注解文件，如图 7-37 所示。点击 Next。

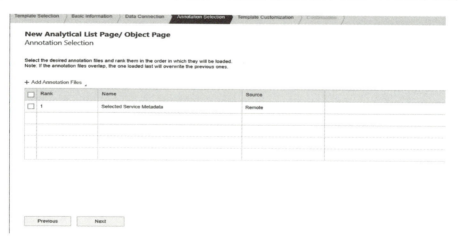

图 7-37　查看已经配置的注解文件

（6）在 Template Customization 页签中，配置模板相关项内容，如图 7-38 所示。点击 Finish。

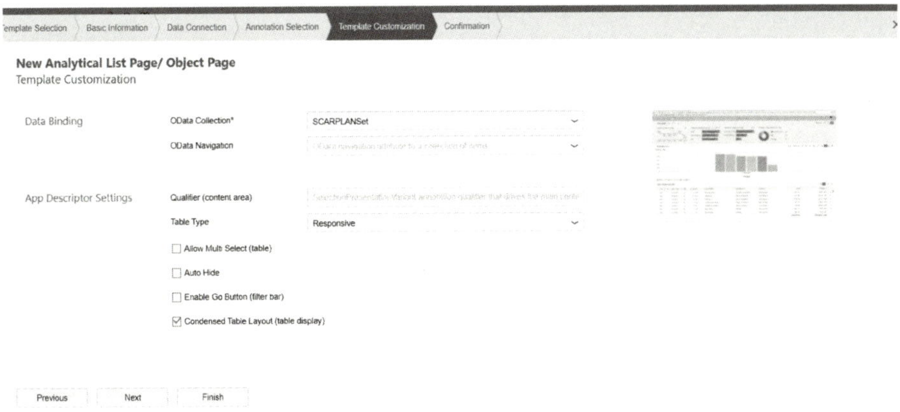

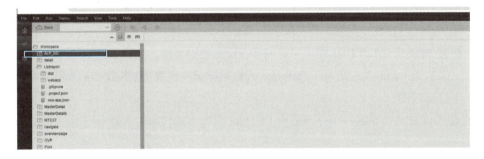

图 7-38　Template Customization 相关项内容

到这里，analytical List Page 应用程序已经创建好了，先看看其工程目录结构，如图 7-39 所示。

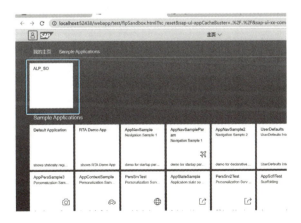

图 7-39　工程目录结构

接下来，测试刚才创建的应用程序。

运行应用程序，如图 7-40 所示。

图 7-40　运行应用程序

在运行页面上，点击磁贴，查看新建应用程序的页面效果。

查看应用程序页面初始效果，如图 7-41 所示。

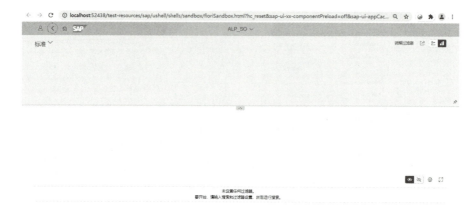

图 7-41　查看应用程序页面初始效果

以上是应用程序在默认属性下的页面效果。下面通过 annotation XML 配置相关注解，实现 Analytical List Page 的正常页面效果。

在 List Report 内容中，介绍了列字段和标题信息的 UI 注解，实现了列表区域的内容显示。接下来，配置 Analytical List Page 图表区的内容，为图表的字段、数据点和标识添加注解。

例如，以字段 Carrid 为航班号、Planetype 为横轴显示飞机类型、Snumber 为纵轴显示飞机数量，做一个柱形视图。

（7）在 Annotation Structure 中，添加@ UI. chart 图表注解，如图 7-42 所示。

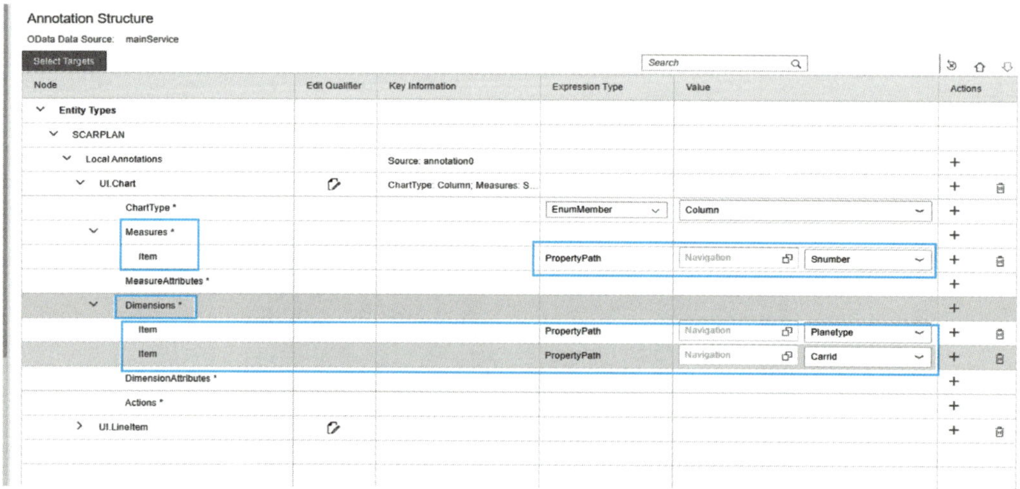

图 7-42　添加图表注解

（8）视图可视化维护，将创建好的 UI. LineItem 和 UI. chart 放到 UI. Presentation 的 Visualizations 里，如图 7-43 所示。

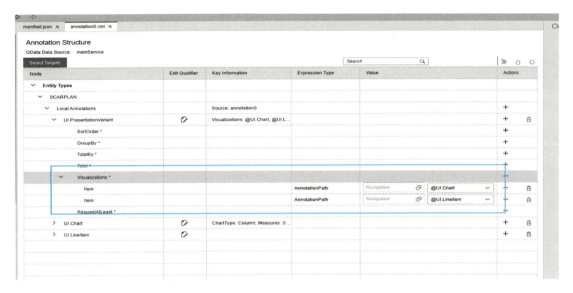

图 7-43　视图可视化

查看应用程序运行页面，柱状图展示效果如图 7-44 所示。

图 7-44　柱状图展示效果

也可以切换图形展示类型，例如，切换为饼图类型，如图 7-45 所示。

再来看看切换后的应用程序运行页面效果。饼图展示效果如图 7-46 所示。

（9）为了丰富页面的显示效果，既可以通过修改 il8n.properties 文件，更改页面中需要突出显示的内容，也可以通过在 manifest.json 文件中添加布局代码，增强应用程序的灵活性。

例如，在 manifest.json 文件中添加样式代码：

```
"flexibleColumnLayout":{
"defaultTwoColumnLayoutType": "TwoColumnsMidExpanded",
"defaultThreeColumnLayoutType":"ThreeColumnsEndExpanded"
},
```

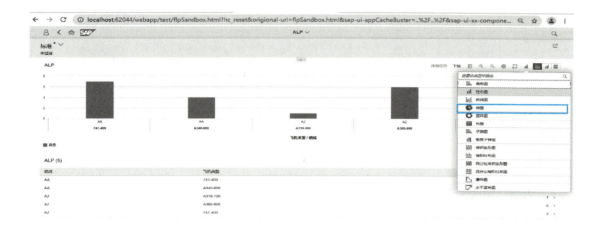

图 7-45　切换为饼图类型

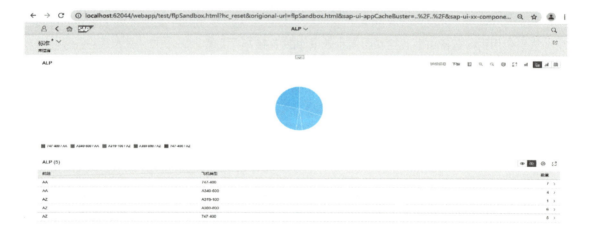

图 7-46　饼图展示效果

更改样式代码后,发现应用程序运行页面效果更漂亮。调整布局后的页面效果如图 7-47 所示。

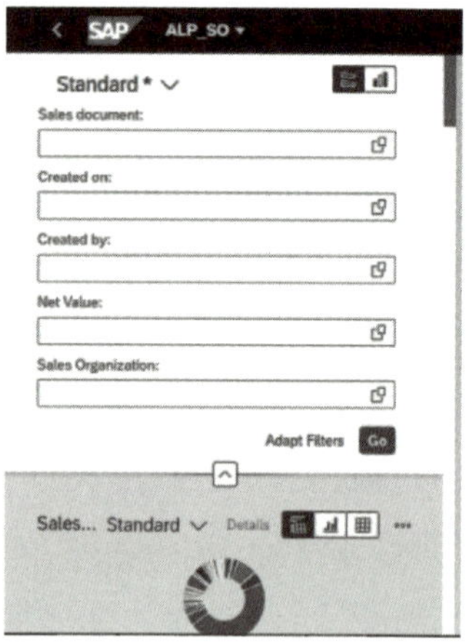

(10) 如果要在页面中添加 KPI 并展示,那么在 SAP Web IDE 中右键点击项目名称,选择添加 KPI 菜单项,进入系统的标准 KPI 列表页面。在列表中选择某条 KPI,然后点击 Add KPIs。

添加某条 KPI,如图 7-48 所示。

KPI 添加成功后,在 manifest.json 中会产生如下代码:

图 7-47　调整布局后的页面效果

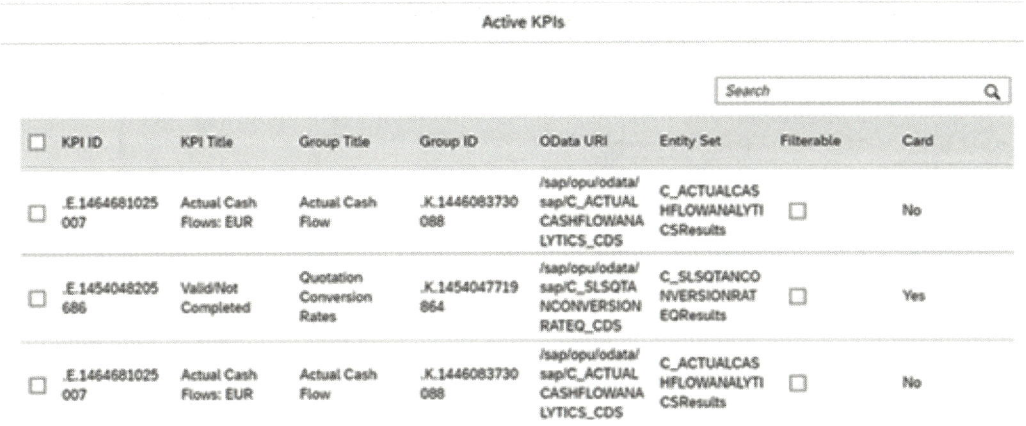

Active KPIs

KPI ID	KPI Title	Group Title	Group ID	OData URI	Entity Set	Filterable	Card
.E.1464681025007	Actual Cash Flows: EUR	Actual Cash Flow	.K.1446083730088	/sap/opu/odata/sap/C_ACTUALCASHFLOWANALYTICS_CDS	C_ACTUALCASHFLOWANALYTICSResults	☐	No
.E.1454048205686	Valid/Not Completed	Quotation Conversion Rates	.K.1454047719864	/sap/opu/odata/sap/C_SLSQTANCONVERSIONRATEQ_CDS	C_SLSQTANCONVERSIONRATEQResults	☐	Yes
.E.1464681025007	Actual Cash Flows: EUR	Actual Cash Flow	.K.1446083730088	/sap/opu/odata/sap/C_ACTUALCASHFLOWANALYTICS_CDS	C_ACTUALCASHFLOWANALYTICSResults	☐	No

图 7-48　添加某条 KPI

```
"keyPerformanceIndicators": {
  "Sales Contract Fulfillment Rate": {
    "model": "C_SALESCONTRACTITMFLFMTQ_CDS",
    "qualifier": "_E_1448335534743",
    "entitySet": "C_SALESCONTRACTITMFLFMTQResults",
    "filterable": false
  }
}
```

点击 Run，页面中 KPI 标记已成功添加，如图 7-49 所示。

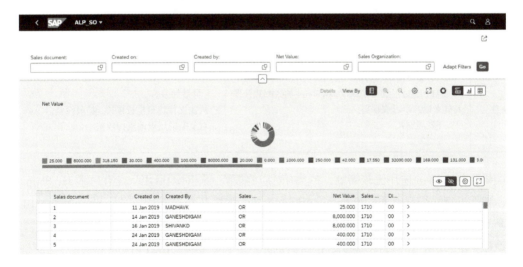

图 7-49　成功添加 KPI 标记

点击 KPI 标记查看效果，如图 7-50 所示。

到这里，Analytical List Page 标准应用的开发就学习完了。

图 7-50　查看 KPI 显示效果

7.3　结束语

以 SAP Fiori Elements 前端框架为代表的模板开发方式，不仅降低了 Fiori 应用开发的难度，而且减少了前端代码量，提高了开发效率。基于 SAPUI5 和 MVC 的自定义开发（也就是自开发），虽然为前端开发人员提供了 UI 设计和逻辑实现的完全灵活性，但是需要花费大量的时间和精力，完成 UI 布局、控件声明，以及必要的 SAPUI5 JavaScript 逻辑实现。

自开发方式与模板开发方式的优缺点比较如表 7-1 所示。

表 7-1　自开发方式与模板开发方式的优缺点比较

	自开发方式	模板开发方式
优点	- 灵活、可配置。 - 基于 SAPUI5 的强大组件库，基本能满足所有 UI 需求。 - MVC 架构，前后端分工明确，可并行开发	- 开发速度快且易于维护。 - 在不同 developer 之间交接容易。 - 前端几乎无代码和测试工作。 - 测试简单
缺点	- 同时需要前端和后端开发人员。 - SAPUI5 对于没有接触过 JavaScript 的 ABAP 开发人员来说，学习成本高。 - 开发周期长。 - 测试复杂	- 灵活性差。 只能支持特定模板样式，扩展性差。 对复杂的增删改支持较差

如果开发的 Fiori 应用比较简单，并且有对应的模板，同时项目团队没有熟悉 JavaScript 的工程师，那么采用模板开发方式无疑是一个好的选择。如果开发一个 UI 复杂、业务逻辑和 UI 交互逻辑都需要大量定制化，那么还是选择自开发方式更为保险。

总体来说，SAP 公司的风格就是把所有的东西，都封装到 ABAP 中进行开发。无论是 Web Dynpro，还是 SAP Fiori Elements，SAP 都希望工程师能在 ABAP 范围内完成工作，并且只关注 ABAP 技术和业务逻辑。

有关自开发的内容，将在第 14 章结合具体场景进行详细介绍。

第 8 章

数 据 访 问

内容关键词

  OData 协议、REST 与 OData
  OData 服务结构、OData 操作
  OData Service 的创建、实现与注册、使用
  Gateway 服务构造器、构造器结构目录

本章概要

- 关于 OData
- OData Service
- Gateway 服务构造器

SAP Fiori 应用程序开发采用前后端分离的模式，数据访问通过暴露在 SAP Gateway 上的 OData Service 接口实现，因此，本章的内容包括 OData 和 SAP Gateway 两个部分。

OData（开放数据协议）是一种非常简单的接口协议，它有着简单的结构以及简单的操作方式。本章学习 OData 服务结构、OData 操作和 OData Service 实现。针对 OData Service，详细介绍从创建到使用全过程的方法和步骤。

SAP Gateway 作为 SAP Fiori 核心模块组件，用于集中管理 OData 相关的功能，实现 SAP 系统与外部设备、平台、应用的集成。本章内容只介绍与 OData Service 有关的 Gateway 服务构造器。

8.1 关于 OData

OData 基于 REST API 标准，支持不同平台之间的交互，且独立于各平台。不论 REST API 创建于哪个平台，只要其符合 OData 标准，其他平台就可以按照 OData 标准中定义的方式，使用 API 来获取或者修改资源。

目前 OData 被广泛用于 SAP Business Suite 和 SAP S/4 HANA 的众多 Fiori 应用中，以及 SAP Customer Engagement Center 和一些正在开发的新一代 SAP 云产品中。此外 OData 也是 SAP Cloud for Customer 推荐的一种与客户第三方应用集成的技术手段。

SAP 对标准的 OData 进行了扩展，例如在字段属性定义上，就包括了使用字段的描述，为 OData 的属性进行命名。

SAP 对 OData 的支持扩展包括：

1）HTTP 返回码可以自定义。
2）CRUD 的支持。
3）CUD 多媒体文件的支持。
4）序列化处理。
5）深层结构处理。
6）Merge/patch 的支持。
7）Paging、filter 的扩展支持。

在使用 OData 服务前，必须对其进行配置并激活，有关的具体步骤和操作，将在第 12 章详细介绍。

8.1.1 REST 与 OData

提到 OData 协议，就会想到 REST 接口，因为 OData 是一种基于 REST 的开放数据协议。

1. REST 接口

与传统的 SOAP 接口方式相比，REST（REpresentational State Transfer）是一种轻量级的接口方式。与另外两种主流的 Web 服务方案 SOAP 和 XML-RPC 相比，REST 更加简洁，可以大大降低开发的复杂度，提高系统的可扩展性。因此，越来越多的 Web 服务开始采用 REST 风格来设计和实现。

作为一种架构，REST 满足以下约束条件和原则：

（1）C-S 架构

数据的存储在 Server 端，Client 端只需使用就行。客户端和服务器之间通过统一的接口来互相通信。

（2）无状态

在无状态的 Web 服务中，Server 端不保存 Client 端的状态信息，客户端的每一次请求，都必须带有充分的信息能够让服务端识别，包括自己的状态信息。这些信息一般都包含在 URI 的查询参数如 header、body 里，服务端会根据这些参数将响应返回给客户端，但是并不保存客户端的状态。每一个 Web 请求都必须是独立的，请求之间是完全分离的。

（3）可缓存

REST 需要恰当地对响应进行缓存，以减少服务端和客户端之间的信息通信。响应都应定义为可缓存的，若不可缓存，则要避免客户端在多次请求后，用旧数据或垃圾数据来响应。

（4）系统分层

客户端通常无法判断自己是直接还是间接与终端服务器进行连接。

（5）统一接口

一个 REST 需要使用一个统一的接口，完成子系统之间以及服务与用户之间的交互。这一点对于 REST 服务来说非常重要。客户端只需要关注实现接口就可以，这样使得接口的可读性加强，同时方便使用人员调用。

（6）按需编码

服务端可以选择临时给客户端下发一些功能代码让客户端来执行，从而定制和扩展客户端的某些功能，这个原则对于 REST 来说不是必需的。

REST 请求的通用操作有 GET、POST、PUT、DELETE、PATCH。

2. OData 协议

OData 是一种基于 REST 的开放数据协议。这种结构化的接口协议，描述了如何创建和访问 REST 服务的 OASIS 标准。该标准在 2007 年由微软发起。在 2015 年，OASIS 进一步推送 OData v4 和 OData JSON 格式，v4 被 ISO/IEC JTC 1 争取成为国际标准。OData 构建于很多已经广泛应用的 Web 技术之上，比如 HTTP、XML、Atom Publishing Protocol 和 JSON，易于理解和扩展。同时为用户提供了一个可预测的接口，用于访问各种数据源，在某种程度上，也可以理解为 Web 的在线数据库连接。

OData 是一个抽象的数据模型和协议，任何客户端都可以访问任何数据源暴露出来的信息，也就是任何客户端可以访问任何数据源。这样做，最明显的好处是提供了一种简单而统一的数据共享方式，只需要 OData 提供方集成到任何一个 HTTP 堆栈，就能实现产品和平台之间的广泛集成。

OData 协议遵循以下五种设计原则：

1）数据多样化存储，在一个服务里面可以定义多种数据的存储。

2）向下兼容，客户端和服务端可以使用不同版本的 OData 服务，每个服务都可以向下兼容。

3）REST 原则，REST 满足的约束条件和原则，OData 都遵循。

4）容易扩展，如果需要额外的服务，可以从一个最基本的 OData Service 进行扩展，很容易。

5）简单，解决常见案例非常简单，必要时还可以进行扩展。

在使用 OData 的过程中，结构化的数据需要在客户端和服务器之间进行交互。客户端在服务器上使用 HTTP 请求资源并接收响应。请求包含在服务中，一个服务定义了可访问资源、相关 HTTP 操作、文档格式等。文档说明格式一般采用 XML 或者 JSON。

OData 服务执行 OData 协议，并且为数据访问暴露终端。

OData 服务的生命周期如下：

1）激活 OData 服务。

2）维护 OData 服务。

3）维护模型和服务，直到清理元数据缓存。

4）使用 HTTP 请求发布数据以创建或更新、读取数据和删除数据，REST 对所有 CRUD（创建/读取/更新/删除）操作使用 HTTP。

5）使用 RPC（远程过程调用）等机制的轻量级替代方案和 Web 服务。

实施一个 OData 服务需要完成以下四个内容：

（1）OData 数据模型

定义数据结构，一般发生在后端系统。

（2）OData 协议

支持 CRUDQ（创建、读取、修改、删除、查询）功能，数据的传输可以使用 XML 或者 JSON。

（3）OData 客户端库

保证了客户端能够使用库函数方便地访问 OData 服务。注意，客户端库并不是必需的，但是有了它可以节省大量的编码工作。

（4）OData 服务

可以最终被客户端访问的服务。

8.1.2 OData 服务结构

OData 是开放数据协议，是一种文档结构的服务标准，包括服务文档（Service Document）和服务元结构文档（Service Metadata Document）。服务文档描述了 OData Service 中可用数据的概览信息，服务元结构文档描述了 OData 服务中的数据类型及其相关的属性。

服务文档和服务元结构文档包含了实体（Entity）、实体类型（Entity Type）、实体集合（Entity Set）、属性（Property）、导航属性（Navigation Property）、关联（Association）这些元素标签。

1. 服务文档

服务文档列出了 OData 服务中包含的所有实体集。除此之外，还包含了该服务文档的访问地址，也就是说，这个地址是一个指向自身的地址，通过这个地址，服务文档可以以 Atom 或者 JSON 格式进行呈现。

例如，看一个学生信息的 ODATA 服务，其 URI 地址如下：

http://1X. X1. 1XX. XX2：8080/sap/opu/odata/sap/zstudent_pro_srv_01/? $format = xml⊖

在服务文档中，可以找到一个或者多个含有 collection 的标签，它们定义了单个集合或者实体集的相对 URL 和名称。服务文档包含了可在此服务中访问的所有实体类型的列表。对于每一个实体集，可以找到一个用 href 标记的相对路径，该路径指向相应的实体集。

服务文档的结构内容如图 8-1 所示。

```
<?xml version="1.0" encoding="UTF-8"?>
<app:service xml:lang="en" xmlns:sap="http://www.sap.com/Protocols/SAPData"
xmlns:m="http://schemas.microsoft.com/ado/2007/08/dataservices/metadata" xmlns:atom="http://www.w3.org/2005/Atom"
xmlns:app="http://www.w3.org/2007/app" xml:base="http://
                                        /sap/opu/odata/sap/ZSTUDENT_PRO_SRV_01/">
    <app:workspace>
        <atom:title type="text">Data</atom:title>
        <app:collection href="STUDENTSet" sap:content-version="1" sap:pageable="false" sap:deletable="false" sap:updatable="false" sap:creatable="false">
            <atom:title type="text">STUDENTSet</atom:title>
            <sap:member-title>STUDENT</sap:member-title>
        </app:collection>
    </app:workspace>
    <atom:link href="http://                    /sap/opu/odata/sap/ZSTUDENT_PRO_SRV_01/" rel="self"/>
    <atom:link href="http://                    /sap/opu/odata/sap/ZSTUDENT_PRO_SRV_01/" rel="latest-version"/>
</app:service>
```

图 8-1　服务文档的结构内容

在服务文档的结构内容中，还包含了一些 SAP 特有的注解性元数据。例如注解性元素 sap：createable、sap：updateable 和 sap：deletable，表示集合是否允许添加，更改或者删除条目。这些 SAP 特定的注解性元数据，只有被设定为非默认值时，才会在服务文档和服务元结构文档中显示。至于每个属性的默认值设定，如 sap：searchable = "false"，表示该集合不允许查询，可通过 SAP 官网获得。

在基本 URI 的基础上，结合指向某个实体集的相对地址，就构成了访问该实体集的绝对地址，可以对该实体集进行条目检索。

例如，访问实体集 STUDENTSet 的地址：

http://1X. X1. 1XX. XX2：8080/sap/opu/odata/sap/ZSTUDENT_PRO_SRV_01/STUDENTSet

条目检索结果显示如图 8-2 所示。

在条目显示结果中，对实体集 STUDENTSet 中的元素定义说明如下：

⊖　本书都对 IP 地址进行了脱敏处理。

```
<feed xml:base="http://IDES-CI.S4HANA.CNPC:8080/sap/opu/odata/sap/ZSTUDENT_PRO_SRV_01/"
xmlns:d="http://schemas.microsoft.com/ado/2007/08/dataservices"
xmlns:m="http://schemas.microsoft.com/ado/2007/08/dataservices/metadata" xmlns="http://www.w3.org/2005/Atom">
    <id>http://IDES-CI.S4HANA.CNPC:8080/sap/opu/odata/sap/ZSTUDENT_PRO_SRV_01/STUDENTSet</id>
    <title type="text">STUDENTSet</title>
    <updated>2020-10-19T07:14:14Z</updated>
  - <author>
      <name/>
    </author>
    <link title="STUDENTSet" rel="self" href="STUDENTSet"/>
  - <entry>
      <id>http://IDES-CI.S4HANA.CNPC:8080/sap/opu/odata/sap/ZSTUDENT_PRO_SRV_01/STUDENTSet('200101')</id>
      <title type="text">STUDENTSet('200101')</title>
      <updated>2020-10-19T07:14:14Z</updated>
      <category scheme="http://schemas.microsoft.com/ado/2007/08/dataservices/scheme" term="ZSTUDENT_PRO_SRV_01.STUDENT"/>
      <link title="STUDENT" rel="self" href="STUDENTSet('200101')"/>
    - <content type="application/xml">
      - <m:properties xmlns:d="http://schemas.microsoft.com/ado/2007/08/dataservices"
          xmlns:m="http://schemas.microsoft.com/ado/2007/08/dataservices/metadata">
          <d:Xuehao>200101</d:Xuehao>
          <d:Name>张三</d:Name>
          <d:Class>一年级一班</d:Class>
        </m:properties>
      </content>
    </entry>

  - <entry>
      <id>http://IDES-CI.S4HANA.CNPC:8080/sap/opu/odata/sap/ZSTUDENT_PRO_SRV_01/STUDENTSet('200102')</id>
      <title type="text">STUDENTSet('200102')</title>
      <updated>2020-10-19T07:14:14Z</updated>
      <category scheme="http://schemas.microsoft.com/ado/2007/08/dataservices/scheme" term="ZSTUDENT_PRO_SRV_01.STUDENT"/>
      <link title="STUDENT" rel="self" href="STUDENTSet('200102')"/>
    - <content type="application/xml">
      - <m:properties xmlns:d="http://schemas.microsoft.com/ado/2007/08/dataservices"
          xmlns:m="http://schemas.microsoft.com/ado/2007/08/dataservices/metadata">
          <d:Xuehao>200102</d:Xuehao>
          <d:Name>李四</d:Name>
          <d:Class>一年级二班</d:Class>
        </m:properties>
      </content>
    </entry>

  - <entry>
      <id>http://IDES-CI.S4HANA.CNPC:8080/sap/opu/odata/sap/ZSTUDENT_PRO_SRV_01/STUDENTSet('200103')</id>
      <title type="text">STUDENTSet('200103')</title>
      <updated>2020-10-19T07:14:14Z</updated>
      <category scheme="http://schemas.microsoft.com/ado/2007/08/dataservices/scheme" term="ZSTUDENT_PRO_SRV_01.STUDENT"/>
      <link title="STUDENT" rel="self" href="STUDENTSet('200103')"/>
    - <content type="application/xml">
      - <m:properties xmlns:d="http://schemas.microsoft.com/ado/2007/08/dataservices"
          xmlns:m="http://schemas.microsoft.com/ado/2007/08/dataservices/metadata">
          <d:Xuehao>200103</d:Xuehao>
          <d:Name>小明</d:Name>
          <d:Class>一年级三班</d:Class>
        </m:properties>
      </content>
    </entry>
</feed>
```

图 8-2　条目检索结果显示

1）＜feed＞元素，定义了一个集合的 0 条或者多条数据条目，即对应表格的数据条目。

2）＜entry＞元素，是＜feed＞的一个内容，对应表格内容的一行，每一个＜entry＞里面都包含一个＜link＞元素的自引用标记，格式是 rel = " self" 或者 rel = " edit"。

3）每个＜entry＞里面都包含一个或者多个属性字段，用＜properties＞进行标识，对应表格里面的一列。

4）每一个条目的关键信息，都会在实体集合名称后面的括号里面呈现。如果只有一个属性是关键字段，那么它的值就会直接展示，如 STUDENTSet（' 200102 '），如果关键字段包含一个或者多个属性，那么它们之间的值用逗号进行隔开。

2. 服务元结构文档

服务元结构文档暴露了一个服务的所有的元数据，包含模型、类型、操作、关系和模型的详细语义。服务元结构文档的 URI 构建比较简单，在 URI 的基础上增加 $metadata 即可，例如：

http://1X.X1.1XX.XX2:8080/sap/opu/odata/sap/ZSTUDENT_PRO_SRV_01/$metadata

通过服务元结构文档，可以更清楚地看到服务的样子、结构、所包含资源之间的链接关系及公共的服务操作。外部系统可以使用这些信息生成代理，开发人员调用代理实现对服务的访问。

服务元结构文档内容如图8-3所示。

```xml
<?xml version="1.0" encoding="UTF-8"?>
<edmx:Edmx xmlns:sap="http://www.sap.com/Protocols/SAPData"
    xmlns:m="http://schemas.microsoft.com/ado/2007/08/dataservices/metadata"
    xmlns:edmx="http://schemas.microsoft.com/ado/2007/06/edmx" Version="1.0">
    <edmx:DataServices m:DataServiceVersion="2.0">
        <Schema xml:lang="en" xmlns="http://schemas.microsoft.com/ado/2008/09/edm" sap:schema-version="1"
            Namespace="ZSTUDENT_PRO_SRV_01">
            <EntityType sap:content-version="1" Name="STUDENT">
                <Key>
                    <PropertyRef Name="Xuehao"/>
                </Key>
                <Property Name="Xuehao" sap:filterable="false" sap:sortable="false" sap:updatable="false" sap:creatable="false"
                    sap:label="XUEHAO" sap:unicode="false" MaxLength="6" Nullable="false" Type="Edm.String"/>
                <Property Name="Name" sap:filterable="false" sap:sortable="false" sap:updatable="false" sap:creatable="false"
                    sap:label="NAME" sap:unicode="false" MaxLength="20" Nullable="false" Type="Edm.String"/>
                <Property Name="Class" sap:filterable="false" sap:sortable="false" sap:updatable="false" sap:creatable="false"
                    sap:label="CLASS" sap:unicode="false" MaxLength="10" Nullable="false" Type="Edm.String"/>
            </EntityType>
            <EntityContainer Name="ZSTUDENT_PRO_SRV_01_Entities" sap:supported-formats="atom json xlsx"
                m:IsDefaultEntityContainer="true">
                <EntitySet sap:content-version="1" Name="STUDENTSet" sap:updatable="false" sap:creatable="false"
                    sap:pageable="false" sap:deletable="false" EntityType="ZSTUDENT_PRO_SRV_01.STUDENT"/>
            </EntityContainer>
            <atom:link xmlns:atom="http://www.w3.org/2005/Atom" href="http://
                /sap/opu/odata/sap/ZSTUDENT_PRO_SRV_01/$metadata" rel="self"/>
            <atom:link xmlns:atom="http://www.w3.org/2005/Atom" href="http://
                /sap/opu/odata/sap/ZSTUDENT_PRO_SRV_01/$metadata" rel="latest-version"/>
        </Schema>
    </edmx:DataServices>
</edmx:Edmx>
```

图8-3 服务元结构文档内容

在服务元结构文档内容中，<EntityType>里面对每一个实体所包含的属性都进行了详细的展示，<EntityContainer>里面列出了此服务中用到的所有的实体集合，<Association>列出了实体与实体之间的关联，如果实体类型中有导航属性的话，会在<NavigationProperty>页签中进行显示。

8.1.3 OData 操作

OData 的主要操作包括创建、更新、删除和查询，此外还有函数和运算符的使用。

（1）创建

Create 操作用来在后端服务器上创建新的数据，对应的 HTTP 方法是 POST。要注意，这里只是新增，其数据在原来的数据集合中并不存在。如果创建操作成功，则会返回新增加的条目信息，还有 201 消息。在元数据文档中，可以指定实体集合是否允许被创建。

（2）更新

Update 操作对一个已经存在的实体进行数据更改，对应的 HTTP 方法是 PUT。当然，对实体数据进行更改前，要提供主键的信息来唯一确定要调整的条目。如果 Update 操作执行成功，会返回消息 204。除了 PUT，还可以利用 PATCH 操作来进行局部更新。PATCH 方法首先调用 GET-

DETAIL 方法来获取不会进行更新的所有属性，然后将这些值与通过 PATCH 请求发送的属性合并，最后使用实体集的标准更新方法执行更新。在元数据文档中，Updatable 标识了该实体是否允许更新。

（3）删除

Delete 操作用来删除一个实体，对应的 HTTP 方法是 DELETE。和 Update 操作一样，要提供主键的信息以确定要删除的条目。如果删除操作执行成功，会返回 204 消息。在元数据文档中，可以通过 sap：deletable 来指定该实体是否允许被删除。

（4）查询

Query 操作（本质是 Read），是应用程序执行频率较高的一种操作，对应的 HTTP 方法是 GET。任何类型的数据都可以当作查询的对象，例如自定义数据、主数据、业务数据等，如果查询成功，则会返回 200。

查询分为单条查询和多条查询两种：

多条查询的结果是一个集合，通常会结合 filter 一起来使用，以降低查询条目的数量。使用多条查询得到的实体可能是一个，也可能是多个，还有可能是 0 个。如果一个实体集被允许直接读取，在元数据文档中，通过 sap：addressable 来控制查询操作。还可以对 REQUIRES FILTER 进行设置，这是为了约束使用者在访问实体集时，必须提供过滤器，也就是说，使用者如果不设置过滤器是不能进行查询操作的。

与多条查询不同，使用单条查询（Single Read）操作时，需要指定实体的主键，主键要放在代表实体集合名字后面的括号中。如果主键只包含一个属性，那么无须提供属性名称。如果主键包含多个属性，那么属性名称和字段值要一起提供。单条查询的结果，可能是 0 个或者 1 个实体。

无论是多条查询，还是单条查询，都离不开查询选项。常用的查询选项有选择（$select）、筛选（$filter）、排序（$orderby）、限定范围（$top、$skip、$inlinecount）、统计（$count）、选取层级（$expand）、格式化（$format）等。

1）选择。

$select 查询选项可以指定想要返回的属性信息。在不指定的情况下，默认返回实体数据的所有属性值。大多情况下，主要出于性能的考虑，并不是所有属性都需要被返回呈现给用户。在这种情况下，就可以使用 $select 来指定你所关注的属性。

例如，显示学号信息：

http：//1X. X1. 1XX. XX2：8080/sap/opu/odata/sap/ZSTUDENT_PRO_SRV_01/STUDENTSet？$select = Xuehao

$select 查询结果如图 8-4 所示。

2）筛选。

$filter 查询选项是最重要的选项之一，用来选择符合条件的数据，在执行查询操作的过程中，指定复杂的筛选条件。与其他查询选项类似，必须在服务中对过滤进行操作，框架并不提供默认的过滤操作。filter 被框架传输到相应的 select-options 中，便于在 ABAP 代码中处理服务实现。

```xml
<?xml version="1.0"?>
<feed xml:base="http://IDES-CI.S4HANA.CNPC:8080/sap/opu/odata/sap/ZSTUDENT_PRO_SRV_01/"
  xmlns:d="http://schemas.microsoft.com/ado/2007/08/dataservices"
  xmlns:m="http://schemas.microsoft.com/ado/2007/08/dataservices/metadata" xmlns="http://www.w3.org/2005/Atom">
    <id>http://IDES-CI.S4HANA.CNPC:8080/sap/opu/odata/sap/ZSTUDENT_PRO_SRV_01/STUDENTSet</id>
    <title type="text">STUDENTSet</title>
    <updated>2020-10-22T09:29:36Z</updated>
    <author>
        <name/>
    </author>
    <link title="STUDENTSet" rel="self" href="STUDENTSet"/>
    <entry>
        <id>http://IDES-CI.S4HANA.CNPC:8080/sap/opu/odata/sap/ZSTUDENT_PRO_SRV_01/STUDENTSet('200101')</id>
        <title type="text">STUDENTSet('200101')</title>
        <updated>2020-10-22T09:29:36Z</updated>
        <category scheme="http://schemas.microsoft.com/ado/2007/08/dataservices/scheme"
          term="ZSTUDENT_PRO_SRV_01.STUDENT"/>
        <link title="STUDENT" rel="self" href="STUDENTSet('200101')"/>
        <content type="application/xml">
            <m:properties xmlns:d="http://schemas.microsoft.com/ado/2007/08/dataservices"
              xmlns:m="http://schemas.microsoft.com/ado/2007/08/dataservices/metadata">
                <d:Xuehao>200101</d:Xuehao>
            </m:properties>
        </content>
    </entry>
```

图 8-4　$select 查询结果

例如，查一个学号对应的学生信息：

http://1X.X1.1XX.XX2:8080/sap/opu/odata/sap/ZSTUDENT_PRO_SRV_01/STUDENTSet?$filter = Xuehao eq '200103'

$filter 查询结果如图 8-5 所示。

```xml
<?xml version="1.0"?>
<feed xml:base="http://IDES-CI.S4HANA.CNPC:8080/sap/opu/odata/sap/ZSTUDENT_PRO_SRV_01/"
  xmlns:d="http://schemas.microsoft.com/ado/2007/08/dataservices"
  xmlns:m="http://schemas.microsoft.com/ado/2007/08/dataservices/metadata" xmlns="http://www.w3.org/2005/Atom">
    <id>http://           /sap/opu/odata/sap/ZSTUDENT_PRO_SRV_01/STUDENTSet</id>
    <title type="text">STUDENTSet</title>
    <updated>2020-10-22T09:13:16Z</updated>
    <author>
        <name/>
    </author>
    <link title="STUDENTSet" rel="self" href="STUDENTSet"/>
    <entry>
        <id>http://           /sap/opu/odata/sap/ZSTUDENT_PRO_SRV_01/STUDENTSet('200103')</id>
        <title type="text">STUDENTSet('200103')</title>
        <updated>2020-10-22T09:13:16Z</updated>
        <category scheme="http://schemas.microsoft.com/ado/2007/08/dataservices/scheme"
          term="ZSTUDENT_PRO_SRV_01.STUDENT"/>
        <link title="STUDENT" rel="self" href="STUDENTSet('200103')"/>
        <content type="application/xml">
            <m:properties xmlns:d="http://schemas.microsoft.com/ado/2007/08/dataservices"
              xmlns:m="http://schemas.microsoft.com/ado/2007/08/dataservices/metadata">
                <d:Xuehao>200103</d:Xuehao>
                <d:Name>小明</d:Name>
                <d:Class>一年级三班</d:Class>
            </m:properties>
        </content>
    </entry>
</feed>
```

图 8-5　$filter 查询结果

除了例子中用到的 eq 之外，$filter 操作还可以内置其他过滤操作符，例如 ne（不等于）、gt（大于）、ge（大于或等于）、lt（小于）、le（小于或等于）、and（逻辑与）、or（逻辑或）、not（逻辑非）等。

除了操作符，有些字符串函数也可以与查询操作联用。OData 操作包含的常用字符串函数有 contains（包含某个子字符串）、not contains（不包含某个子字符串）、startswith（以某个子字符串开头）、endswith（以某个子字符串结尾）、length（字符串的长度）、indexof（某个子字符串首次出现的位置)、replace（替换某个子字符串）、substring（提取某个子字符串）、tolower（转换字符串为小写）、toupper（转换字符串为大写）、trim（去掉字符串中的空格）等。

3）排序。

$orderby 查询选项是根据实体集合中任何的属性来进行排序，使结果按照指定属性的指定顺序（升序 asc 或降序 desc）进行展示。默认排序方式是升序，可以不用特意指定。当指定的排序属性不止一个时，属性与属性之间要用逗号隔开。要注意的是，导航属性不能进行排序。

框架内并没有排序操作的默认执行代码，因此，实施者需要自己去完成排序操作。查询数据经过相应方法处理之后，得到的有序序列会被保留并且作为响应发送回请求者。

例如，按照学生的学号来排序：

http://1X.X1.1XX.XX2:8080/sap/opu/odata/sap/ZSTUDENT_PRO_SRV_01/STUDENTSet?$orderby = Xuehao

$orderby 查询结果如图 8-6 所示。

图 8-6　$orderby 查询结果

4）限定范围。

$top、$skip、$inlinecount 查询选项通常用于移动应用程序中，表示显示结果是受限制的，例如分页处理。$top 指定要返回的条目数量，例如 $top = 3，表示返回符合查询条件的前 3 条记录。通常情况下，出于性能考虑，也应该指定 $top。例如，在执行一个 BAPI 或者 RFC 来获取数据的时候，有时会增加一个 maxrows 的参数。通过这个参数，可以指定返回的数据条目数量，在这种情况下，使用 $top 就非常合适。

$skip 和 $top 通常一起使用。$skip 指定了从第几条记录开始，要跳过多少条记录才开始显示，例如 $skip = 2，表示返回符合查询条件的记录从第 3 条开始。如果在一个读取数据的 function module 里面没有指定 maxrows 参数（这里 maxrows 就相当于 $skip 和 $top 的综合），那么在使用 $top 和 $skip 的时候要谨慎。如果不能控制结果集的返回数量，那么在对结果集进行分页时，可能会执行许多不必要的 read 语句。

例如，联合使用 $skip 和 $top 进行查询：

http://1X.X1.1XX.XX2:8080/sap/opu/odata/sap/ZSTUDENT_PRO_SRV_01/STUDENTSet?$skip=2&$top=1

含 $skip $top 的查询结果如图 8-7 所示。

```
<?xml version="1.0"?>
<feed xml:base="http://            /sap/opu/odata/sap/ZSTUDENT_PRO_SRV_01/"
  xmlns:d="http://schemas.microsoft.com/ado/2007/08/dataservices" xmlns:m="http://schemas.microsoft.com/ado/2007/08/dataservices/metadata"
  xmlns="http://www.w3.org/2005/Atom">
  <id>http://            /sap/opu/odata/sap/ZSTUDENT_PRO_SRV_01/STUDENTSet</id>
  <title type="text">STUDENTSet</title>
  <updated>2020-10-23T03:10:54Z</updated>
 -<author>
    <name/>
  </author>
  <link title="STUDENTSet" rel="self" href="STUDENTSet"/>
 -<entry>
    <id>http://            /sap/opu/odata/sap/ZSTUDENT_PRO_SRV_01/STUDENTSet('200103')</id>
    <title type="text">STUDENTSet('200103')</title>
    <updated>2020-10-23T03:10:54Z</updated>
    <category scheme="http://schemas.microsoft.com/ado/2007/08/dataservices/scheme" term="ZSTUDENT_PRO_SRV_01.STUDENT"/>
    <link title="STUDENT" rel="self" href="STUDENTSet('200103')"/>
   -<content type="application/xml">
     -<m:properties xmlns:d="http://schemas.microsoft.com/ado/2007/08/dataservices"
         xmlns:m="http://schemas.microsoft.com/ado/2007/08/dataservices/metadata">
        <d:Xuehao>200103</d:Xuehao>
        <d:Name>小明</d:Name>
        <d:Class>一年级三班</d:Class>
      </m:properties>
    </content>
  </entry>
</feed>
```

图 8-7 含 $skip $top 的查询结果

$inlinecount 表示返回当前查询条件的所有记录数，它和 $count 是不一样的，$count 只提供数目。$inlinecount 除了提供数目之外，还有响应数据，有 all-pages 和 none 这 2 个参数，前者表示返回查询数据集的数量，后者表示返回结果不包含数据集的数量。

5）统计。

$count 请求仅用于检索集合中的条目数，它不提供任何其他信息。

6）选取层级。

如果只对 SAP NetWeaver 进行一次调用，那么使用 $expand 是合适的，因为它可以从多个实体类型读取数据，而不是执行一系列的查询操作或者批处理。例如，通过单条查询来获取销售订单的抬头和行项目信息。要想使用 $expand，必须在模型中定义相应的导航属性，因为 $expand 是在导航属性中进行的。

如果在实体模型中，存在嵌套的导航属性，那么 $expand 也是可以使用的。系统会自动调用 Get_Entityset/GET_ENTITY 方法来实现。但是，嵌套的情况下要考虑性能和调用 RFC 的数量。

7）格式化。

$format 定义了 OData 调用及返回的响应格式，有 XML 和 JSON 格式可供选择，默认格式是 XML。在不指定格式的情况下，系统会自动添加 $format = xml。

XML 格式显示结果如图 8-8 所示。

JSON 格式显示结果如图 8-9 所示。

不论是请求还是响应，JSON 格式要比 XML 格式更加简洁。因此，使用 JSON 格式将变得更有意义。

```xml
<?xml version="1.0"?>
<feed xml:base="http://IDES-CI.S4HANA.CNPC:8080/sap/opu/odata/sap/ZSTUDENT_PRO_SRV_01/" xmlns:d="http://schemas.microsoft.com/ado/2007/08/dataservices"
xmlns:m="http://schemas.microsoft.com/ado/2007/08/dataservices/metadata" xmlns="http://www.w3.org/2005/Atom">
    <id>http://                    /sap/opu/odata/sap/ZSTUDENT_PRO_SRV_01/STUDENTSet</id>
    <title type="text">STUDENTSet</title>
    <updated>2020-10-23T06:09:38Z</updated>
    <author>
        <name/>
    </author>
    <link title="STUDENTSet" rel="self" href="STUDENTSet"/>
    <entry>
        <id>http://                    /sap/opu/odata/sap/ZSTUDENT_PRO_SRV_01/STUDENTSet('200101')</id>
        <title type="text">STUDENTSet('200101')</title>
        <updated>2020-10-23T06:09:38Z</updated>
        <category scheme="http://schemas.microsoft.com/ado/2007/08/dataservices/scheme" term="ZSTUDENT_PRO_SRV_01.STUDENT"/>
        <link title="STUDENT" rel="self" href="STUDENTSet('200101')"/>
        <content type="application/xml">
            <m:properties xmlns:d="http://schemas.microsoft.com/ado/2007/08/dataservices" xmlns:m="http://schemas.microsoft.com/ado/2007/08/dataservices/metadata">
                <d:Xuehao>200101</d:Xuehao>
                <d:Name>张三</d:Name>
                <d:Class>一年级一班</d:Class>
            </m:properties>
        </content>
    </entry>
    <entry>
        <id>http://                    /sap/opu/odata/sap/ZSTUDENT_PRO_SRV_01/STUDENTSet('200102')</id>
        <title type="text">STUDENTSet('200102')</title>
        <updated>2020-10-23T06:09:38Z</updated>
        <category scheme="http://schemas.microsoft.com/ado/2007/08/dataservices/scheme" term="ZSTUDENT_PRO_SRV_01.STUDENT"/>
        <link title="STUDENT" rel="self" href="STUDENTSet('200102')"/>
        <content type="application/xml">
            <m:properties xmlns:d="http://schemas.microsoft.com/ado/2007/08/dataservices" xmlns:m="http://schemas.microsoft.com/ado/2007/08/dataservices/metadata">
                <d:Xuehao>200102</d:Xuehao>
                <d:Name>李四</d:Name>
                <d:Class>一年级二班</d:Class>
            </m:properties>
        </content>
    </entry>
    <entry>
        <id>http://                    /sap/opu/odata/sap/ZSTUDENT_PRO_SRV_01/STUDENTSet('200103')</id>
        <title type="text">STUDENTSet('200103')</title>
        <updated>2020-10-23T06:09:38Z</updated>
        <category scheme="http://schemas.microsoft.com/ado/2007/08/dataservices/scheme" term="ZSTUDENT_PRO_SRV_01.STUDENT"/>
        <link title="STUDENT" rel="self" href="STUDENTSet('200103')"/>
        <content type="application/xml">
            <m:properties xmlns:d="http://schemas.microsoft.com/ado/2007/08/dataservices" xmlns:m="http://schemas.microsoft.com/ado/2007/08/dataservices/metadata">
                <d:Xuehao>200103</d:Xuehao>
                <d:Name>小明</d:Name>
                <d:Class>一年级三班</d:Class>
            </m:properties>
        </content>
    </entry>
</feed>
```

图 8-8　XML 格式显示结果

```json
{
    "d" : {
        "results" : [
            {
                "__metadata" : {
                    "id" : "http://                    /sap/opu/odata/sap/ZSTUDENT_PRO_SRV_01/STUDENTSet('200101')",
                    "uri" : "http://                    /sap/opu/odata/sap/ZSTUDENT_PRO_SRV_01/STUDENTSet('200101')",
                    "type" : "ZSTUDENT_PRO_SRV_01.STUDENT"
                },
                "Xuehao" : "200101",
                "Name" : "张三",
                "Class" : "一年级一班"
            },
            {
                "__metadata" : {
                    "id" : "http://                    /sap/opu/odata/sap/ZSTUDENT_PRO_SRV_01/STUDENTSet('200102')",
                    "uri" : "http://                    /sap/opu/odata/sap/ZSTUDENT_PRO_SRV_01/STUDENTSet('200102')",
                    "type" : "ZSTUDENT_PRO_SRV_01.STUDENT"
                },
                "Xuehao" : "200102",
                "Name" : "李四",
                "Class" : "一年级二班"
            },
            {
                "__metadata" : {
                    "id" : "http://                    /sap/opu/odata/sap/ZSTUDENT_PRO_SRV_01/STUDENTSet('200103')",
                    "uri" : "http://                    /sap/opu/odata/sap/ZSTUDENT_PRO_SRV_01/STUDENTSet('200103')",
                    "type" : "ZSTUDENT_PRO_SRV_01.STUDENT"
                },
                "Xuehao" : "200103",
                "Name" : "小明",
                "Class" : "一年级三班"
            }
        ]
    }
}
```

图 8-9　JSON 格式显示结果

8.2 OData Service

通过 DDIC import 方式,创建一个基于 Netweaver Gateway 的 OData Service,学习 OData Service 的创建、实现与注册、使用。

下面通过实现一个简单的实例,详细介绍 OData Service。实例场景设置如下:

为了方便学校管理学生,实现一个学生管理功能,通过该功能,能够完成新增学生的录入、在校学生的信息更改及记录删除、学生信息的查询等操作。

8.2.1 创建 OData Service

创建 OData Service 的具体步骤如下:

1. 创建数据库表

(1)登录 SAP 后台系统,执行事务代码 SE11。

(2)选择创建类型(这里是数据库表),输入数据库表名 YSTUDENT,记录学生信息,点击 + 按钮。

(3)输入相关字段名及字段属性,该表字段有 MANDT、XUHAO、NAME 和 CLASS,分别是社团号、学生学号、学生姓名和所在班级。其中,XUHAO 为关键字。

学生信息表如图 8-10 所示。

图 8-10 学生信息表

2. 创建项目

该项目名称为 YSTUDENT_PRO,中文名是学生信息。

(1)执行事务代码 SEGW。

(2)点击 Create Project 菜单,输入 Project、Description 等项目信息,点击 Continue。

项目信息如图 8-11 所示。

(3)项目创建成功后,产生该项目的工程目录结构。点击 Local Object,保存为本地对象。

图 8-11 项目信息

项目的工程目录结构如图 8-12 所示。

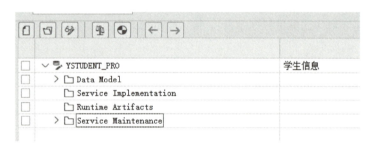

图 8-12 项目的工程目录结构

在 Project 结构中，共有 Data Model、Service Implementation、Runtime Artifacts 和 Service Maintenance 四个目录，稍后将详细介绍。

3. 为项目导入数据库表

在 Data Model 中导入数据库表，基本步骤如下：

（1）选择导入的类型，导航到 Data Model→Import→DDIC Structure。

（2）填写 ENTITY TYPE 的名称，选择需要导入的数据库表，如图 8-13 所示。

（3）从表结构中，选择要加入到 OData Service 的字段，如图 8-14 所示。然后点击 Next。

（4）设置数据库表及字段的属性，如为 Entity 至少指定一个关键字段，勾选 xuehao 作为关键字段，点击 Finish，导入完成。

（5）导入完成之后，点击 Generate，生成 MPC 和 DPC。

4. 激活 OData Service

点击 Generate Runtime Objects，激活刚才创建的 OData Service，如图 8-15 所示。

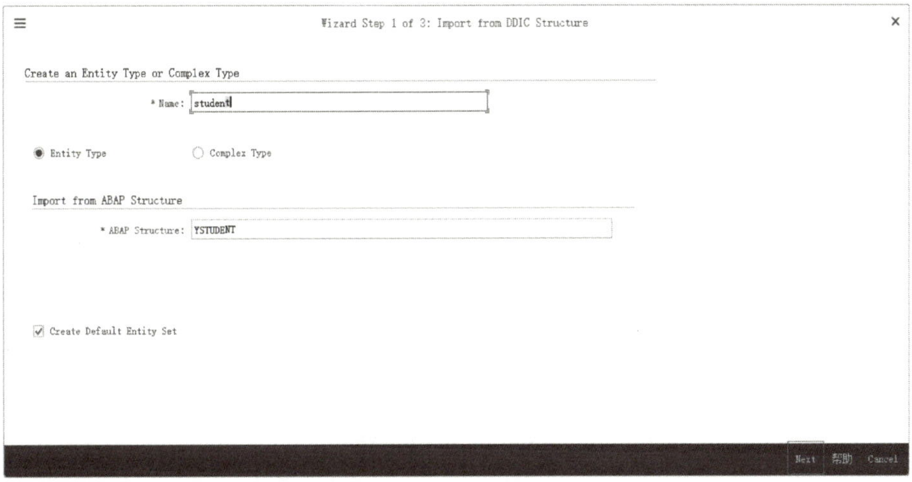

图 8-13　选择导入的数据库表

图 8-14　选择所需字段

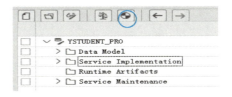

图 8-15　激活 OData Service

到这里，OData Service 已经创建完成。

8.2.2　服务实现与注册

针对创建好的 OData Service，通常需要有 CRUD 的具体实现，也就是服务实现。重新定义服务实现后，还需要进行服务注册。只有在 SAP Gateway 上注册服务后，才能向外部系统暴露 OData Servcie。

1. 服务实现

服务实现的具体步骤如下：

（1）打开 OData Project

启动事务代码 SEGW，打开 YSTUDENT_PRO，展开 Runtime Artifacts 文件夹。
Runtime Artifacts 文件夹如图 8-16 所示。

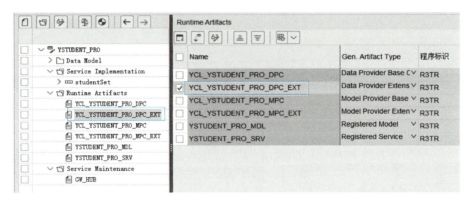

图 8-16　Runtime Artifacts 文件夹展示

双击 YCL_YSTUDENT_PRO_DPC_EXT 类，查看类中的方法，如图 8-17 所示。

（2）重新定义类中的方法

以 YCL_YSTUDENT_PRO_DPC_EXT 类为例，对所含方法 STUDENTSET_CREATE_ENTITY、STUDENTSET_DELETE_ENTITY、STUDENTSET_GET_ENTITY、STUDENTSET_GET_ENTITYSET、STUDENTSET_UPDATE_ENTITY 重新定义。

1）CREATE 方法重定义：选中 STUDENTSET_CREATE_ENTITY，单击鼠标右键，选择 Redefine，如图 8-18 所示。

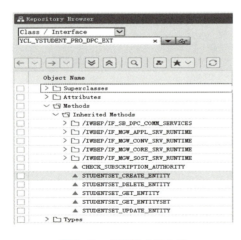

图 8-17　查看类中的方法

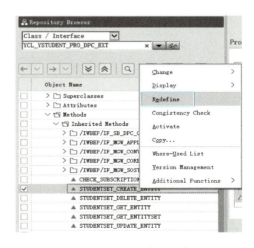

图 8-18　CREATE 方法重定义

重定义 CREATE 方法的代码如图 8-19 所示。

```
Method: STUDENTSET_CREATE_ENTITY
 1   method STUDENTSET_CREATE_ENTITY.
 2  **TRY.
 3  *CALL METHOD SUPER->STUDENTSET_CREATE_ENTITY
 4  *   EXPORTING
 5  *     IV_ENTITY_NAME           =
 6  *     IV_ENTITY_SET_NAME       =
 7  *     IV_SOURCE_NAME           =
 8  *     IT_KEY_TAB               =
 9  **    IO_TECH_REQUEST_CONTEXT  =
10  *     IT_NAVIGATION_PATH       =
11  **    IO_DATA_PROVIDER         =
12  **  IMPORTING
13  **    ER_ENTITY                =
14  *   .
15  ** CATCH /IWBEP/CX_MGW_BUSI_EXCEPTION .
16  ** CATCH /IWBEP/CX_MGW_TECH_EXCEPTION .
17  **ENDTRY.
18    DATA:LW_TABLE TYPE YSTUDENT.
19    IO_DATA_PROVIDER->READ_ENTRY_DATA( IMPORTING ES_DATA = ER_ENTITY ).
20    MOVE-CORRESPONDING ER_ENTITY TO LW_TABLE.
21    MODIFY YSTUDENT FROM LW_TABLE.
22    endmethod.
```

图 8-19　重定义 CREATE 方法的代码

2）DELETE 方法重定义：操作和 CREATE 一样，选中 STUDENTSET_DELETE_ENTITY，单击鼠标右键，选择 Redefine。

重定义 DELETE 方法的代码如图 8-20 所示。

```
Method: STUDENTSET_DELETE_ENTITY
 1   method STUDENTSET_DELETE_ENTITY.
 2  **TRY.
 3  *CALL METHOD SUPER->STUDENTSET_DELETE_ENTITY
 4  *   EXPORTING
 5  *     IV_ENTITY_NAME           =
 6  *     IV_ENTITY_SET_NAME       =
 7  *     IV_SOURCE_NAME           =
 8  *     IT_KEY_TAB               =
 9  **    IO_TECH_REQUEST_CONTEXT  =
10  *     IT_NAVIGATION_PATH       =
11  *   .
12  ** CATCH /IWBEP/CX_MGW_BUSI_EXCEPTION .
13  ** CATCH /IWBEP/CX_MGW_TECH_EXCEPTION .
14  **ENDTRY.
15    DATA: LC_USERID TYPE YSTUDENT-XUHAO,
16          LW_KEY_TAB TYPE /IWBEP/S_MGW_NAME_VALUE_PAIR.
17
18    LOOP AT IT_KEY_TAB INTO LW_KEY_TAB.
19      IF LW_KEY_TAB-NAME EQ 'Xuhao'.
20        LC_USERID = LW_KEY_TAB-VALUE.
21        DELETE FROM YSTUDENT WHERE XUHAO = LC_USERID.
22      ENDIF.
23    ENDLOOP.
24    endmethod.
```

图 8-20　重定义 DELETE 方法的代码

3）GET ENTITY 方法（单条记录的读取操作）重定义：选中 STUDENTSET_GET_ENTITY，单击鼠标右键，选择 Redefine。

重定义 GET ENTITY 方法的代码如图 8-21 所示。

4）GET ENTITYSET 方法（读取全部记录）重定义：选中 STUDENTSET_GET_ENTITYSET，单击鼠标右键，选择 Redefine。

```
Method: STUDENTSET_GET_ENTITY
 1  □ method STUDENTSET_GET_ENTITY.
 2  *  *TRY.
 3  *CALL METHOD SUPER->STUDENTSET_GET_ENTITY
 4  *   EXPORTING
 5  *      IV_ENTITY_NAME           =
 6  *      IV_ENTITY_SET_NAME       =
 7  *      IV_SOURCE_NAME           =
 8  *      IT_KEY_TAB               =
 9  **     IO_REQUEST_OBJECT        =
10  **     IO_TECH_REQUEST_CONTEXT  =
11  *      IT_NAVIGATION_PATH       =
12  **   IMPORTING
13  **     ER_ENTITY                =
14  **     ES_RESPONSE_CONTEXT      =
15  *
16  ** CATCH /IWBEP/CX_MGW_BUSI_EXCEPTION .
17  ** CATCH /IWBEP/CX_MGW_TECH_EXCEPTION .
18  **ENDTRY.
19   DATA:LW_KEY_TAB LIKE LINE OF IT_KEY_TAB,
20        LC_XUHAO   TYPE YSTUDENT-XUHAO.
21   READ TABLE IT_KEY_TAB WITH KEY NAME = 'Xuhao' INTO LW_KEY_TAB.
22   LC_XUHAO = LW_KEY_TAB-VALUE.
23   SELECT SINGLE * FROM YSTUDENT INTO ER_ENTITY WHERE XUHAO = LC_XUHAO.
24    endmethod.
```

图 8-21　重定义 GET ENTITY 方法的代码

重定义 GET ENTITYSET 方法的代码如图 8-22 所示。

```
Method: STUDENTSET_GET_ENTITYSET
 1  □ method STUDENTSET_GET_ENTITYSET.
 2  **TRY.
 3  *CALL METHOD SUPER->STUDENTSET_GET_ENTITYSET
 4  *   EXPORTING
 5  *      IV_ENTITY_NAME           =
 6  *      IV_ENTITY_SET_NAME       =
 7  *      IV_SOURCE_NAME           =
 8  *      IT_FILTER_SELECT_OPTIONS =
 9  *      IS_PAGING                =
10  *      IT_KEY_TAB               =
11  *      IT_NAVIGATION_PATH       =
12  *      IT_ORDER                 =
13  *      IV_FILTER_STRING         =
14  *      IV_SEARCH_STRING         =
15  **     IO_TECH_REQUEST_CONTEXT  =
16  **   IMPORTING
17  **     ET_ENTITYSET             =
18  **     ES_RESPONSE_CONTEXT      =
19  *
20  ** CATCH /IWBEP/CX_MGW_BUSI_EXCEPTION .
21  ** CATCH /IWBEP/CX_MGW_TECH_EXCEPTION .
22  **ENDTRY.
23   SELECT * FROM YSTUDENT INTO CORRESPONDING FIELDS OF TABLE ET_ENTITYSET.
24    endmethod.
```

图 8-22　重定义 GET ENTITYSET 方法的代码

5）UPDATE 方法（更新一条记录）重定义：选中 STUDENTSET_UPDATE_ENTITY，单击鼠标右键，选择 Redefine。

重定义 UPDATE 方法的代码如图 8-23 所示。

服务实现后，还需要进行服务注册。

2. 服务注册

服务注册的主要步骤如下：

（1）打开已经创建的服务

使用事务代码 SEGW 打开 YSTUDENT_PRO 后，展开 Service Maintenance 文件夹，双击某个服

务，点击右侧的 Register，注册 OData Service。

注册服务如图 8-24 所示。

```
Method: STUDENTSET_UPDATE_ENTITY

  method STUDENTSET_UPDATE_ENTITY.
**TRY.
*CALL METHOD SUPER->STUDENTSET_UPDATE_ENTITY
*  EXPORTING
*    IV_ENTITY_NAME          =
*    IV_ENTITY_SET_NAME      =
*    IV_SOURCE_NAME          =
*    IT_KEY_TAB              =
**    IO_TECH_REQUEST_CONTEXT =
*    IT_NAVIGATION_PATH      =
**    IO_DATA_PROVIDER        =
**  IMPORTING
**    ER_ENTITY               =
*    .
** CATCH /IWBEP/CX_MGW_BUSI_EXCEPTION .
** CATCH /IWBEP/CX_MGW_TECH_EXCEPTION .
**ENDTRY.
 DATA: LW_TABLE TYPE YSTUDENT.
 IO_DATA_PROVIDER->READ_ENTRY_DATA( IMPORTING ES_DATA = ER_ENTITY ).
 MOVE-CORRESPONDING ER_ENTITY TO LW_TABLE.
 MODIFY YSTUDENT FROM LW_TABLE.
  endmethod.
```

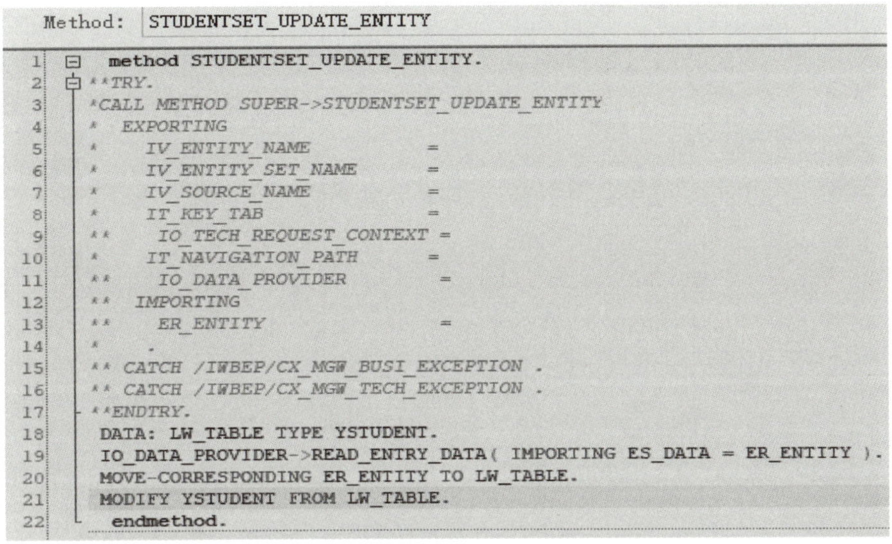

图 8-23　重定义 UPDATE 方法的代码

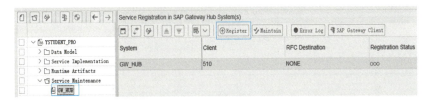

图 8-24　注册服务

(2) 定义系统别名

输入系统别名后，点击 Continue。

定义系统别名如图 8-25 所示。

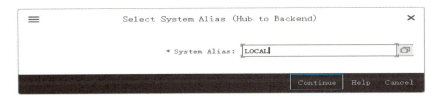

图 8-25　定义系统别名

(3) 添加服务

输入相关项内容后，点击 Continue，至此，服务注册完成，如图 8-26 所示。

服务注册也可以通过/N/IWFND/MAINT_SERVICE 中的 Add Service 来实现，读者可自行尝试该方法。

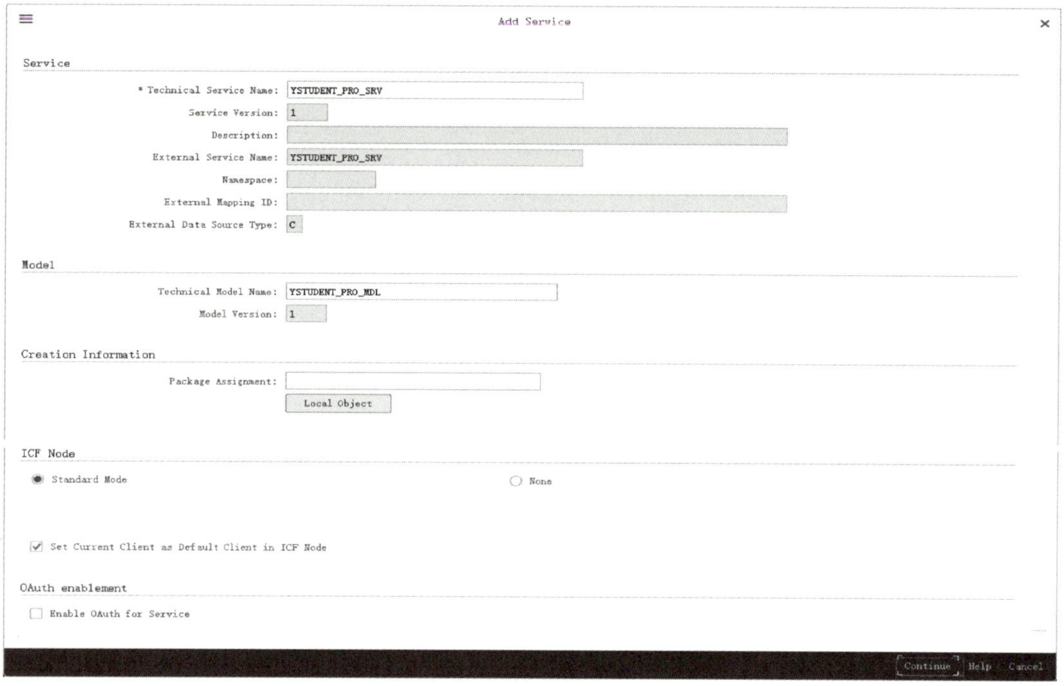

图 8-26　添加服务

8.2.3　使用 OData Service

服务注册完成后，接下来就是使用已经暴露的 OData Service 接口。

使用 OData Service 的主要步骤如下：

（1）找到创建的 Service

使用事务代码 SEGW，打开 YSTUDENT_PRO 后，展开 Service Maintenance 文件夹，定位 OData Service 后，点击 Maintain。

定位 OData Service 如图 8-27 所示。

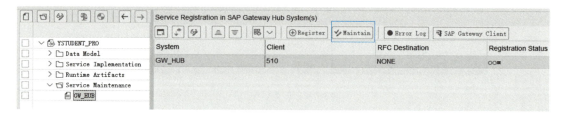

图 8-27　定位 OData Service

（2）选择使用方法

提供了 Call Browser 和 SAP Gateway Client 两种使用方法，在这里，选择第二种方法打开。

也可以通过/N/IWFND/MAINT_SERVICE 直接打开该界面。

选择使用方法如图 8-28 所示。

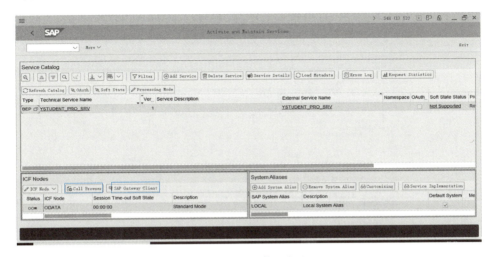

图 8-28　选择使用方法

以查询多条数据为示例,下面详细介绍如何使用 OData Service。

(1)定位服务与方法,如图 8-29 所示。

图 8-29　定位服务与方法

(2)选择操作实体,如图 8-30 所示。

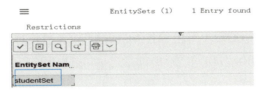

图 8-30　选择操作实体

(3)获取实体全部数据的 URI,如图 8-31 所示。

图 8-31　获取实体全部数据的 URI

（4）获取多条数据集，如图 8-32 所示。

```xml
<?xml version="1.0"?>
<feed xml:base="http://vhcals4hci.dummy.nodomain:50000/sap/opu/odata/sap/YSTUDENT_PRO_SRV/"
  xmlns:d="http://schemas.microsoft.com/ado/2007/08/dataservices"
  xmlns:m="http://schemas.microsoft.com/ado/2007/08/dataservices/metadata" xmlns="http://www.w3.org/2005/Atom">
    <id>http://vhcals4hci.dummy.nodomain:50000/sap/opu/odata/sap/YSTUDENT_PRO_SRV/studentSet</id>
    <title type="text">studentSet</title>
    <updated>2019-06-10T07:51:24Z</updated>
    <author>
        <name/>
    </author>
    <link title="studentSet" rel="self" href="studentSet"/>
    - <entry>
        <id>http://vhcals4hci.dummy.nodomain:50000/sap/opu/odata/sap/YSTUDENT_PRO_SRV/studentSet('019001')</id>
        <title type="text">studentSet('019001')</title>
        <updated>2019-06-10T07:51:24Z</updated>
        <category scheme="http://schemas.microsoft.com/ado/2007/08/dataservices/scheme" term="YSTUDENT_PRO_SRV.student"/>
        <link title="student" rel="self" href="studentSet('019001')"/>
        - <content type="application/xml">
            - <m:properties xmlns:d="http://schemas.microsoft.com/ado/2007/08/dataservices"
              xmlns:m="http://schemas.microsoft.com/ado/2007/08/dataservices/metadata">
                <d:Xuhao>019001</d:Xuhao>
                <d:Name>张三</d:Name>
                <d:Class>一年级一班</d:Class>
            </m:properties>
        </content>
    </entry>
    - <entry>
        <id>http://vhcals4hci.dummy.nodomain:50000/sap/opu/odata/sap/YSTUDENT_PRO_SRV/studentSet('019060')</id>
        <title type="text">studentSet('019060')</title>
        <updated>2019-06-10T07:51:24Z</updated>
        <category scheme="http://schemas.microsoft.com/ado/2007/08/dataservices/scheme" term="YSTUDENT_PRO_SRV.student"/>
        <link title="student" rel="self" href="studentSet('019060')"/>
        - <content type="application/xml">
            - <m:properties xmlns:d="http://schemas.microsoft.com/ado/2007/08/dataservices"
              xmlns:m="http://schemas.microsoft.com/ado/2007/08/dataservices/metadata">
                <d:Xuhao>019060</d:Xuhao>
                <d:Name>李四</d:Name>
                <d:Class>一年级二班</d:Class>
            </m:properties>
        </content>
    </entry>
    - <entry>
        <id>http://vhcals4hci.dummy.nodomain:50000/sap/opu/odata/sap/YSTUDENT_PRO_SRV/studentSet('019100')</id>
        <title type="text">studentSet('019100')</title>
        <updated>2019-06-10T07:51:24Z</updated>
        <category scheme="http://schemas.microsoft.com/ado/2007/08/dataservices/scheme" term="YSTUDENT_PRO_SRV.student"/>
        <link title="student" rel="self" href="studentSet('019100')"/>
        - <content type="application/xml">
            - <m:properties xmlns:d="http://schemas.microsoft.com/ado/2007/08/dataservices"
              xmlns:m="http://schemas.microsoft.com/ado/2007/08/dataservices/metadata">
                <d:Xuhao>019100</d:Xuhao>
                <d:Name>王五</d:Name>
                <d:Class>一年级三班</d:Class>
            </m:properties>
        </content>
    </entry>
</feed>
```

图 8-32　获取多条数据集

以上是调用 OData Service 接口后，获取多条数据集的显示结果。有兴趣的读者，可以练习其他方法，例如查询单条数据，以熟悉 OData Service 的使用。

上面通过示例介绍了 OData Service 的创建、实现与注册、使用，涉及以下事务：

（1）通过 SEGW 完成 OData 的创建。

（2）通过/IWFND/MAINT_SERVICE 在 Gateway 上注册，激活 OData service。

（3）通过/IWFND/GW_CLIENT 可在 SAP Gateway Client 上直接对 OData 测试。

（4）通过/IWFND/ERROR_LOG 查看 OData 服务使用过程中的错误信息。

8.3　Gateway 服务构造器

SAP Gateway 是 SAP Fiori 系统架构中的核心模块组件，用于 OData 服务的注册，并暴露数据访问接口，供 Web 程序使用。在使用 SAP Gateway 前，必须对其进行安装、配置和激活，有关内容在第 3 章中已经学习。在本节内容中，只介绍与 OData Service 有关的 SAP Gateway 服务构造器。

SAP Gateway 服务构造器是 SAP Gateway 模块组件的重要组成部分，包含在 OData Service 整个生命周期中，用到了全部模型和开发所需要的相关功能。

使用事务代码 SEGW，打开 SAP Gateway 服务构造器，找到上节内容中已经创建的 OData Service 服务 YSTUDENT_PRO。

服务构造器结构如图 8-33 所示。

服务构造器的结构分为 Data Model、Service Implementation、Runtime Artifacts 和 Service Maintenance 四个部分。

（1）Data Model

主要包含 Entity Types、Associations 和 Entity Sets 三个子目录。

1）Entity Types。

每个 Entity Type 都可以绑定一个 ABAP 数据库表结构，如示例中定义的 Entity Type：student。在 student/Properties 目录下，展示了所包含的元素（字段），双击某个元素，可以查看该元素属性。

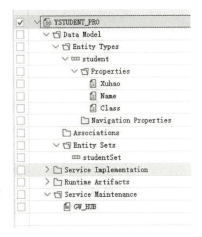

图 8-33　服务构造器结构

实体类型属性展示如图 8-34 所示。

图 8-34　实体类型属性展示

每个实体都有一个或者多个 Navigation 属性，它代表了两个实体之间的相互关联。例如，增加一个新实体 term，记录学校社团的信息。那么在实体 student 的 Navigation 下，就可以有一个属性 stuterm，这个属性就表示了实体 student 和 term 之间的关系。

2）Associations。

两个或者更多实体之间的关联关系，可以认为是对 Navigation 属性的详细说明，包括相互关联的实体名称是什么、对应关系如何。例如，例子中 Navigation 属性 stuterm，就能体现出两个关联的实体名称是 student 和 term，对应关系为一对多，即一个学生可以参加多个学校社团。

3）Entity Sets。

Entity Sets 是一个 Project 中所有实体的集合，这里的每一个实体都是实体类型的一个实例。

实体集合展示如图 8-35 所示。

图 8-35　实体集合展示

（2）Service Implementation

对于每一个单独的实体来说，都有一套自己的 CRUD 实现，包括 Create、Delete、GetEntity、GetEntitySet、Update 的操作。

CRUD 的实现如图 8-36 所示。

（3）Runtime Artifacts

当向 SAP Gateway 注册 OData 服务的时候，SAP Gateway 框架会基于 OData 模型自动生成四个 ABAP 类和两个模型。

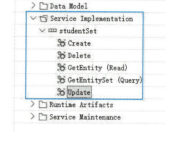

图 8-36　CRUD 的实现

1）生成的四个 ABAP 类如下：

① Data Provider Base Class（suffix_DPC）。

属于 ABAP 类，包含了 OData 服务的实现，实际上也就是基于 OData 模型的 CRUD 操作（create、read、update、delete）、搜索操作和 function import 的实现。

② Data Provider Extension Class（suffix_DPC_EXT）。

属于 DPC 的扩展类，可以通过重定义方法定义自己的逻辑实现。

③ Model Provider Base Class（suffix_MPC）。

属于 ABAP 的基类，一般情况下，开发人员不需要干预这个类。如果有需求要修改 OData 模型，那么点击 Generate 后，MPC 的代码会重新生成。

④ Model Provider Extension Class（suffix_MPC_EXT）。

属于 Model Provider Base Class 的子类，开发人员可以对这个类进行调整。例如，要在模型上添加一些额外信息，就要在 MPC_EXT 里通过 ABAP 代码实现。与其父类不同，当运行 Generate 时，里面的代码不会被覆盖。

2）两个模型如下：

① Registered Model（suffix_MDL）。

Registered Model 是 OData 服务模型的技术名称。

② Registered Service（suffix_SRV）。

Registered Service 是 OData 服务的技术名称。

（4）Service maintenance

Service maintenance 主要用于注册服务和使用服务。

8.4　结束语

SAP Fiori 应用程序前后端的数据访问，是通过暴露在 SAP Gateway 上的 OData 接口实现的。因此，OData 和 Gateway 是 SAP Fiori 的数据访问技术。在本章中重点学习 SAP Gateway 组件与 OData Service 相关的服务构造器这部分内容。有关 Gateway 部署、Gateway 配置的内容，已在第 3 章进行了介绍。有兴趣的读者，可以将 SAP Gateway 相关内容整理成章，以加深对 SAP Gateway 组件的掌握。

第 9 章

SAPUI5 前端技术

内容关键词

  MVC 模式、国际化、组件、描述符、页面、面板、容器、边距、填充、CSS

  嵌套、片段、复用、聚合绑定、表达式绑定、自定义格式

  查询、筛选、排序、分组、远程调用

本章概要

- 基础知识
- 布局和样式
- 嵌套和复用
- 数据展示
- 数据操作

SAPUI5 是 SAP UI Development Toolkit for HTML5 的简称，是 SAP 公司为了提升用户体验而开发的基于 HTML5 的工具包。SAP Fiori 应用的前端就是在 HTML5、jQuery、Bootstrap 的基础上封装的一个基于 SAPUI5 的开发框架。后来 SAP 对 UI5 也开源了，就是 OPENUI5，相当于简化版的 SAPUI5，但是重要功能都有。

为了提升用户体验，SAP 开发了框架 SAPUI5，用来实现 SAP Fiori 用户交互系统。它提供了强大的开发能力来创建具有消费者级、基于浏览器的业务应用程序。简而言之，SAPUI5 是一种前端 UI 技术，不仅能很容易地重塑应用程序的组成和设计，而且还为前后端分离开发和维护提供了模式支持。

本书将 SAPUI5 的知识分为"SAPUI5 前端技术"和"SAPUI5 技术提升"两个部分，下面先学习"SAPUI5 前端技术"的内容。

9.1 基础知识

SAPUI5 基础知识包括基本概念、MVC 模式、国际化文本、组件和描述符文件，是学习 SAP Fiori 前端技术的基础。

9.1.1 基本概念

本节将介绍加载引导（Bootstrap）和控制（Control）。

1. 加载引导

在使用 SAPUI5 开发应用之前，需要加载并初始化它。加载和初始化 SAPUI5 的过程称为引导。SAPUI5 是一个 JavaScript 库，可以从与应用程序驻留的同一 Web 服务器上加载，也可以从其他服务器上加载。

(1) webapp/index.html 的代码如下：

```
<!DOCTYPE html>
<html>
<head>
    <meta charset="utf-8">
    <title>SAP Fiori 开发实战</title>
    <script
        id="sap-ui-bootstrap"
        src="https://openui5.hana.ondemand.com/resources/sap-ui-core.js"
```

```
                data-sap-ui-theme = "sap_belize"
                data-sap-ui-libs = "sap.m"
                data-sap-ui-compatVersion = "edge"
                data-sap-ui-async = "true"
                data-sap-ui-resourceroots = '{
                        "FioriBaodianDemo": "./"
                }'
                data-sap-ui-oninit = "module:FioriBaodianDemo/index" >
    </script >
</head >
<body >
<div >我的测试</div >
</body >
</html >
```

代码解析：

这里是从本地 Web 服务器加载 SAPUI5 框架，并使用以下属性配置选项初始化核心模块。

src 属性告诉浏览器在哪里可以找到 SAPUI5 核心库，其作用是初始化 SAPUI5 运行时所加载的相关资源。

data-sap-ui-theme 属性指定 SAPUI5 的默认主题。

data-sap-ui-libs 属性指定所需的 UI 库和 UI 控件。

data-sap-ui-compatVersion 属性指定兼容性版本。

data-sap-ui-async 属性指定是否为异步运行。

data-sap-ui-resourceroots 属性指定资源路径。

data-sap-ui-oninit 属性以声明性的方式定义最初要加载的模块。

（2） webapp/index. js 的代码如下：

```
sap.ui.define([
], function () {
    alert("Fiori UI5 已准备好");
});
```

代码解析：

创建一个新的 index. js，以声明的方式将其定义为模块。

代码运行：

运行结果如图 9-1 所示。

2. 控制

控件用于定义屏幕各部分的外观和行为。现使用 sap. m. text 控件替换 HTML 主体中"我的测试"文本的显示，使用 JavaScript 对象设置 UI 界面，将控件实例放入到 HTML 主体中。

图 9-1 运行结果

(1) webapp/index.html 的代码如下：

```
…
<body class = "sapUiBody" id = "content" >
</body>
…
```

代码解析：

class = "sapUiBody"定义样式，id = "content"指定主题对象，以显示 SAPUI5 应用程序。

(2) webapp/index.js 的代码如下：

```
sap.ui.define([
    "sap/m/Text"
], function (Text) {
    new Text({text: "我的测试"}).placeAt("content");
});
```

代码解析：

"sap/m/Text"表示 Text 模块，并使用 JavaScript 对象将选项传递给构造函数。在构造函数中构建一个 Text 控件实例，通过 text: "我的测试"设置 Text 控件属性值。

将构造函数的调用链接到标准方法 placeAt（ID），并将 ID 作为参数，在 webapp/index.html 中，通过 body 标记中为其提供 ID 内容。

代码运行：

运行结果如图 9-2 所示。

图 9-2 运行结果

9.1.2 MVC 模式

本节将介绍 View、Controller、Modules 和 JSON Model 模型。在 SAPUI5 中，通常由 Modules 和 JSON Model 构成 MVC 中的 M。

1. 视图（View）

SAPUI5 支持多种视图类型如 XML、HTML、JavaScript，选择 XML 是因为它产生可读性好的代码，并且将视图声明与控制器逻辑分开。

（1）webapp/view/App.view.xml 的代码如下：

```
<mvc:View
    xmlns = "sap.m"
    xmlns:mvc = "sap.ui.core.mvc" >
    <Text text = "我的测试"/ >
</mvc:View >
```

代码解析：

工程目录结构中，文件夹 view 用来放置 .xml 视图文件。xmlns = "sap.m" 为大多数 UI 资源所在的默认命名空间，xmlns：mvc = "sap.ui.core.mvc" 是使用别名定义的视图和其他 MVC 的资源所在的命名空间。命名空间标识项目的所有资源，并且必须是唯一的。

<Text text = "我的测试"/ > 添加 text 控件的声明性定义，XML 标签映射到控件，属性映射到控件的属性。

（2）webapp/index.js 的代码如下：

```
sap.ui.define([
    "sap/ui/core/mvc/XMLView"
], function (XMLView) {
    XMLView.create({ viewName: "FioriBaodianDemo.view.App"}).then(function-
tion (oView) { oView.placeAt("content");});
});
```

代码解析：

用 XMLView.create…创建视图替换 sap.m.Text 模块的实例化，该功能可确保正确配置该视图并可由客户扩展。viewName："FioriBaodianDemo.view.App" 为该视图名称，以便唯一标识此资源。

读者可以在浏览器上执行代码，查看运行效果。

2. 控制器（Controller）

现在用一个按钮替换文本，并在按下按钮时显示"我的测试"。按下按钮事件的处理在视图的控制器中实现。

（1）webapp/view/App.view.xml 的代码如下：

```
<mvc:View
    controllerName = "FioriBaodianDemo.controller.App"
    xmlns = "sap.m"
    xmlns:mvc = "sap.ui.core.mvc" >
```

```
    <Button text="测试" press=".onShowTest"/>
</mvc:View>
```

代码解析：

在原有 App.view.xml 文件的声明中，添加了 controllerName 并构建了 Button 按钮。controllerName 添加对控制器的引用，通过设置视图的 controllerName 属性连接到视图。

Button 控件构建一个 Button 按钮，并设置按钮的 text 属性值和 press 的事件。用 text 属性值替换 Text 控件显示的文本内容，当按下按钮时，会触发 onShowTest 事件处理程序功能。

工程目录结构中，文件夹 controller 用来放置应用程序的 controller.js 控制文件。

（2）webapp/controller/App.controller.js 的代码如下：

```
sap.ui.define([
    "sap/ui/core/mvc/Controller"
], function (Controller) {
    return Controller.extend("FioriBaodianDemo.controller.App", {
        onShowTest: function () { alert("我的测试");} });
});
```

代码解析：

在 controller 文件夹下新建文件 App.controller.js，其中 return 代码段通过扩展 SAPUI5 内核的控制器对象，定义应用程序控制器。

onShowTest：定义了一个通过警告的方式来处理按钮的 press 事件的函数。

代码运行：

在浏览器上执行代码，点击测试按钮，运行结果如图 9-3 所示。

图 9-3　运行结果

3. Modules 模块

在 SAPUI5 中，资源也通常被称为模块。现用 sap.m 库中的 MessageToast 替换前面的警告来显示"我的测试"。

webapp/controller/App.controller.js 的代码如下：

```
sap.ui.define([
  "sap/ui/core/mvc/Controller",
  "sap/m/MessageToast"
```

```
], function (Controller, MessageToast) {
  return Controller.extend("FioriBaodianDemo.controller.App", {
    onShowTest: function () {MessageToast.show("我的测试");}});
});
```

代码解析:

在原有 App. controller. js 文件的声明中,添加所需模块 sap/m/MessageToast,形成了模块数组。

一旦 Controller 和 MessageToast 两个模块都被加载,调用回调函数 function(Controller,MessageToast)时,以参数的形式传递给函数来使用这两个对象。MessageToast 控件的 show 方法显示"我的测试"文本。

代码执行:

读者可以在浏览器上执行代码,查看运行效果。

4. JSON Model 模型

现在向应用程序添加一个输入字段,将其值绑定到模型,实现输入字段内容后显示该字段值的描述。

(1) webapp/controller/App. controller. js 的代码如下:

```
sap.ui.define([
    ...
    "sap/ui/model/json/JSONModel"
], function (Controller, MessageToast, JSONModel) {
    return Controller.extend("FioriBaodianDemo.controller.App", {
        onInit: function () {
                var oData = { recipient: { name: "测试"}};
                var oModel = new JSONModel(oData);
                this.getView().setModel(oModel);
        },
        ...
    });
});
```

代码解析:

在原有 App. controller. js 文件中,再添加一个新的 JSONModel 模块,并将 JSONModel 与原先模块一起作为回调函数的参数来使用这三个对象。

onInit:onInit 是 SAPUI5 的生命周期方法之一,在创建控制器时由框架调用。在 onInit 函数内部,实例化一个 JSON 模型 oModel,视图中的数据模型 oData 被定义为一个 recipient 对象,该对象包含一个 name 的属性和属性值。

this. getView( ). setModel (oModel):在视图上调用并传递新创建的模型 oModel。用 Message-

Toast 控件的 show 方法显示"我的测试"文本，但这里显示的是静态的"我的测试"文本。

（2）webapp/view/App.view.xml 的代码如下：

```xml
<mvc:View … >
   …
   <Input value = "{/recipient/name}"
             description = "我的 {/recipient/name}"
             valueLiveUpdate = "true" width = "60%" / >
</mvc:View >
```

代码解析：

在原有 App.view.xml 文件的声明中，添加了 Input 控件。针对 Input 控件，进行了如下几个属性的设置：

value：用来保存该控件的属性值。

description：用来保存对该控件的描述。

valueLiveUpdate：表示控件值允许修改。

width：用来设置控件的宽度。

代码执行：

读者可以在浏览器上执行代码，查看运行效果。

9.1.3 国际化文本

国际化文件，就是将用户界面的文本移到一个单独的资源文件中。优点是便于翻译成其他语言。该功能是借助 SAPUI5 中特殊的资源模型和标准的数据绑定语法来实现的。

（1）webapp/i18n/i18n.properties 的代码如下：

```
showButtonText = 测试
msg = 我的 {0}
```

代码解析：

i18n.properties 文件包含很多定义的元素，每个元素都要定义其属性名/值对。msg = 我的 {0}，表示可以向文本添加任意数量的参数，对应访问参数的顺序从 0 开始。

（2）webapp/controller/App.controller.js 的代码如下：

```js
sap.ui.define([
   …
   "sap/ui/model/resource/ResourceModel"
], function (Controller, MessageToast, JSONModel, ResourceModel) {
   return Controller.extend("FioriBaodianDemo.controller.App", {
```

```
            onInit: function () {
                ...
var i18nModel = new ResourceModel({bundleName: "FioriBaodianDemo.i18n.i18n"});
                this.getView().setModel(i18nModel, "i18n");
        },
            onShowTest: function () {
    var oBundle = this.getView().getModel("i18n").getResourceBundle();
var sRecipient = this.getView().getModel().getProperty("/recipient/name");
                var sMsg = oBundle.getText("msg", [sRecipient]);
                MessageToast.show(sMsg);
            }
    });
});
```

代码解析：

在原有 App.controller.js 文件中，添加一个新的 ResourceModel 模块，ResourceModel 与原有的三个模块，一起作为回调函数的参数来使用。

i18nModel 声明为在 onInit 函数内部，创建一个实例化资源模型。bundleName 指定 ResourceModel 的访问路径，它指向国际化所在 i18n 文件夹下的 i18n.properties 文件。

this.getView().setModel(i18nModel,"i18n")：为了能够在 XML 视图中使用这个模型，需要在视图上调用并传递新创建以 i18n 命名的资源模型。

onShowTest 函数中，定义了 oBundle 对象及 sRecipient 和 sMsg 两个变量。

oBundle 定义映射获取需要访问的资源包。

sRecipient 定义映射通过 getProperty 方法获取指定数据属性值。

sMsg 定义映射使用 getText 方法，访问 i18n 模型从国际化文件中获取文本。

（3）webapp/view/App.view.xml 的代码如下：

```
...
    <Button text = "{i18n>showButtonText}" press = ".onShowTest"/>
...
```

代码解析：

在原有 App.view.xml 文件的声明中，将 Button 控制的 text 属性值由静态的"测试"调整为 {i18n>showButtonText}，即使用数据绑定将按钮文本指向 i18n 模型中的 showButtonText 属性值。

读者可以在浏览器上执行代码，查看运行效果。

9.1.4 Component

组件是 SAPUI5 应用程序中可独立使用且可重用的部件。

在工程目录结构中的 webapp 文件夹中创建一个初始 Component.js 组件。

(1) webapp/Component.js 的代码如下：

```
sap.ui.define([
    "sap/ui/core/UIComponent"
], function (UIComponent) {
    return UIComponent.extend("", {
        init: function () {
            UIComponent.prototype.init.apply(this, arguments); }
    });
});
```

代码解析：

在 Component.js 文件的声明中，添加一个 UIComponent 模块，并将该模块作为回调函数的参数来使用这个对象。当实例化应用程序组件时，会自动调用组件的 init 函数。

UIComponent 组件会继承基类 sap.ui.core.UIComponent，并且必须在重写的 init 方法中，对基类的 init 函数进行超级调用。

(2) webapp/Component.js 修改后的代码如下：

```
sap.ui.define([
    "sap/ui/core/UIComponent",
    "sap/ui/model/json/JSONModel",
    "sap/ui/model/resource/ResourceModel"
], function (UIComponent, JSONModel, ResourceModel) {
    return UIComponent.extend("FioriBaodianDemo.Component", {
        metadata: {
            "rootView": {
                "viewName": "FioriBaodianDemo.view.App",
                "type": "XML",
                "async": true,
                "id": "app"
            }
        },
        init: function () {
            UIComponent.prototype.init.apply(this, arguments);
            var oData = { recipient: { name: "测试"}};
            var oModel = new JSONModel(oData);
            this.setModel(oModel);
var i18nModel = new ResourceModel({bundleName: "FioriBaodianDemo.i18n.i18n"});
```

```
                this.setModel(i18nModel, "i18n");
            }
        });
    });
```

代码解析:

在原有 Component.js 组件的声明中，另外添加了 JSONModel、ResourceMode 模块。相对于 9.1.3 节中的 App.controller.js 代码，新的 Component.js 组件在 Return UIComponent.extend（""，{…代码片段中，做了如下调整：

声明新 Component.js 组件的元数据 metadata，用来定义对 rootView 的引用。init 函数对 JSONModel 模型和 i18n 模型进行实例化。

将语句 this.getView（）.setModel（i18nModel,"i18n"）修改为 this.setModel（i18nModel,"i18n"），模型是直接在组件上，而不是在组件的根视图上进行设置。

去掉 onShowTest 函数，表示组件不会直接在 index.js 文件中显示根视图，而是在 App.controller.js 中管理应用视图的显示。

（3）webapp/controller/App.controller.js 的代码如下：

```
...
    onShowTest: function () {
        ...
    }
...
```

代码解析:

对 App.controller.js 文件代码进行修改，其他函数移除，只保留 onShowTest 函数，用来管理应用视图的显示。

（4）webapp/index.js 的代码如下：

```
sap.ui.define([
    "sap/ui/core/ComponentContainer"
], function (ComponentContainer) {
    new ComponentContainer({
            name: "FioriBaodianDemo",
            settings: {
                id: "demo"
            },
            async: true
    }).placeAt("content");
});
```

代码解析：

在 index.js 文件中，添加一个 ComponentContainer 模块，并将该模块作为回调函数的参数来使用这个对象。

new ComponentContainer 为组件配置实例化组件容器，通过 placeAt 方法，将"content"作为参数 ID，在 index.html 的 body 标记中为其提供 ID 内容。

读者可以在浏览器上执行代码，查看运行效果。

9.1.5 描述性文件

所有特定于应用程序的配置设置，通常被放在一个名为 manifest.json 的单独描述性文件中。在工程目录结构的 webapp 文件夹中创建一个 manifest.json 文件。

（1）webapp/manifest.json 的代码如下：

```
{
    "_version": "1.21.0",
    "sap.app": {
         "id": "FioriBaodianDemo",
         "type": "application",
         "i18n": {"bundleUrl": "i18n/i18n.properties",
              "supportedLocales": [""],
              "fallbackLocale": ""},
         "title": "{{appTitle}}",
         "description": "{{appDescription}}",
         "applicationVersion": {"version": "1.0.0"}},
    "sap.ui": {
      "technology": "UI5",
      "deviceTypes": {"desktop": true, "tablet": true, "phone": true}},
    "sap.ui5": {
      "rootView": {"viewName": "FioriBaodianDemo.view.App",
         "type": "XML",
         "id": "app"},
      "dependencies": {
         "minUI5Version": "1.90",
         "libs": {"sap.m": {}}},
      "models": {
         "i18n": {
            "type": ap.ui.model.resource.ResourceModel",
            "settings": {
```

```
                "bundleName": "FioriBaodianDemo.i18n.i18n",
                "supportedLocales": [""],
                "fallbackLocale": ""}}
        }
    }
}
```

代码解析：

manifest.json 文件的内容是 JSON 格式的配置对象，包含所有全局应用程序设置和参数。manifest.json 通常称为应用程序、组件和库的描述符，它存储在 webapp 文件夹中，并由 SAPUI5 读取以实例化该组件。

通过 manifest.json 文件的解析，完成组件在当前 HTML 页面中的加载，并允许在同一上下文中显示多个应用程序。每个应用程序都可以定义本地设置，还可以加载额外的资源，如 i18n 资源。

manifest.json 文件定义了以下几个重要的部分。

1) "sap.app" 包含下列特定的属性：

id，应用程序组件唯一和强制性的名称空间，必须与组件 ID /名称空间对应。

type，定义要配置的内容，通常指一个应用程序。

i18n，定义国际化语言资源文件的路径。

title，从应用程序资源包中引用的句柄语法中的应用程序标题。

description，简短描述文本，说明引用的句柄语法中执行的操作。

applicationVersion，应用程序的版本。

2) "sap.ui" 包含下列 UI 的属性：

technology，指定 UI 技术，这里指定的是 SAPUI5。

deviceTypes，告诉应用程序支持哪些设备，默认情况下均为 true。

3) "sap.ui5" 自动处理特定的配置参数，主要有：

rootView，组件会自动实例化视图并将其用作该组件的根。

dependencies，声明应用程序中使用的 UI 库。

models，定义在应用程序启动时由 SAPUI5 自动实例化的模型。

（2）webapp/index.html 的代码如下：

```html
<!DOCTYPE html>
<html>
<head>
    <meta charset="utf-8">
    <title>SAP Fiori 开发实战</title>
    <script
```

```
            ...
            data-sap-ui-oninit = "module:sap/ui/core/ComponentSupport"
            ...
    >
        </script>
    </head>
    <body class = "sapUiBody" id = "content">
        <div data-sap-ui-component data-name = "FioriBaodianDemo" data-id = "container" data-settings = '{"id": "demo"}'></div>
    </body>
</html>
```

代码解析：

data-sap-ui-oninit = "module:sap/ui/core/ComponentSupport"，启用 ComponentSupport 模块，并删除 data-sap-ui-libs = "sap.m"库。

在 index.html 主体中，通过 div 标签声明组件，并在 onInit 执行事件时，实例化该组件。

注意：从现在开始，移除 index.js 文件，因为描述符可以代替它处理所有事情。

（3）webapp/i18n/i18n.properties 的代码如下：

```
# App Descriptor
appTitle = SAP Fiori 开发实战
appDescription = SAPUI5 简单演练应用程序样例
```

（4）webapp/Component.js 的代码如下：

```
sap.ui.define([
    ...
], function (UIComponent, JSONModel) {
    return UIComponent.extend("FioriBaodianDemo.Component", {
        metadata: {
            manifest: "json",
            interfaces: ["sap.ui.core.IAsyncContentCreation"]
        },
        ...
    });
});
```

代码解析：

相对于组件 Component.js 文件的声明，只保留了 UIComponent 和 JSONModel 模块。新的 Component.js 组件在 return 代码片段中，做了如下调整：

metadata 对元数据的定义，也就是对描述符的引用，使用属性键 manifest 和值 json 取代 rootView，该描述符将在实例化组件时自动加载和解析。如果要删除资源模型实例化的代码行，借助描述符中的配置条目就可以自动完成此操作。

读者可以在浏览器上执行代码，查看运行效果。

9.2 布局和样式

布局和样式包括页面与面板、容器、边距与填充、CSS 与主题颜色。

9.2.1 页面与面板

通过页面（Page）和面板（Panel），可以改进应用程序的外观。

（1）webapp/view/App.view.xml 的代码如下：

```xml
<mvc:View
    ...
    displayBlock = "true" >
    <App>
            <pages>
                <Page title = "{i18n>homePageTitle}" >
                    <content>
                    <Panel headerText = "{i18n>panelTitle}" >
                        <content>
                            ...
                        </content>
                    </Panel>
                    </content>
                </Page>
            </pages>
    </App>
</mvc:View>
```

代码解析：

相对于前面的 App.view.xml 文件代码，在控件 Button 和控件 Input 的外面增加了 Panel 父级层，在 Panel 的外面增加了 Page 父级层，层与层之间通过 <content> 节点进行内容分组，并放在 <app> <pages> 的页面中。

视图 displayBlock 属性设置为 true，使视图可在全屏高度正常工作。

设置 Page 的 title 属性值，内容来源于 i18n 文件的 homePageTitle 值。

设置 Panel 的 headerText 属性值，内容来源于 i18n 文件的 panelTitle 值。

（2）webapp/i18n/i18n.properties 的添加代码如下：

```
…
homePageTitle = SAPUI5 样例
panelTitle = 我的 测试
```

代码执行：

运行结果如图 9-4 所示。

图 9-4　运行结果

9.2.2　Container

shell 控件作为应用程序的容器，可以使应用程序适应设备的屏幕大小。

webapp/view/App.view.xml 的代码如下：

```
<mvc:View … >
    <Shell> … </Shell>
</mvc:View>
```

代码解析：

相对于前面的 App.view.xml 文件，在原有代码结构的层级外增加 <Shell> 节点，将 Shell 控件作为应用程序的最外层控件，使得应用程序在 <Shell> 节点中运行。

代码运行：

运行结果如图 9-5 所示。

图 9-5　运行结果

9.2.3 边距与填充

为了微调布局，可以添加页边距和填充，这里使用 SAPUI5 提供的标准类。
webapp/view/App.view.xml 的代码如下：

```
…
<Panel
headerText="{i18n>panelTitle}"
class="sapUiResponsiveMargin"
width="auto">
    <content>
        <Button … class="sapUiSmallMarginEnd"/>
        …
        <Text text="我的 {/recipient/name}" class="sapUiSmallMargin"/>
    </content>
</Panel>
…
```

相对于前面的 App.view.xml 文件，在原有代码结构中，做如下调整：

Panel 控件设置样式属性值为 sapUiResponsiveMargin，该属性值为 SAPUI5 标准的样式值，可直接引用，不必在 css 文件中定义。将 Panel 的宽度设置为 auto，这样屏幕大小的变化使得边距也会发生变化。

为 Button 控件设置样式属性值 sapUiSmallMarginEnd。

在 view.xml 文件中，新添加了 Text 控件，并为该控件设置样式属性值为 sapUiSmallMargin。该属性值表示使用一个小边距将其与其他内容对齐。

代码执行：

运行结果如图 9-6 所示。

图 9-6　运行结果

9.2.4 CSS 与主题颜色

为了得到更精细的布局，可以向控件中添加自定义样式类。

在工程目录结构的 css 文件夹中创建一个 style.css 文件。

(1) webapp/css/style.css 的代码如下：

```css
html[dir = "ltr"] .myAppDemoWT .myCustomButton.sapMBtn {
    margin-right: 0.125rem }
html[dir = "rtl"] .myAppDemoWT .myCustomButton.sapMBtn {
    margin-left: 0.125rem }
.myAppDemoWT .myCustomText { display: inline-block; font-weight: bold;}
```

(2) webapp/manifest.json 的代码如下：

```json
"sap.ui5": {
    ...
    "models": {
    ...
    },
    "resources": {"css": [{"uri": "css/style.css"}]}
}
```

代码解析：

在"resources"中，通过定义相对于组件的"uri"："css/style.css"来加载 CSS 样式文件，完成应用程序 CSS 元素的加载。

(3) webapp/view/App.view.xml 的代码如下：

```xml
...
    <App class = "myAppDemoWT" >
        ...
        <content >
        <Button ... class = "myCustomButton"/ >
            ...
        <FormattedText htmlText = "我的 {/recipient/name}"
    class = "sapUiSmallMargin sapThemeHighlight-asColor myCustomText"/ >
        </content >
        ...
    </App >
...
```

代码解析：

对原有的 App.view.xml 代码做了如下调整：

应用控件 APP 设置样式，使用 CSS 文件中自定义的样式 myAppDemoWT。

控件 Button 使用 CSS 文件中自定义的样式 myCustomButton。该样式可以精确定义按钮和输入字段之间的空间，为面板内容提供了完美的设计。

为了突出显示输出文本内容，使用 FormattedText 控件。自定义 CSS 类 FormattedText 单独设置控件样式，并使用 SAPUI5 提供的标准类，设置主体中定义的突出显示颜色。

代码运行：

运行结果如图 9-7 所示。

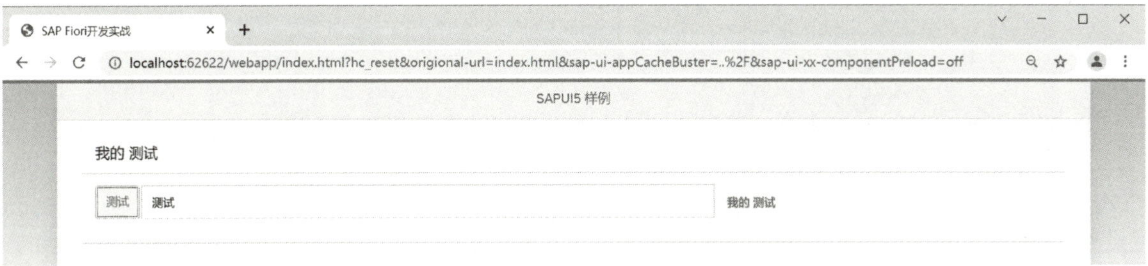

图 9-7　运行结果

9.3　嵌套和复用

嵌套和复用包括视图嵌套、对话框和片段、片段返回、图标引用、对话框复用。

9.3.1　视图嵌套

面板内容越来越复杂，可以将面板内容移动到单独的视图中，形成嵌套视图。使用这种方法，应用程序结构更容易理解，应用程序的各个部分可以重用。

（1）webapp/view/App.view.xml 的代码如下：

```
...
<content>
<mvc:XMLView viewName="FioriBaodianDemo.view.TestPanel" async="true"/>
</content>
...
```

代码解析：

对原有的 App.view.xml 代码做了如下调整：

将 <content> 节点内的 Panel 容器中的控件去掉。

在 <content> 节点内用 XMLView 标签定义。将对应的控件移到一个新的单独的 TestPanel 视图中。使用 XMLView 标签引用重构的视图。

（2）webapp/view/TestPanel.view.xml 的代码如下：

```xml
<mvc:View
    controllerName="FioriBaodianDemo.controller.TestPanel"
    xmlns="sap.m"
    xmlns:mvc="sap.ui.core.mvc">
    <Panel
        headerText="{i18n>panelTitle}"
        class="sapUiResponsiveMargin"
        width="auto">
        <content>
            <Button text="{i18n>showButtonText}"
                press=".onShowTest"
                class="myCustomButton"/>
    <Input value="{/recipient/name}"valueLiveUpdate="true" width="60%"/>
            <FormattedText htmlText="我的 {/recipient/name}"
        class="sapUiSmallMargin sapThemeHighlight-asColor myCustomText"/>
        </content>
    </Panel>
</mvc:View>
```

代码解析：

将 <content> 节点内的 Panel 容器中的控件聚合并重构为一个单独的视图文件 TestPanel.view.xml。通过设置 XML 视图的 controllerName 属性来指定视图的控制器文件 TestPanel.controller.js。

（3）webapp/controller/TestPanel.controller.js 的代码如下：

```javascript
sap.ui.define([
    "sap/ui/core/mvc/Controller",
    "sap/m/MessageToast"
], function (Controller, MessageToast) {
    return Controller.extend("FioriBaodianDemo.controller.TestPanel", {
        onShowTest: function () {
    var oBundle = this.getView().getModel("i18n").getResourceBundle();
var sRecipient = this.getView().getModel().getProperty("/recipient/name");
            var sMsg = oBundle.getText("msg", [sRecipient]);
            MessageToast.show(sMsg);
        }
    });
});
```

代码解析：

本段代码与前面的 App. controller. js 一致，这里不再赘述。

为了重用，现将 onShowTest 方法从 app 控制器移动到 TestPanel 控制器。

（4）webapp/controller/App. controller. js 的代码如下：

```
sap.ui.define([
    "sap/ui/core/mvc/Controller"
], function (Controller) {
    return Controller.extend("FioriBaodianDemo.controller.App", {});
});
```

代码解析：

将所有内容移出应用程序视图和控制器，只保留了定义 App 的控制器。

代码运行：

运行结果如图 9-8 所示。

图 9-8　运行结果

9.3.2　对话框和片段

片段是用于组装视图的另一个元素，是轻量级的 UI 部件，可以重用但没有任何控制器。这意味着，定义 UI 的特定部分可以在多个视图中重用，或在某些情况下，最好使用片段，尤其是在不需要其他控制器的情况下。

片段可以由一个或多个控件组成，放置在视图中的片段的行为类似于普通视图内容。片段内部的控件在呈现时将仅包含在视图的 DOM 中，当然，有些控件不会成为视图的一部分，如对话框。

对话框比较特殊，因为它在常规的应用程序内容之上打开，因此不属于特定的视图。这意味着必须在控制器代码中的某个地方实例化对话框，如果希望用声明式方法并创建尽可能灵活的可重用控件，由于对话框不能指定为视图，因此需要创建一个包含该对话框的 XML 片段。

（1）webapp/view/TestPanel. view. xml 的代码如下：

```
...
        <content>
```

```xml
<Button id = "testDialogButton" text = "{i18n>openDialogButtonText}"
        press = ".onOpenDialog" class = "sapUiSmallMarginEnd"/>
        ...
    </content>
...
```

代码解析：

在前面的 TestPanel.view.xml 文件中，向视图添加了一个新按钮 Button 控件以打开对话框。为本 Button 控件设置唯一关键 ID，以便在应用程序中识别。

onOpenDialog：在面板内容视图的控制器中调用事件处理程序函数。

（2）webapp/view/TestDialog.fragment.xml 的代码如下：

```xml
<core:FragmentDefinition xmlns = "sap.m" xmlns:core = "sap.ui.core">
    <Dialog id = "testDialog" title = "我的 {/recipient/name}"></Dialog>
</core:FragmentDefinition>
```

代码解析：

创建新的 TestDialog.fragment.xml 文件，以便在片段中声明性地定义对话框。core：FragmentDefinition 表示片段位于 core 名称空间中，语法类似于视图，但是由于片段没有控制器，因此缺少此属性。同样，该片段在应用程序的 DOM 树中没有占用任何空间，并且片段本身没有控件实例（仅包含控件）。它只是一组重用控件的容器。

（3）webapp/controller/TestPanel.controller.js 的代码如下：

```javascript
sap.ui.define([
    ...
    "sap/ui/core/Fragment"
], function (Controller, MessageToast, Fragment) {
    return Controller.extend("FioriBaodianDemo.controller.TestPanel", {
        ...
        onOpenDialog: function () {
            var oView = this.getView();
            if (!this.pDialog) {
                this.pDialog = Fragment.load({id: oView.getId(),
                    name: "FioriBaodianDemo.view.TestDialog"
                }).then(function (oDialog) {
                    oView.addDependent(oDialog);
                    return oDialog; });
            }
            this.pDialog.then(function(oDialog) {oDialog.open(); }); }
    });
});
```

代码解析：

在原有的 TestPanel.controller.js 文件中，添加了 onOpenDialog 函数。

如果对话框不存在，则通过 Fragment.load 使用 id、name 参数调用 API 来实例化片段。name 参数很重要，它连接对话框组件的根视图。

oView.addDependent（oDialog）；该方法将对话框连接到视图的生命周期管理和数据绑定，即使该对话框未添加到其 UI 树中也是如此。

（4）webapp/i18n/i18n.properties 的新增代码如下：

```
…
openDialogButtonText=测试对话框
```

代码执行：

运行结果如图 9-9 所示。

图 9-9　运行结果

9.3.3　片段返回

集成了对话框后，现在可以添加一些用户交互。例如，添加一个按钮来关闭对话框并分配一个事件处理程序。

（1）webapp/controller/TestPanel.controller.js：

```
…
        onOpenDialog: function () {
            …
            this.pDialog = Fragment.load({
                …
                controller: this
            })…
        },
        onCloseDialog: function () {
```

```
            this.byId("testDialog").close();
        }
...
```

代码解析：

在原有的 TestPanel.controller.js 文件中，增加 onCloseDialog 函数。该函数用来关闭对话框，是通过访问对话框内部帮助函数来实现关闭的。

（2）webapp/view/TestDialog.fragment.xml：

```
...
        <beginButton>
            <Button
                text="{i18n>dialogCloseButtonText}"
                press=".onCloseDialog"/>
        </beginButton>
...
```

代码解析：

片段是纯 UI 重用工件，没有控制器。在原有 TestDialog.fragment.xml 文件的片段定义中，向对话框的聚合添加一个 Button 控件按钮。

press 处理程序引用了一个名为 onCloseDialog 的事件处理程序，由于已经将引用传递给 TestPanel 控制器，因此当按下按钮时，将在此调用该方法。

（3）webapp/i18n/i18n.properties 的新增代码如下：

```
...
dialogCloseButtonText=关闭
```

代码执行：

运行结果如图 9-10 所示。

图 9-10　运行结果

9.3.4　Icons 引用

下面为对话框添加一个图标并显示。

(1) webapp/view/TestPanel. view. xml：

```
…
    <Button … icon = "sap-icon://world" />
…
```

代码解析：

在原有 TestPanel. view. xml 文件中，为打开对话框的 Button 控件添加 icon 属性值"sap-icon://world"，该 sap-icon://协议指示应加载图标字体中的图标，标识符 world 是图标字体中图标的可读名称。

(2) webapp/view/TestDialog. fragment. xml：

```
…
        <content>
<core:Icon src ="sap-icon://hello-world" size ="8rem" class ="sapUiMediumMargin"/>
        </content>
…
```

代码解析：

在 TestDialog. fragment. xml 文件中，为对话框片段增加 <content> 代码，用来向对话框的内容聚合添加一个图标控件。src、size 和 class 三个属性，分别表示图标的引用、大小和样式。

代码执行：

在浏览器上执行代码，点击"测试对话框"按钮。

运行结果如图 9-11 所示。

图 9-11　运行结果

9.3.5　对话框复用

在不同视图的控制器中存在对话框实例的逻辑，如果在开发时将代码复制粘贴到对话框的每个视图的控制器中，会导致代码冗余。为此提供解决方案，通过对话框复用，来扩展重用概念，并在组件级别调用对话框。

（1）webapp/Component.js：

```javascript
sap.ui.define([
    ...
    "./controller/TestDialog"
], function (UIComponent, JSONModel, TestDialog) {
    return UIComponent.extend("FioriBaodianDemo.Component", {
        ...
        init: function () {
            ...
            this.rootControlLoaded().then(function () {
            this._testDialog = new TestDialog(this.getRootControl());
            }.bind(this)); },
        exit: function () {
            if (this._testDialog) {
                this._testDialog.destroy();
                delete this._testDialog; }},
        openTestDialog: function () {this._testDialog.open();}
    });
});
```

代码解析：

在原有 Component.js 文件中，引用前面定义的 "TestDialog" 模块，并将与 UIComponent 和 JSONModel 一起作为回调函数的参数来使用。

new TestDialog：构建 TestDialog 实例来设置对话框，通过调用 getRootControl 组件的方法来检索它。

openTestDialog：为了从其他控制器打开对话框，这里实现了一个重用函数 openTestDialog，该函数调用 open 方法。

exit：该函数在销毁组件时，SAPUI5 框架将调用 destroy 函数以清理 TestDialog 程序类，并结束其生命周期。对于占用的浏览器内存，使用 delete this._testDialog 方法，通过垃圾回收来清理。

（2）webapp/controller/TestDialog.js：

```javascript
sap.ui.define([
    "sap/ui/base/ManagedObject",
    "sap/ui/core/Fragment"
], function (ManagedObject, Fragment) {
```

```
            return ManagedObject. extend ( " FioriBaodianDemo. controller.
TestDialog", {
            constructor: function (oView) {this._oView = oView;},
            exit: function () {delete this._oView;},
            open: function () {
                var oView = this._oView;
                if (!this.pDialog) {
                    var oFragmentController = {
 onCloseDialog: function () {oView.byId("testDialog").close();}};
                    this.pDialog = Fragment.load({id: oView.getId(),
                    name: "FioriBaodianDemo.view.TestDialog",
                    controller: oFragmentController
                    }).then(function (oDialog) {
                         oView.addDependent(oDialog);
                         return oDialog; });}
                this.pDialog.then(function(oDialog) {
                    oDialog.open();
                });
            }
        });
    });
```

代码解析：

TestDialog 重用对象的实现扩展了一个 ManagedObject 对象，以继承 SAPUI5 的某些核心功能。

open：从 TestPanel 控制器重构，并实例化了对话框片段。首次调用该方法时，将实例化对话框。oView 用于将当前视图连接到对话框。

Fragment. load，在这里，没有将控制器作为第三个参数传递给函数，而是传递了一个 oFragmentContoller 对象，用来异步加载 XML 片段，该函数将事件处理程序从 TestPanel 控制器移至重用对象。

（3） webapp/controller/TestPanel. controller. js：

```
…
onShowTest: function () { … },
onOpenDialog: function () {this.getOwnerComponent().openTestDialog();}
…
```

代码解析：

onOpenDialog：访问其组件 getOwnerComponent，当调用重用对象的 open 方法时，传入当前视图以将其连接到对话框。

（4）webapp/view/App.view.xml：

```xml
...
<Page title="{i18n>homePageTitle}" >
<headerContent >
    <Button icon="sap-icon://hello-world" press=".onOpenDialog"/>
</headerContent >
    ...
</Page >
...
```

代码解析：

在应用程序视图的标题区域添加一个按钮，以验证对话框的重用。当按下按钮时，对话框将打开，就像先前在面板中创建的按钮一样。

（5）webapp/controller/App.controller.js：

```javascript
...
onOpenDialog: function () { this.getOwnerComponent().openTestDialog();}
...
```

代码解析：

onOpenDialog：该函数添加到控制器中，打开对话框并引用当前视图。

代码执行：

读者可以在浏览器上执行代码，查看运行效果。

9.4 数据展示

数据展示包括聚合绑定、数据类型、表达式绑定、自定义格式。

9.4.1 聚合绑定

前面为应用程序建立了一个良好的基础，接下来学习数据绑定的聚合绑定，例如添加一些JSON格式的发票数据，将这些数据显示在面板中。

（1）webapp/Invoices.json：

```json
{
  "Invoices": [
    {
      "ProductName": "菠萝",
```

```
        "Quantity": 21,
        "ExtendedPrice": 87.2000,
        "ShipperName": "Fun Inc.",
        "ShippedDate": "2015-04-01T00:00:00",
        "Status": "A"
      },
      {
        "ProductName": "牛奶",
        "Quantity": 4,
        "ExtendedPrice": 9.99999,
        "ShipperName": "ACME",
        "ShippedDate": "2015-02-18T00:00:00",
        "Status": "B"
      },
      …
    ]
}
```

代码解析:

Invoices 文件定义 JSON 格式的发票,在应用程序中通过控件进行聚合绑定。

(2) webapp/manifest.json:

```
…
    "models": { …
"invoice": { "type": "sap.ui.model.json.JSONModel","uri": "Invoices.json"}}
…
```

代码解析:

"invoice"对象由两个部分构成,type 属性值设置为 JSONModel,uri 属性值指向相对组件的路径。组件自动实例化 JSONModel,从文件中加载发票数据。

(3) webapp/view/App.view.xml:

```
…
<content> <mvc:XMLView viewName ="FioriBaodianDemo.view.TestPanel" />
<mvc:XMLView viewName ="FioriBaodianDemo.view.InvoiceList" /> </content>
…
```

代码解析:

在 app 视图中,添加了第二个视图,用于在面板下方显示发票信息。

(4) webapp/view/InvoiceList.view.xml:

```
<mvc:View xmlns ="sap.m" xmlns:mvc ="sap.ui.core.mvc" >
    <List headerText ="{i18n>invoiceListTitle}"class ="sapUiResponsiveMargin"
```

```
            width = "auto" items = "{invoice >/Invoices}" > <items >
    <ObjectListItem title = "{invoice >Quantity} x {invoice >ProductName}"/ >
</items > </List > </mvc:View >
```

代码解析：

headerText 属性用来显示一个带有自定义标题文本的列表控件 List。

items 属性聚合绑定到 Invoices JSON 数据。

<items >…代码行，为列表定义模板，该模板自动为数据重复创建行。同时使用 ObjectListItem 为 items 聚合的每个聚合子项创建控件。

（5） webapp/il8n/il8n. properties 的新增代码如下：

```
…
invoiceListTitle =发票
```

代码执行：

在浏览器上执行代码，运行结果如图 9-12 所示。

图 9-12　运行结果

9.4.2　数据类型

发票清单看起来已经不错了，但是发票中没有指定价格。下面使用 SAPUI5 数据类型来正确格式化价格，并使用与语言环境相关的小数分隔符，保留两位小数。例如，某水果发票的价格为 87.2（不含货币单位）。

（1） webapp/view/InvoiceList. view. xml：

```
<mvc:View controllerName = "FioriBaodianDemo.controller.InvoiceList" … >
    …
    <ObjectListItem title = "{invoice >Quantity} x {invoice >ProductName}"
    number = "{
    parts: [{path: 'invoice >ExtendedPrice'}, {path: 'view >/currency'}],
```

```
            type: 'sap.ui.model.type.Currency',
            formatOptions: { showMeasure: false }
        }" numberUnit = "{view >/currency}"/ >  …
    </mvc:View >
```

代码解析：

在原有 InvoiceList. view. xml 文件中，为 List 控件添加了 number 和 numberUnit 属性，将价格添加到视图中的发票清单中。

number 属性允许将来自不同模型的多个属性绑定到控件的单个属性中。

parts 用来指定不同模型的绑定属性，这里是 invoice > ExtendedPrice 和 view >/currency。

type 用来设置模型的类型，这里是 sap. ui. model. type. Currency。

将 formatOptions 对象属性 showMeasure 设置为 false，即货币代码隐藏在 number 属性中，作为单独的属性传递给控件的 numberUnit。

numberUnit 属性用来定义数据类型，该 currency 类型将根据货币类型处理价格的格式，在示例中，价格显示为保留 2 位小数。货币是后端数据模型的一部分，因此需要在应用程序中直接定义它。

（2）webapp/controller/InvoiceList. controller. js：

```
sap.ui.define([
    "sap/ui/core/mvc/Controller",
    "sap/ui/model/json/JSONModel"
], function (Controller, JSONModel) {
    return Controller.extend("FioriBaodianDemo.controller.InvoiceList", {
        onInit: function () {
                var oViewModel = new JSONModel({currency: "CNY "});
                this.getView().setModel(oViewModel, "view");
        }
    });
});
```

代码解析：

为了能够访问不属于数据模型的货币代码，需要在发票列表的控制器中定义一个视图模型 oViewModel。

currency: "CNY"，指定属性和属性值 CNY，用来绑定数字字段的格式化程序。视图模型可以保存该控件的任何配置选项以绑定属性，如可见性。

代码执行：

运行结果如图 9-13 所示。

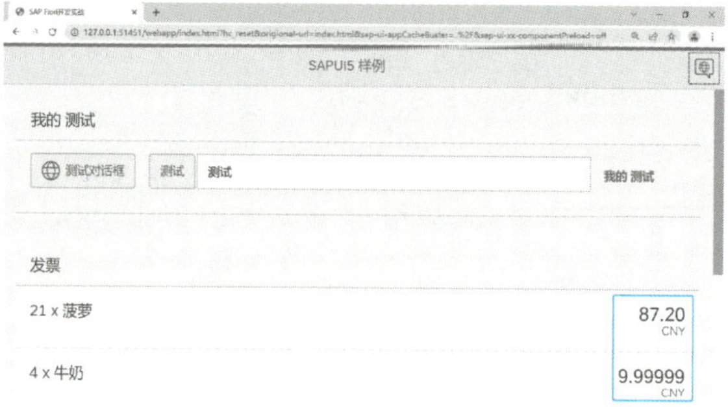

图 9-13　运行结果

9.4.3　表达式绑定

有时预定义类型不够灵活，例如进行简单计算或格式化，这个时候用表达式绑定（bind）就非常方便。下面通过表达式对数据模型中的数字进行格式化处理。

（1）webapp/view/InvoiceList.view.xml：

```
...
<ObjectListItem
    ...
numberState = "{ = ${invoice>ExtendedPrice} > 50 ? 'Error': 'Success' }"/>
    ...
```

代码解析：

在原有 InvoiceList.view.xml 文件中，添加属性 numberState，属性值引入一种新的绑定语法，该语法从"{ = "开始。该绑定语法称为表达式，可以执行简单的计算逻辑，如此处所示的三元运算符。

运算符的条件是数据模型中的值，表达式绑定内部的模型时，使用 $ 符号进行转义，其含义是如果价格大于 50，状态设置为 Error，数字以红色显示，否则设置为 Success，数字以绿色显示。表达式仅限于格式化数据的特定操作集，例如数学表达式、比较等。

代码运行：

读者可以在浏览器中执行代码，查看运行效果。

9.4.4　自定义格式

如果要对数据模型的属性进行更复杂的格式化逻辑，可以通过编写自定义格式化函数来实现。现将自定义格式化程序添加到本地工程中，使用自定义格式器显示状态。

（1）webapp/model/formatter.js：

```
sap.ui.define([], function () {
    return {
```

```
            statusText: function (sStatus) {
var oResourceBundle = this.getView().getModel("i18n").getResourceBundle();
            switch (sStatus) {
            case "A": return oResourceBundle.getText("invoiceStatusA");
            case "B": return oResourceBundle.getText("invoiceStatusB");
            case "C": return oResourceBundle.getText("invoiceStatusC");
            default: return sStatus;
            }
        }
    };
});
```

代码解析：

在 model 文件夹中新增 formatter.js 文件，该文件用来处理数据属性并将其格式化，在列表中显示。

statusText 函数从数据模型中获取状态作为输入参数，并返回从 i18n.properties 中读取的可读文本 resourceBundle。

（2）webapp/controller/InvoiceList.controller.js：

```
sap.ui.define([
    ...
    "../model/formatter"
], function (Controller, JSONModel, formatter) {
    return Controller.extend("FioriBaodianDemo.controller.InvoiceList", {
            formatter: formatter,
            ...
    });
});
```

代码解析：

"../model/formatter"，加载自定义的 formatter 模块。在这个控制器中，要先向 formatter 模块添加一个依赖项。在控制器中添加 formatter，以便能够在视图中访问它们。

调用回调函数 function（Controller，JSONModel、formatter）时，通过访问传递给函数的参数来使用。

（3）webapp/view/InvoiceList.view.xml：

```
    ...
    <ObjectListItem ... >
            <firstStatus>
```

```
            <ObjectStatus text = "{path: 'invoice>Status',
                formatter: '.formatter.statusText'}"/>
        </firstStatus>
    </ObjectListItem>
...
```

代码解析：

在原有视图文件 InvoiceList.view.xml 中，增加 <firstStatus…代码段，使用 firstStatus 聚合向 ObjectListItem 添加一个用来显示发票状态的属性。

path：'invoice>Status'，表示该格式化功能在当前视图控制器中可见（指定路径）。

Formatter：'.formatter.statusText'，用 formatter 保存自定义格式功能，通过.formatter.statusText 来访问。

（4）webapp/i18n/i18n.properties 的新增代码如下：

```
...
invoiceStatusA = 新的
invoiceStatusB = 进行中
invoiceStatusC = 结束
```

代码运行：

读者可以在浏览器中执行代码，查看运行效果。

9.5 数据操作

数据操作包括查询筛选、排序与组合、远程调用数据。

9.5.1 查询筛选

在这一步中，为产品列表添加搜索字段，并定义一个表示搜索词的过滤器。搜索时，列表会自动更新以仅显示与搜索项匹配的项。

（1）webapp/view/InvoiceList.view.xml：

```
...
    <List id = "invoiceList" … >
        <headerToolbar>
            <Toolbar>
                <Title text = "{i18n>invoiceListTitle}"/>
                <ToolbarSpacer/>
                <SearchField width = "50% " search = ".onFilterInvoices"/>
```

```
            </Toolbar>
        </headerToolbar>
        ...
    </List>
...
```

代码解析:

在原有视图文件 InvoiceList.view.xml 中,增加 <headerToolbar…代码段,表示在发票列表中实现搜索控件扩展。

onFilterInvoices 表示搜索字段的事件处理函数。列表绑定每次更改都会触发整个列表的重新呈现,包括搜索字段。

(2) webapp/controller/InvoiceList.controller.js:

```
sap.ui.define([
    ...
    "sap/ui/model/Filter",
    "sap/ui/model/FilterOperator"
], function (Controller, JSONModel, formatter, Filter, FilterOperator) {
    return Controller.extend("FioriBaodianDemo.controller.InvoiceList", {
        ...
        onFilterInvoices: function (oEvent) {
            var aFilter = [];
            var sQuery = oEvent.getParameter("query");
            if (sQuery) {
                aFilter.push(new Filter("ProductName", FilterOperator.Contains, sQuery));
            }
            var oList = this.byId("invoiceList");
            var oBinding = oList.getBinding("items");
            oBinding.filter(aFilter);
        }
    });
});
```

代码解析:

在原有的 InvoiceList.controller.js 文件中,加载了 Filter、FilterOperator 两个新的依赖项(模块),用来保留用于过滤器操作的配置。

onFilterInvoices:在函数中,根据用户输入的字符串构造一个过滤器对象。事件处理程序始终会收到一个事件自变量,用于访问该事件提供的参数。

搜索字段定义了一个参数 query,通过调用 getParameter("query") 来访问它。如果 sQuery

查询不为空，则将一个新的过滤器对象添加到仍为空的过滤器数组中，否则使用空数组过滤绑定，这样可以确保再次看到所有列表元素。如果要搜索多个数据字段，还可以向数组添加更多过滤器。

列表控件通过 items 绑定访问对象，并使用新构造的过滤器对访问对象进行过滤，通过搜索字符串自动过滤列表。

代码运行：

运行结果如图 9-14 所示。

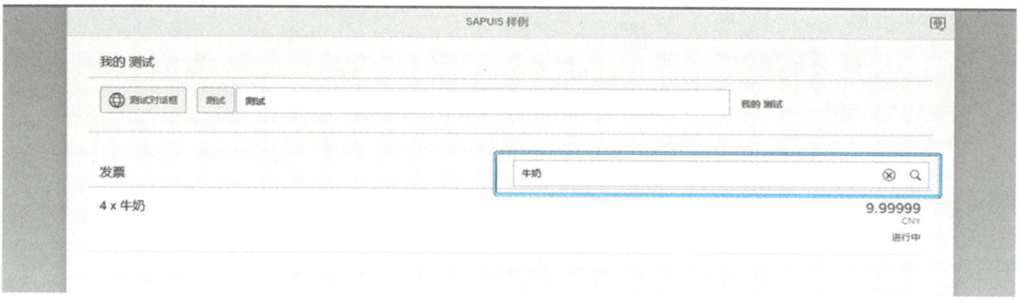

图 9-14　运行结果

9.5.2　排序与分组

为了使发票列表更加用户友好，可将其按字母顺序排序、按产品发货公司分组。接下来学习排序和分组，以便数据更易于使用。

webapp/view/InvoiceList. view. xml：

```
...
    <List…
        items = "{ path: 'invoice >/Invoices',
            sorter: {
                path: 'ShipperName',
                group: true
            } }" >
        ...
    </List >
...
```

代码解析：

在原有视图文件 InvoiceList. view. xml 中进行代码调整，items 对象中新增 sorter 对象，在 sorter 属性中，只需通过 path 指定排序的字段名称 ShipperName。默认情况下，排序是递增的，但也可以通过 descending 属性设置排序。通过 group 设置为 true，对排序字段进行分组。

SAPUI5 的列表和数据绑定特性可以自动显示组标题并对组中的项目进行分类。

代码运行：

运行结果如图 9-15 所示。

图 9-15　运行结果

9.5.3　远程调用数据

现在学习通过访问一个真正的 OData 服务来可视化远程数据。例如向清单中添加一个数据源配置，并将发票模型 JSONModel 替换为公共可用的 Northwind OData 服务，以可视化远程数据。

webapp/manifest.json：

```
{
    "_version": "1.21.0",
    "sap.app": {
        ...
        "dataSources": {
            "invoiceRemote": {
    "uri": "https://services.odata.org/V2/Northwind/Northwind.svc/",
                "type": "OData",
                "settings": {"odataVersion": "2.0"}}
        }
    },
    ...
    "sap.ui5": {
        ...
        "models": {
```

```
                ...
                "invoice":{"dataSource":"invoiceRemote"}
            },
            ...
        }
    }
```

代码解析：

在 manifest.json 文件中，增加了 "dataSources" 属性对象，用来添加数据源配置，通过 "invoiceRemote" 键定义一个允许自动实例化模型的配置对象。其中 type 指定服务的类型（OData）和模型版本（2.0），url 在这里指向官方的 Northwind OData 服务。

在组件初始化期间自动实例化模型时，invoiceRemote 键用作模型名称，其键值是对 dataSource 指定的数据源的引用。当使用 invoiceRemote 数据源时，ODataModel 将从实际的 Northwind OData 服务中获取数据。从 Northwind OData 服务收到的数据具有与之前使用的 JSON 数据相同的属性。

代码运行：

运行结果如图 9-16 所示。

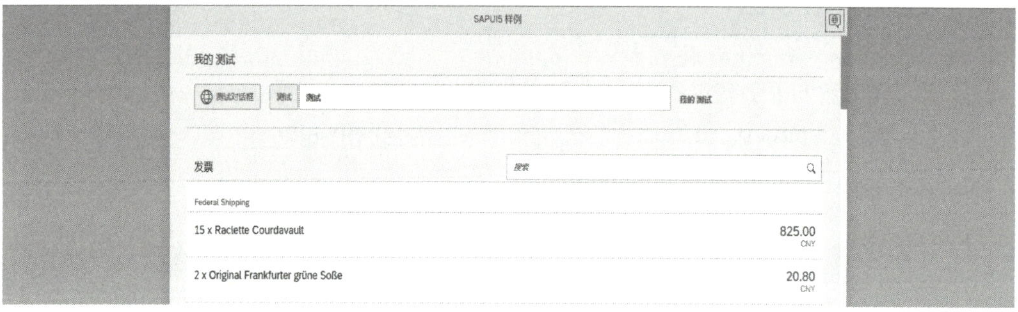

图 9-16　运行结果

9.6　结束语

本章内容对于学好前端开发至关重要，特别是 SAP Fiori 应用程序的自开发方式。针对 SAPUI5 的内容，分别从基础知识、布局和样式、嵌套和复用、数据展示、数据操作五个方面，通过知识点描述、代码段展示、关键点解析的方式，对其进行了详细介绍，方便读者学习和练习。

第 10 章

SAPUI5 技术提升

内容关键词

　　用模拟数据测试、单元测试、集成测试、浏览器代码调试
　　前端路由、参数路由、路由返回、前端导航
　　自定义控件、屏幕响应、设备适配、内容压缩
　　应用程序的可访问性

本章概要

- 测试和调试
- 前端路由
- 高级应用

学习完第9章，就可以开发一些通用、简单的 Fiori 应用程序了。但要想成为一名前端开发的技术大师，还需要进一步学习 SAPUI5 在代码测试和调试、前端路由、自定义组件、屏幕响应、设备适配等方面的知识。只有掌握了这些技术，才能开发出更具个性、更复杂、性能更高、稳定性更强的 Fiori 应用。

10.1 测试和调试

测试和调试包括模拟数据测试、Qunit 单元测试、OPA 集成测试及浏览器调试。

10.1.1 模拟数据测试

为了开发和测试应用程序，有时候希望不要依赖"真实"后端系统或数据，因此需要使用模拟服务器或模拟数据。

在 test 文件夹下创建一个名为 mockServer 的模拟器。mockServer.html 虽然是本地文件，但模拟后端系统比加载本地数据更真实。此外，通过模拟器更改模型实例化部分，以便在描述符文件中配置模型并由 SAPUI5 自动实例化。这样的好处，就是不需要在代码中处理模型实例化。

test 文件夹用来将测试文件和生产文件分开。

（1）webapp/test/mockServer.html：

```
…
    <script…
        data-sap-ui-oninit="module:FioriBaodianDemo/test/initMockServer"
        data-sap-ui-compatVersion="edge"
        data-sap-ui-async="true">
    </script>
…
```

代码解析：

将 index.html 中的代码复制到 mockServer.html 中，现在使用此文件在测试模式下运行我们的应用程序，并从 JSON 文件加载模拟数据。输入页面 index.html 用于真正的"已连接"应用程序，mockServer.html 用于本地测试。

在引导程序中，该 data-sap-ui-resourceroots 属性的命名空间指向当前路径的上级文件夹，mockServer.html 文件位于该文件夹的 webapp 子文件夹中。现在是直接调用一个脚本，而不是直接加载该应用程序组件。

(2) webapp/test/initMockServer. js：

```
sap.ui.define([
    "../localService/mockserver"
], function (mockserver) {
    mockserver.init();
    sap.ui.require(["sap/ui/core/ComponentSupport"]);
});
```

代码解析：

在声明中引用 mockserver 模块，该文件 mockserver. js 位于 localService 文件夹中，用来实现的依赖关系是本地测试服务器。

mockserver. init( )，初始化模拟服务器。当启动带有 mockServer. html 文件的应用程序时，可以捕获所有将要发送到真实服务的请求，并由测试服务器在本地处理它们。

sap. ui. require(["sap/ui/core/ComponentSupport"])的作用是初始化 HTML 页面。

(3) webapp/localService/mockdata/Invoices. json：

```
[
  {
    "ProductName": "菠萝",
    "Quantity": 21,
    "ExtendedPrice": 87.2000,
    "ShipperName": "Fun Inc.",
    "ShippedDate": "2015-04-01T00:00:00",
    "Status": "A"
  },
  {
    "ProductName": "牛奶",
    "Quantity": 4,
    "ExtendedPrice": 9.99999,
    "ShipperName": "ACME",
    "ShippedDate": "2015-02-18T00:00:00",
    "Status": "B"
  },
  ...
]
```

代码解析：

将原来的 webapp/Invoices. json 文件移到 localService/mockdata/目录下。Invoices. json 由一系列发票项目内容组成，作为数据源由服务器自动读取。

(4) webapp/localService/metadata.xml：

```xml
<edmx:Edmx Version = "1.0" xmlns:edmx = "http://schemas.microsoft.com/ado/2007/06/edmx" >
    <edmx:DataServices m:DataServiceVersion = "1.0" m:MaxDataServiceVersion = "3.0" xmlns:m = "http://schemas.microsoft.com/ado/2007/08/dataservices/metadata" >
        <Schema Namespace = "NorthwindModel" xmlns = "http://schemas.microsoft.com/ado/2008/09/edm" >
            <EntityType Name = "Invoice" >
                ...
                <Property Name = "ShipperName" Type = "Edm.String" Nullable = "false" MaxLength = "40" FixedLength = "false" Unicode = "true"/>
                ...
            </EntityType>
        </Schema>
        ...
    </edmx:DataServices>
</edmx:Edmx>
```

代码解析：

localService/metadata.xml 文件包含有关服务接口的信息，不需要手动编写。可以通过调用服务 URL 直接从真实服务中访问它。

<Property Name = "ShipperName"…代码段，模拟服务器将读取 mockServer.html 以模拟真正的 OData 服务，并将以适当的格式从本地源文件返回结果，以便应用程序可以使用 XML 或 JSON 的格式。

(5) webapp/localService/mockserver.js：

```javascript
sap.ui.define([
    "sap/ui/core/util/MockServer",
    "sap/base/util/UriParameters"
], function (MockServer, UriParameters) {
    return {
        init: function () {
            var oMockServer = new MockServer({
                rootUri: "https://services.odata.org/V2/Northwind/Northwind.svc/"});
            var oUriParameters = UriParameters.fromQuery(window.location.search);
            MockServer.config({ autoRespond: true,
                autoRespondAfter: oUriParameters.get("serverDelay") ||500});
            var sPath = "../localService";
```

```
        oMockServer.simulate(sPath + "/metadata.xml", sPath + "/mockdata");
            oMockServer.start();
        }
    };
});
```

代码解析：

前面已经添加了 OData 服务描述文件 metadata.xml，现在编写 mockserver.js 代码来初始化模拟服务器，该模拟服务器将模拟对实际服务器的任何 OData 请求。

MockServer 将标准 SAPUI5 MockServer 模块作为依赖项加载。

init：用来启动服务器的对象，在 mockServer.html 文件中的组件初始化之前，将调用此方法创建一个 MockServer 实例，该实例具有与真实服务调用相同的 URL。

参数 rootUri 的配置必须与在 manifest.json 描述符文件中为数据源定义的 URL 完全相同。URL 既可以是绝对的，也可以是相对的。该 URL 现在将由测试服务器提供，而不是由实际服务提供。

MockServer.config 用来配置 autoRespond、autoRespondAfter 两个全局设置，autoRespond 告诉服务器是否自动响应，autoRespondAfter 引入延迟来模拟典型的服务器响应时间。

oMockServer.simulate：在 MockServer 实例上调用 simulate 方法，表示从本地文件系统中读取测试数据，将模拟真实服务的 URL 模式。

oMockServer.start()，对每个请求 rootUri 都将由 MockServer 开始处理。

代码运行：

运行结果如图 10-1 所示。

图 10-1　运行结果

10.1.2　Qunit 单元测试

正常情况下，应用程序中的每个功能都需要一个单独的测试用例。下面使用 Qunit 测试自定义格式化程序中的内容，通过与资源包中的文本进行比较来测试状态文本是否正确。

在工程目录结构的 test 文件夹下新添加文件夹 unit，用来放置新的测试用例。在 unit 下再添加文件夹 model，存放用于构建单元测试的页面对象。例如 formatter.js 页面对象用来进行格式化程序的单元测试。

（1）webapp/test/unit/model/formatter.js：

```javascript
sap.ui.define([
    "FioriBaodianDemo/model/formatter",
    "sap/ui/model/resource/ResourceModel"
], function (formatter, ResourceModel) {
    QUnit.module("Formatting functions", {
        beforeEach: function () {
            this._oResourceModel = new ResourceModel({
                bundleUrl: sap.ui.require.toUrl("FioriBaodianDemo/i18n/i18n.properties")
            });
        },
        afterEach: function () {this._oResourceModel.destroy();}
    });
    QUnit.test("Should return the translated texts", function (assert) {
        var oModel = this.stub();
        oModel.withArgs("i18n").returns(this._oResourceModel);
        var oViewStub = {getModel: oModel};
        var oControllerStub = {getView: this.stub().returns(oViewStub)
        };
        var fnIsolatedFormatter = formatter.statusText.bind(oControllerStub);
assert.strictEqual(fnIsolatedFormatter("A"), "新的", "状态 A 的长文本是正确的");
assert.strictEqual(fnIsolatedFormatter("B"), "进行中", "状态 B 的长文本是正确的");
assert.strictEqual(fnIsolatedFormatter("C"), "结束", "状态 C 的长文本是正确的");
assert.strictEqual(fnIsolatedFormatter("Foo"), "Foo", "状态 Foo 的长文本是正确的");
    });
});
```

代码解析：

用于功能测试的 QUnit 模块，包含 beforeEach 和 afterEach 两个函数，在执行每个测试之前和之后分别调用。前者对本地化文本实例化，后者进行销毁。

QUnit.test 用来检查获取的文本与预定的文本是否一致，是具有预先编程行为的函数。

fnIsolatedFormatter 定义测试对象。通过使用数据模型中期望的值（这里是 A），调用独立的格式化程序函数来检查格式化程序逻辑的每个分支。将返回结果与期望从资源包中得到的值进行严格比较,并给出比较结果。

(2) webapp/test/unit/unitTests.qunit.html:

```html
<!DOCTYPE html>
<html>
<head>
    <title>SAP Fiori 开发实战</title>
    <meta charset="utf-8">
    <script
        id="sap-ui-bootstrap"
        src="https://openui5.hana.ondemand.com/resources/sap-ui-core.js"
        data-sap-ui-resourceroots='{
            "FioriBaodianDemo": "../../"
        }'
        data-sap-ui-async="true">
    </script>
    <link rel="stylesheet" type="text/css" href="https://openui5.hana.ondemand.com/resources/sap/ui/thirdparty/qunit-2.css">
    <script src="https://openui5.hana.ondemand.com/resources/sap/ui/thirdparty/qunit-2.js"></script>
    <script src="https://openui5.hana.ondemand.com/resources/sap/ui/qunit/qunit-junit.js"></script>
    <script src="https://openui5.hana.ondemand.com/resources/sap/ui/qunit/qunit-coverage.js"></script>
    <script src="https://openui5.hana.ondemand.com/resources/sap/ui/thirdparty/sinon.js"></script>
    <script src="https://openui5.hana.ondemand.com/resources/sap/ui/thirdparty/sinon-qunit.js"></script>
    <script src="unitTests.qunit.js"></script>
</head>
<body>
    <div id="qunit"/>
    <div id="qunit-fixture"/>
</body>
</html>
```

代码解析:

所谓的 QUnit 测试套件是一个 HTML 页面,可触发该应用程序的所有 QUnit 测试。它的大部分是生成结果页面的布局,读者可以在预览中看到该布局。在 webapp/test/unit 文件夹中,通过改变目录层级获得 src 文件夹，在测试时使用此命名空间来加载和触发应用程序功能。通过脚本标记加载一些基本的 QUnit 功能，当然也可以添加其他测试。然后 HTML 页面加载另一个名为 unitTests. qunit. js 的文件，这个脚本将执行格式化程序。

（3）webapp/test/unit/unitTests. qunit. js：

```
QUnit.config.autostart = false;
sap.ui.getCore().attachInit(function () {
sap.ui.require(["FioriBaodianDemo/test/unit/model/formatter"
    ], function () {QUnit.start();});
});
```

代码解析：

加载并执行 formatter 程序。

代码运行：

运行结果如图 10-2 所示。

图 10-2　运行结果

10.1.3　OPA 集成测试

如果想测试应用程序的交互模式或更直观的特性，需要编写集成测试用例，例如当点击测试对话框按钮时，检查对话框是否真正打开，采用 OPA5 可以轻松完成。OPA5 是 SAPUI5 的一项功能，该功能易于设置，并且基于 JavaScript 和 QUnit。

使用集成和单元测试并在持续集成（CI）环境中一致地运行它们，可以确保不意外地破坏应用程序或在现有代码中引入逻辑错误。下面使用 OPA 测试 9.3.2 节中的 Test 对话框。

在工程目录结构的 test 下新添加文件夹 integration，用来放置新的测试用例。在 integration 下新添加文件夹 page，将帮助构建集成测试的页面对象如 app. js 放在该文件夹中。

（1）webapp/test/integration/NavigationJourney. js 的代码如下：

```
sap.ui.define([
    "FioriBaodianDemo/localService/mockserver",
    "sap/ui/test/opaQunit",
```

```
    "./pages/App"
], function (mockserver) {
    QUnit.module("Navigation");
    opaTest("Should open the Test dialog", function (Given, When, Then) {
            mockserver.init();
            Given.iStartMyUIComponent({
            componentConfig: {name: "FioriBaodianDemo",async: true}});
            When.onTheAppPage.iPressTheTestWithDialogButton();
            Then.onTheAppPage.iShouldSeeTheTestDialog();
            Then.iTeardownMyApp();
    });
});
```

代码解析：

QUnit. module（"Navigation"），与 QUnit 测试实现类似，OPA5 使用 QUnit，这就是为什么首先设置一个将显示在结果页面上的 QUnit 模块导航。

opaTest 是定义 OPA 集成测试的主要方面，opaTest 的参数包括测试名称和回调函数，该回调函数将与 Given、When、Then 一起执行，以编写有意义的测试，其读起来像用户故事。

参数 Given，在给定的对象上，调用 iStartMyUIComponent 加载应用程序组件以进行集成测试。

参数 When，包含可以执行的自定义操作，以使应用程序处于可以测试预期行为的状态。

参数 Then，包含用于检查应用程序中特定的自定义声明，以及包含再次删除组件的拆卸功能。

创建一个非常简单的测试来启动应用程序，在应用程序内部，模拟了一个按钮的单击事件，并期望随后会打开一个对话框，还可以关闭该应用程序。测试用例看起来就像是一个用户故事，实际上并不需要了解其含义和方法的实现。这种方法称为"行为驱动开发"或简称为 BDD，这在敏捷软件开发方法中很流行。

（2）webapp/test/integration/pages/App.js：

```
sap.ui.define([
    "sap/ui/test/Opa5",
    "sap/ui/test/actions/Press"
], function (Opa5, Press) {
    var sViewName = "FioriBaodianDemo.view.TestPanel";
    Opa5.createPageObjects({
            onTheAppPage: {
                actions: {
                        iPressTheTestWithDialogButton: function () {
return this.waitFor({id: "testDialogButton",viewName: sViewName, actions:
```

```
                new Press(),errorMessage: "在测试面板视图中没有找到测试对话框按钮"});}},
            assertions: {
                iShouldSeeTheTestDialog: function () {
return this.waitFor({controlType: "sap.m.Dialog",success: function () {
Opa5.assert.ok(true, "对话框已打开");},errorMessage: "找不到对话框控件"
                    });}}}
    });
});
```

代码解析：

Opa5.createPageObjects 函数用来定义页面对象，这里是 onTheAppPage 页面对象，包含了 actions 和 assertions 两个参数。

iPressTheTestWithDialogButton 函数用于点击"测试"对话框按钮，在 OPA5 中是使用一条 waitFor 语句完成的，它基本上是一个循环，用于检查定义为参数的条件。如果满足条件，则执行成功回调，如果由于未满足条件而导致测试失败，则 errorMessage 属性页中的文本将显示在结果页面上。

iShouldSeeTheTestDialog 函数用在断言部分，在 OPA5 中是使用另一条 waitFor 语句完成的，该语句检查 sap.m.Dialog 应用程序的 DOM 中是否存在控件。找到对话框后，测试即告成功，并调用包含有意义消息的语句来立即进行确认。

（3）webapp/test/integration/opaTests.qunit.html：

```
<!DOCTYPE html>
<html>
<head>
    <title>SAP Fiori 开发实战</title>
    <meta charset="utf-8">
    <script
        id="sap-ui-bootstrap"
        src="https://openui5.hana.ondemand.com/resources/sap-ui-core.js"
        data-sap-ui-theme="sap_belize"
        data-sap-ui-resourceroots='{
            "FioriBaodianDemo": "../../"
        }'
        data-sap-ui-animation="false"
        data-sap-ui-compatVersion="edge"
        data-sap-ui-async="true">
    </script>
    <link rel="stylesheet" type="text/css" href="https://openui5.hana.ondemand.com/resources/sap/ui/thirdparty/qunit-2.css">
```

```
    <script src = "https://openui5.hana.ondemand.com/resources/sap/ui/
thirdparty/qunit-2.js"></script>
    <script src = "https://openui5.hana.ondemand.com/resources/sap/ui/qunit/
qunitjunit.js"></script>
        <script src = "opaTests.qunit.js"></script>
</head>
<body>
    <div id = "qunit"></div>
    <div id = "qunit-fixture"></div>
</body>
</html>
```

代码解析：

包含对应用程序的所有 OPA 测试的测试套件，通过 SAPUI5 中的脚本标记加载基本的 QUnit 功能，以便执行测试过程。

（4）webapp/test/integration/opaTests.qunit.js：

```
QUnit.config.autostart = false;
sap.ui.getCore().attachInit(function () {
sap.ui.require(["FioriBaodianDemo/test/integration/NavigationJourney"],
function () {QUnit.start();});
});
```

代码解析：

加载并执行 NavigationJourney 程序。

代码运行：

运行结果如图 10-3 所示。

图 10-3　运行结果

10.1.4 浏览器调试

尽管在前面的步骤中添加了一个基本的测试覆盖范围,但似乎意外地破坏了原有的应用程序,因为它不再在我们的发票上显示价格,这就需要在发现之前调试并修复它。幸运的是,SAPUI5 提供了一些调试工具,可以在应用程序中使用它们来检查应用程序逻辑,而浏览器的开发工具也相当不错。

webapp/view/InvoiceList.view.xml:

```
...
    <ObjectListItem …
        number = "{
    parts:[{path: 'invoice > ExTendedPrice'}, {path: 'view >/currency'}],
        …}"
        … > …
    </ObjectListItem>
...
```

代码解析:

number = "{parts:[{path:' invoice > ExTendedPrice '}…代码行中,因为一个拼写错误,将 invoice > ExtendedPrice 写成了 invoice > ExTendedPrice 而模拟了一个频繁的错误。现在调用该应用程序,发现"价格"没有出现在发票列表中。通过按 CTRL-ALT-SHIFT-S 键(在 Windows 和 Linux 上)或 CTRL-OPTION-SHIFT-S 键(在 macOS 上),打开 SAPUI5 支持诊断工具并检查应用程序。

除了关于应用程序的技术信息和类似于浏览器的开发人员工具控制台的跟踪之外,还有一个非常方便的工具可以在这个对话框中检查这些错误:点击右侧的展开符号打开选项卡控件树。选择树的第一个 ObjectListItem 控件并转到右侧的 BindingInfos 选项卡,我们实际上可以看到 number 属性的绑定路径被标记为无效。现在可以更正视图中的错误,并且"价格"应该再次出现在发票列表中。

有时错误不那么容易发现,实际上需要用浏览器的工具调试 JavaScript 代码。出于性能原因,SAPUI5 文件是以缩小版本提供的,这意味着所有可能的变量名都会被缩短,注解也会被删除。这使得调试更加困难,因为代码的可读性要低得多。

当然,还可以通过添加 URL 参数 sapui debug = true 或按 CTRL-ALT-SHIFT-P 键(在 Windows 和 Linux 上)或 CTRL-OPTION-SHIFT-P 键(在 macOS 上)并在显示的对话框中选择"使用调试源"来加载调试源。重新加载页面后,在浏览器的开发工具的网络选项卡中看到,已经加载了许多后缀为-dbg 的文件。这些是源代码文件,其中包括应用程序和 SAPUI5 文件的注解和未压缩代码。

代码运行:

运行结果如图 10-4 所示。

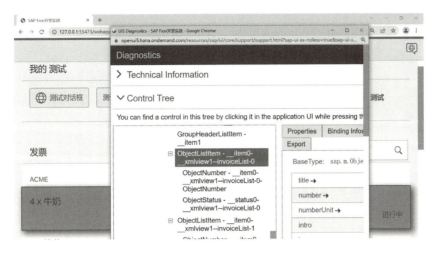

图 10-4　运行结果

10.2　前端路由

前端路由包括路由与导航、参数路由、路由返回。

10.2.1　Routing 与导航

在前面的步骤中，直接在 app 视图中定义了页面，以便在加载应用程序时显示它。现在使用 SAPUI5 路由器类来加载页面并自动更新 URL。例如使用 SAPUI5 导航功能来加载并显示一个单独的详细信息页面，该页面用来显示发票的详细信息。具体思路是，为应用程序指定路由配置，并为应用程序的每个页面创建一个单独的视图，然后通过触发导航事件连接视图。

（1）webapp/manifest.json：

```
{
    ...
    "sap.ui5": {
        ...
        "routing": {
            "config": {
                    "routerClass": "sap.m.routing.Router",
                    "viewType": "XML",
                    "viewPath": "FioriBaodianDemo.view",
                    "controlId": "app",
                    "controlAggregation": "pages"
            },
```

```
    "routes": [{"pattern": "","name": "overview","target": "overview"},
        {"pattern": "detail","name": "detail","target": "detail"}],
    "targets": {"overview": {"viewId": "overview","viewName": "Overview"},
        "detail": {"viewId": "detail","viewName": "Detail"}}}
    }
}
```

代码解析：

在 manifest.json 文件中，routing 对象定义了应用程序的路由和导航结构，包含 config、routes 和 targets 三部分。

config 对象定义包含适用于所有路由和目标的全局路由器配置和默认值。定义要使用的路由器类以及视图在应用程序中的位置。为了自动加载和显示视图，还要指定用于显示页面的控件以及在显示新页面时应填充的聚合。

routes 对象配置路由的名称、模式和目标（一个或多个），当路由被命中时就会响应与路由匹配的 URL 导航部分。本应用定义了两个路由，第一个是默认路由，它将显示包含前面步骤内容的概述页面，第二个是带有 URL 模式的 detail 路由，它将显示一个新的详细页面。

targets 对象定义一个显示的视图，它与一个或多个路由关联，也可以从应用程序中手动显示。每当显示目标时，相应的视图就会加载并显示在应用程序中。在本应用程序中，定义了两个目标。需要注意的是，视图名称与目标名称要对应。

（2）webapp/Component.js：

```
...
        init: function () { ...
            this.getRouter().initialize();
        },
...
```

代码解析：

this.getRouter().initialize()，初始化路由器并调用，不需要手动实例化路由器，它会根据 AppDescriptor 配置自动实例化并分配给组件。

初始化路由器将根据当前 URL 自动加载相应的视图。这是在 AppDescriptor 中配置的路由和目标的帮助下完成的。如果路径匹配，其相应目标的视图将被加载并显示。

（3）webapp/view/Overview.view.xml：

```
<mvc:View controllerName = "FioriBaodianDemo.controller.App" xmlns = "sap.m"
    xmlns:mvc = "sap.ui.core.mvc">
    <Page title = "{i18n>homePageTitle}">
        <headerContent>
            <Button icon = "sap-icon://hello-world" press = ".onOpenDialog"/>
```

```
            </headerContent>
            <content>
            <mvc:XMLView viewName="FioriBaodianDemo.view.TestPanel"/>
            <mvc:XMLView viewName="FioriBaodianDemo.view.InvoiceList"/>
            </content>
        </Page>
    </mvc:View>
```

代码解析：

新建 Overview. view. xml 视图文件，并将前面步骤的 App 视图内容复制到本文件。为了简单起见，现在不更改控制器，对于本示例的 Detail 和 InvoiceList 视图，只需重用控制器 FioriBaodianDemo. controller. App。该控制器的两个实例在运行时被实例化，并且每个引用控制器的视图都会实例化一个控制器实例。

（4）webapp/view/App. view. xml：

```
<mvc:View …> <Shell> <App class="myAppDemoWT" id="app"/> </Shell>
</mvc:View>
```

代码解析：

App. view. xml 视图文件只包含空的应用程序标记，路由器会自动将与当前 URL 相对应的视图添加到应用程序控件中。该应用程序控件 ID 标识要与 manifest. json 中定义的 controlId：app ID 标识一致。

（5）webapp/view/Detail. view. xml：

```
<mvc:View xmlns="sap.m" xmlns:mvc="sap.ui.core.mvc">
<Page title="{i18n>detailPageTitle}"> <ObjectHeader title="Invoice"/> </Page>
</mvc:View>
```

代码解析：

创建 Detail 视图文件，只包含一个显示静态文本内容控件的页面。

（6）webapp/view/InvoiceList. view. xml：

```
…
<ObjectListItem … type="Navigation" press=".onPress">…</ObjectListItem>
…
```

代码解析：

在 InvoiceList. view. xml 视图中，代码 type="Navigation" press=". onPress"> 行，向列表项添加了一个 press 事件，并将项目类型设置为 Navigation，以便可以实际点击该项目。

（7）webapp/controller/InvoiceList. controller. js：

```
...
        onPress: function (oEvent) {
            var oRouter = this.getOwnerComponent().getRouter();
            oRouter.navTo("detail");
        }
...
```

代码解析：

onPress 将事件处理程序函数添加到发票列表的控制器中，通过点击发票列表中的项目，可以导航到详细信息页面。oRouter.navTo（"detail"）表示在路由器上调用 navTo 方法来导航到其配置中指定的详细路由。

代码运行：

运行结果如图 10-5 所示。

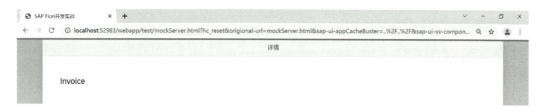

图 10-5　运行结果

10.2.2　参数路由

应用程序的一个典型用例是在详细信息页面上显示所选项附加信息，例如将所选发票详细信息显示在详细信息页面中。

（1）webapp/manifest.json：

```
...
"routes":[…
{"pattern": "detail/{invoicePath}","name": "detail","target": "detail"}],
...
```

代码解析：

在 manifest.json 文件中的"routes"，将导航参数 invoicePath 添加到路由中的"pattern"："detail/{invoicePath}"，以便将所选项目的信息传递到详细信息页面。

（2）webapp/view/Detail.view.xml：

```
<mvc:View controllerName = "FioriBaodianDemo.controller.Detail"
    xmlns = "sap.m" xmlns:mvc = "sap.ui.core.mvc">
```

```xml
<Page title = "{i18n>detailPageTitle}">
<ObjectHeader intro = "{invoice>ShipperName}" title = "{invoice>ProductName}"/>
    </Page>
</mvc:View>
```

代码解析：

添加一个控制器，该控制器负责在视图上设置项目的上下文，并将某些属性绑定到 invoice 模型的字段，来添加更详细的信息。但是为了简单起见，本例只显示 ShipperName 和 ProductName 两个字段。

（3）webapp/controller/InvoiceList.controller.js：

```js
...
        onPress: function (oEvent) {
                var oItem = oEvent.getSource();
                var oRouter = this.getOwnerComponent().getRouter();
                oRouter.navTo("detail", {invoicePath: window.encodeURIComponent(oItem.getBindingContext("invoice").getPath().substr(1)) });}
    ...
```

代码解析：

var oItem = oEvent.getSource( ) 代码，通过 getSource 方法访问已与之交互的控件实例，onPress 函数将点击发票信息传递到详细页面。

为了识别选择的对象，通常会在后端系统中使用项目的主键，因为它既简短又精确。对于本示例的发票项目，因为没有一个简单的主键，所以直接使用绑定路径来保持示例的简短和简单。

invoicePath 表示路径是绑定上下文的一部分，用于管理控件的绑定信息，通过调用 getBindingContext 方法来访问绑定上下文。

（4）webapp/controller/Detail.controller.js：

```js
sap.ui.define([
    "sap/ui/core/mvc/Controller"
], function (Controller) {
return Controller.extend("FioriBaodianDemo.controller.Detail", {
        onInit: function () {
                var oRouter = this.getOwnerComponent().getRouter();oRouter.getRoute("detail").attachPatternMatched(this._onObjectMatched, this); },
        _onObjectMatched: function (oEvent) {
            this.getView().bindElement({path: "/" + window.decodeURIComponent(oEvent.getParameter("arguments").invoicePath),
                    model: "invoice"});}});
});
```

代码解析：

新建 Detail.controller.js，通过 onInit 方法获取 app router 的实例，调用 attachPatternMatched 方法附加到详细的路由上，该方法与通过名称访问的路由匹配。同时注册了一个内部回调函数 on-ObjectMatched，arguments 参数将返回一个与路由模式中的导航参数相对应的对象。它将在路由被命中时执行，方法是点击该项目或通过调用带有详细信息页面 URL 的应用程序。

_onObjectMatched：函数通过 URL 参数传入上下文，在视图上设置 invoicePath，并调用视图上的 bindElement 函数来设置上下文。在本示例中，视图显示发票列表中已选择的项目，如果没有上下文参数传入，视图将显示为空。

代码运行：

运行结果如图 10-6 所示。

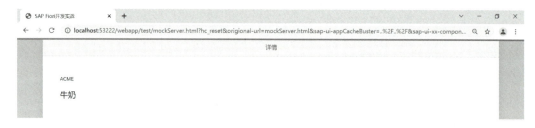

图 10-6　运行结果

10.2.3　路由返回

从概述页面导航到详细信息页面并显示发票后，需要在详细信息页面添加后退按钮，返回到概述页面并实现再次显示概览页面。

（1）webapp/view/Detail.view.xml：

```
...
    <Page title = "{i18n>detailPageTitle}"
        showNavButton = "true" navButtonPress = ".onNavBack">···</Page>
...
```

代码解析：

在详细信息页面上，通过将参数 showNavButton 设置为 true 来告诉控件显示后退按钮，并注册一个事件处理程序 onNavBack，该处理程序在按下后退按钮时被调用。

（2）webapp/controller/Detail.controller.js：

```
sap.ui.define([
    "sap/ui/core/mvc/Controller",
    "sap/ui/core/routing/History"
], function (Controller, History) {
```

```
return Controller.extend("FioriBaodianDemo.controller.Detail", {
    ...
    onNavBack: function () {
            var oHistory = History.getInstance();
            var sPreviousHash = oHistory.getPreviousHash();
            if (sPreviousHash ! = = undefined) {
                    window.history.go(-1);
            } else {
            var oRouter = this.getOwnerComponent().getRouter();
            oRouter.navTo("overview", {}, true); }} });
});
```

代码解析：

在 onNavBack 事件处理程序中，访问导航历史 oHistory 并尝试确定之前的哈希 sPreviousHash。与浏览器历史记录不同，只有在应用程序中导航步骤已经发生时，才会得到有效的结果。这样就可以简单地使用浏览器上的历史记录返回上一页。如果之前没有导航，可以告诉路由器直接转到概述页面。

oRouter.navTo 代码中，第三个参数 true 告诉路由器用新的状态替换当前的历史状态，实际上是自己进行反向导航。第二个参数是一个空数组，因为我们不向该路由传递任何其他参数。

代码运行：

运行结果如图 10-7 所示。

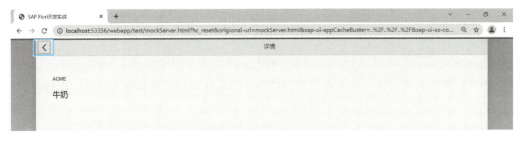

图 10-7　运行结果

10.3　高级应用

SAPUI5 高级应用包括自定义控件、响应与适配、可访问性。

10.3.1　自定义控件

本节内容学习使用自定义控件扩展 SAPUI5 的功能。例如，希望对显示在详细信息页面上的产品进行评级，需要使用 SAPUI5 扩展机制创建一个由多个标准控件组成的组合，并添加一些黏合代码，使它们能够很好地协同工作。这样，可以在整个应用程序中重用控件，并将所有相关功能保存在一个模块中。

（1）webapp/control/ProductRating.js：

```
sap.ui.define([
    "sap/ui/core/Control"
], function (Control) {
    return Control.extend("FioriBaodianDemo.control.ProductRating", {
            metadata: {
            },
            init: function () {
            },
            renderer: function (oRM, oControl) {
            }
    });
});
```

代码解析：

创建一个新的文件夹 control 和一个文件 ProductRating.js，用来保存新的控件。与普通的控制器和视图一样，自定义控件从 SAPUI5 基对象继承通用控件功能。

自定义控件是在应用程序中创建的小型重用组件。有时也称为动态控件。自定义控件是一个 JavaScript 对象，它有两个特殊部分（元数据 metadata 和呈现器 renderer）以及许多实现控件功能的方法。

metadata：{代码段，元数据用来定义数据结构，从而定义控件的 API。有了这个关于控件的属性、事件和聚合的元信息，SAPUI5 会自动创建 set 和 get 方法以及其他可以在应用程序中调用的函数。

renderer：function（oRM, oControl）{…代码段，当控件在视图中实例化时，呈现器定义将添加到应用程序的 DOM 树中的 HTML 结构。它通常最初由 SAPUI5 的核心调用，并且每当控件的属性发生更改时调用。renderer 函数的参数 oRM 是 SAPUI5 呈现管理器，可用于向 HTML 页面写入字符串和控制属性。

（2）webapp/control/ProductRating.js：

```
sap.ui.define([
    "sap/ui/core/Control",
    "sap/m/RatingIndicator",
    "sap/m/Label",
    "sap/m/Button"
```

```javascript
], function (Control, RatingIndicator, Label, Button) {
    return Control.extend("FioriBaodianDemo.control.ProductRating", {
metadata:{properties:{value:{type:"float",defaultValue:0}},aggregations:{
_rating:{type:"sap.m.RatingIndicator",multiple:false,visibility:"hidden"},
_label: {type: "sap.m.Label", multiple: false, visibility: "hidden"},
_button: {type: "sap.m.Button", multiple: false, visibility: "hidden"}},
        events: {change: {parameters: { value: {type: "int"}}}}},
init: function () {this.setAggregation("_rating", new RatingIndicator({
value: this.getValue(),iconSize: "2rem",visualMode: "Half",
liveChange: this._onRate.bind(this) }));
            this.setAggregation("_label", new Label({
                text: "{i18n>productRatingLabelInitial}"
            }).addStyleClass("sapUiSmallMargin"));
            this.setAggregation("_button", new Button({
                text: "{i18n>productRatingButton}",
                press: this._onSubmit.bind(this)
            }).addStyleClass("sapUiTinyMarginTopBottom"));},
    setValue: function (fValue) {
            this.setProperty("value", fValue, true);
            this.getAggregation("_rating").setValue(fValue); },
    reset: function () {
    var oResourceBundle = this.getModel("i18n").getResourceBundle();
            this.setValue(0);
            this.getAggregation("_label").setDesign("Standard");
            this.getAggregation("_rating").setEnabled(true);
    this.getAggregation("_label").setText(oResourceBundle.getText("product
RatingLabelInitial"));
            this.getAggregation("_button").setEnabled(true); },
    _onRate: function (oEvent) {
    var oRessourceBundle = this.getModel("i18n").getResourceBundle();
            var fValue = oEvent.getParameter("value");
            this.setProperty("value", fValue, true);
this.getAggregation("_label").setText(oRessourceBundle.getText("product
RatingLabelIndicator", [fValue, oEvent.getSource().getMaxValue()]));
            this.getAggregation("_label").setDesign("Bold");},
        _onSubmit: function (oEvent) {
    var oResourceBundle = this.getModel("i18n").getResourceBundle();
```

```
              this.getAggregation("_rating").setEnabled(false);
    this.getAggregation("_label").setText(oResourceBundle.getText("product
    RatingLabelFinal"));
              this.getAggregation("_button").setEnabled(false);
    this.fireEvent("change", {value: this.getValue()});},
            renderer: function (oRM, oControl) {
oRM.write("<div>");oRM.writeControlData(oControl);
oRM.addClass("myAppDemoWTProductRating");oRM.writeClasses();
oRM.write(">");oRM.renderControl(oControl.getAggregation("_rating"));
oRM.renderControl(oControl.getAggregation("_label"));oRM.renderControl(
oControl.getAggregation("_button"));oRM.write("</div>");} });});
```

代码解析：

ProductRating.js 是通过自定义功能增强的自定义控件。在本示例中，希望创建一个交互式产品评分系统，因此需要定义一个值并使用三个内部控件，这些内部控件由控件自动更新。

RatingIndicator 控件用于收集用户对产品的输入，Label 控件用来显示详细信息，Button 控件用来提交评分给应用程序以存储。

在 metadata：{…代码段中，定义了 properties 属性、aggregations 聚合和 events 事件。

properties 属性中的 value，用来保存用户在评分中选择的值。此属性的 getter 和 setter 函数将自动创建，还可以是其绑定到 XML 视图中的数据模型字段。

aggregations 聚合中的三个内部控件，用来实现评分功能。将每个控件的 visibility 属性设置为 hidden，可以使用在视图上设置的模型，也可以在内部控件中使用，SAPUI5 将负责生命周期管理，并在不再需要时销毁这些控件。聚合也可以用于保存控件数组，但现在只希望在每个聚合中有一个控件，因此通过将属性 multiple 设置为 false 来调整基数。

三个内部控件如下。

_rating：用于用户输入的 sap.m.RatingIndicator 控件

_label：显示附加信息的 sap.m.label

_button：提交评级的 sap.m. 按钮

events 事件中的 change 改变，用来指定一个更改事件。在提交评分时控件将触发该事件，它包含当前值作为事件参数。应用程序可以注册到此事件并处理结果，类似于常规的 SAPUI5 控件，后者实际上是类似于自定义控件构建。

init：function () {…代码段中，当每次实例化控件的新实例时，SAPUI5 自动调用 init 函数设置内部控件。在实例化这三个控件时，调用继承框架的 setAggregation 方法，传递指定的内部聚合的名称和新的控件实例，将它们存储在内部聚合中。同时通过指定一些控件属性以使自定义控件看起来更好。

借助 SAPUI5 渲染管理器和控件实例，现在可以渲染控件的 HTML 结构。首先渲染 div 标签内控件的 ID 和其他基本属性，接下来自定义 CSS 类，为自定义控件定义样式规则。通过渲染器实例来渲染此 CSS 类和其他已添加到视图中的类。然后将内部聚合的内容传递给 renderControl 函数来标记和渲染三个内部控件。这将调用控件的渲染器并将它们的 HTML 添加到页面。

setValue: function (fValue) {…代码段用来重写 setter。SAPUI5 将生成一个 setter，它在控制器中调用或在 XML 视图中定义时更新属性值。本例中还需要更新隐藏聚合中的内部评分控件以正确反映状态。另外还可跳过 SAPUI5 的重新呈现，调用 setProperty 方法，以 true 作为第三个参数更新控件属性。这通常是在控件的属性发生更改时触发的。

reset: function () {…代码段的作用是将 UI 上控件的状态恢复到其初始状态，以便用户可以再次提交评分。

_onSubmit: function (oEvent) {…代码段是评分按钮的按键处理程序，触发控件的更改事件并将当前值作为参数传入，以便侦听此事件的应用程序可以对评级交互做出反应。假设评分是一次性操作，提交后禁用评分按钮，这样就不允许用户多次提交，同时更新标签，以显示"感谢您的评分！"消息。

（3）webapp/view/Detail.view.xml：

```
<mvc:View … xmlns:wt = "FioriBaodianDemo.control" >
    <Page… > …
        <wt:ProductRating id = "rating"
class = "sapUiSmallMarginBeginEnd" change = ".onRatingChange"/ >
    </Page>
</mvc:View>
```

代码解析：

在 Detail.view.xml 视图上定义了一个新的名称空间 wt，这样就可以在视图中轻松地引用自定义控件。现在将 ProductRating 控件的实例添加到详细信息页，并为 change 事件注册一个事件处理程序 .onRatingChange。为了获得正确的布局，还添加了一个 sapUiSmallMarginBeginEnd 样式类。

（4）webapp/controller/Detail.controller.js：

```
sap.ui.define([
    …
    "sap/m/MessageToast"
], function (Controller, History, MessageToast) {
    return Controller.extend("FioriBaodianDemo.controller.Detail", {
        …
        _onObjectMatched: function (oEvent) {
            this.byId("rating").reset();
        …},
        …
        onRatingChange: function (oEvent) {
            var fValue = oEvent.getParameter("value");
```

```
    var oResourceBundle = this.getView().getModel("i18n").getResourceBundle();
    MessageToast.show(oResourceBundle.getText("ratingConfirmation",[fValue])); }
        });
    });
```

代码解析：

在 Detail.controller.js 控制器中，onRatingChange 函数读取提交评分时触发的自定义更改事件的值，同时调用 MessageToast.show 方法显示一条消息。

_onObjectMatched：调用 reset 方法，以便在显示不同项目的详细信息视图时立即提交另一个评分。

（5）webapp/css/style.css 的新增代码如下：

```
...
.myAppDemoWTProductRating { padding: 0.75rem;}
.myAppDemoWTProductRating .sapMRI { vertical-align: initial;}
```

代码解析：

在 style.css 中，自定义了一个 sapUiSmallMarginBeginEnd 样式类，对边距 margin、字体 font、填充 padding 和垂直对齐 vertical-align 进行了设置，对控件进行了布局。

（6）webapp/i18n/i18n.properties 的新增代码如下：

```
...
ratingConfirmation=你已将此产品评级为{0}星
# Product Rating
productRatingLabelInitial=请给这个产品打分
productRatingLabelIndicator=你的评级:{1}中的{0}
productRatingLabelFinal=谢谢你的评分！
productRatingButton=评分
```

代码运行：

运行结果如图 10-8 所示。

图 10-8　运行结果

10.3.2 响应与适配

本节内容将介绍屏幕响应、设备适配和内容压缩。

1. 屏幕响应

为了提高应用程序的响应能力，SAPUI5 应用程序可以在手机、平板电脑和桌面设备上运行，以便在每个场景中充分利用屏幕属性。目前 SAPUI5 控件（如 sap. m. Table）已经提供了许多可以使用的特性，例如响应式表格可以在小型设备上隐藏部分列信息。

（1）webapp/view/InvoiceList. view. xml：

```
...
    <Table … >
        ...
        <columns>
<ColumnhAlign ="End" minScreenWidth ="Small" demandPopin ="true" width ="4em">
            <Text text ="{i18n>columnQuantity}"/> </Column>
            ...
        </columns>
        <items> <ColumnListItem type ="Navigation" press =".onPress">
<cells> <ObjectNumber number ="{invoice>Quantity}" emphasized ="false"/>…
            </ColumnListItem> </items>
    </Table>
...
```

代码解析：

只需将标记 <list> 替换为 <table> 即可将列表与表交换。该表有一个内置的响应功能，使应用程序更加灵活。表和列表共享同一组属性，因此可以方便地重用这些属性以及分类器。

<columns> <Column…代码段，由于一个表的每一行有多个单元格，必须为表定义列，并根据数据命名这些列。现将五个 sap. m. Column 控件添加到列聚合中，每个控件的配置略有不同。五列名称分别是 columnQuantity（数量）、columnName（名称）、columnStatus（状态）、columnSupplier（供应商）和 columnPrice（价格）。

<items> <ColumnListItem…代码段，用来把信息拆分到与上面定义的列匹配的单元格中，而不是以前的 ObjectListItem。因此，将其更改为具有相同属性的 ColumnListItem 控件。现在创建五个控件，使用单元格聚合来显示对应列的数据（先要绑定对应的数据字段）。

（2）webapp/i18n/i18n. properties 的新增代码如下：

```
...
columnQuantity =数量
columnName =名称
```

```
columnSupplier = 供应商
columnStatus = 状态
columnPrice = 价格
...
```

代码运行：

运行结果如图 10-9 所示。

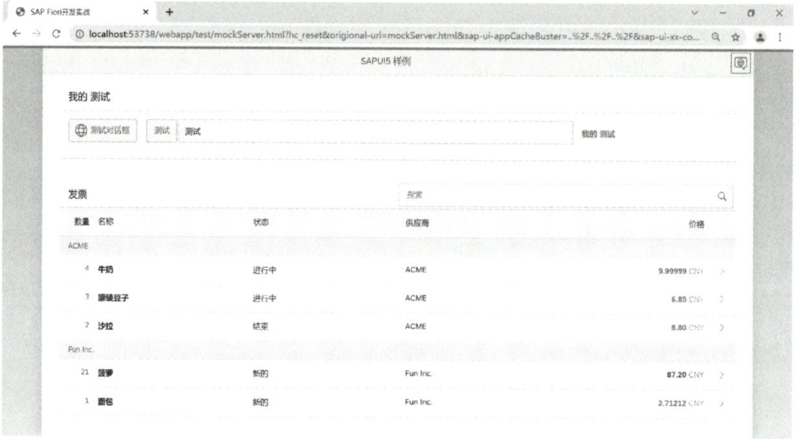

图 10-9　运行结果

2. 设备适配

设备适配是指根据运行应用程序的设备配置控件的可见性和属性。利用 sap.ui.Device 的 API 和定义设备的模型，将使应用程序在许多设备上看起来很棒，满足设备的适配性。例如在智能终端上，面板折叠后节省屏幕空间并隐藏一个按钮。

（1）webapp/view/TestPanel.view.xml：

```
...
    <Panel... expandable = "{device>/system/phone}"
        expanded = "{ = ! ${device>/system/phone} }">
        <content><Button ...
    class = "sapUiSmallMarginEnd sapUiVisibleOnlyOnDesktop"/>...
        </content>
    </Panel>
...
```

代码解析：

在 TestPanel.view.xml 视图中添加了两个可扩展的新属性 expandable 和 expanded。用户现在可以关闭和打开面板，以便在具有小屏幕的设备上为列表留出更多空间。expandable 属性绑定到名为 device 的模型和路径/system/phone。所以面板只能在智能终端上扩展。expanded 属性控制面板的状态,使用表达式绑定语法在智能终端上关闭它,并在所有其他设备上展开面板。

对 Button 控件和 Input 控件设置了 CSS 类,比如通过样式元素的标签 sapUiVisibleOnlyOnDesktop 或 sapUiHideOnDesktop,对设备类型隐藏单个控件,只显示在桌面设备上打开对话框的按钮,并为其他设备隐藏它。

(2) webapp/Component.js:

```
sap.ui.define([
    …
    "sap/ui/Device"
], function (UIComponent, JSONModel, TestDialog, Device) {
    return UIComponent.extend("FioriBaodianDemo.Component", {
        …
        init: function () {
            …
            var oDeviceModel = new JSONModel(Device);
            oDeviceModel.setDefaultBindingMode("OneWay");
            this.setModel(oDeviceModel, "device");
            …
        },
        …
    });
});
```

代码解析:

在 Component.js 组件中,在组件上将模型设置为命名模型,以便在数据绑定中引用它,正如我们在上面的视图中看到的那样。

varoDeviceModel = new JSONModel(Device);用来设置设备模型。

oDeviceModel.setDefaultBindingMode("OneWay");将设备模型的绑定模式设置为只读(参数"OneWay"),这样可避免在将控件的属性绑定到模型时意外更改模型。

(3) webapp/view/Detail.view.xml:

```
…
    <ObjectHeader
        responsive = "true"
        fullScreenOptimized = "true"
        number = "{
    parts: [{path: 'invoice>ExtendedPrice'}, {path: 'view>/currency'}],
    type: 'sap.ui.model.type.Currency', formatOptions: {showMeasure: false}}"
    numberUnit = "{view>/currency}"
    intro ="{invoice>ShipperName}" title ="{invoice>ProductName}"/ > <attributes >
```

·231·

```
        <ObjectAttribute title ="{i18n>quantityTitle}" text ="{invoice>Quantily}"/>
             <ObjectAttribute title ="{i18n>dateTitle}" text ="{
path: 'invoice>ShippedDate', type: 'sap.ui.model.type.Date',
formatOptions:{style:'long',source:{pattern:'yyyy-MM-ddTHH:mm:ss'}}}"/>
            </attributes></ObjectHeader>
...
```

代码解析：

在<ObjectHeader…代码段中，对控件的内置响应功能进行配置，例如将 responsive 和 fullScreenOptimized 的属性设置为 true，可以将 ObjectHeader 控件置于更灵活的模式中。这将根据设备大小在屏幕上的不同位置显示添加到视图中的数据。

还将前面步骤列表中的 number 和 numberUnit 字段添加到 ObjectHeader 中，并使用与前面步骤中相同的货币类型格式化程序。发票数量 Quantity、发货日期 ShippedDate 等，也是数据模型的一部分。其中，shippedDate 字段包含典型字符串格式的日期，该字段在 JSON 文件定义，也适合小屏幕设备。

（4）webapp/controller/Detail.controller.js：

```
...
    onInit: function () {
        var oViewModel = new JSONModel({currency: "CNY"});
        this.getView().setModel(oViewModel, "view");
        ...
    },
...
```

代码解析：

在 Detail.controller.js 控制器中，只需添加带有货币定义的视图模型，以正确显示数字。其他代码与 InvoiceList 控制器文件中的代码相同。

（5）webapp/i18n/i18n.properties 的新增代码如下：

```
...
dateTitle=订购日期
quantityTitle=数量
...
```

代码运行：

运行结果如图 10-10 所示。

3. 内容压缩

内容压缩是指根据用户的设备调整内容密度。SAPUI5 包含不同的内容密度，既有满足触摸功能的设备显示，又有使用鼠标操作的设备显示。可以通过内容压缩来检测设备并相应地调整密度。

例如同样的内容，在桌面设备上的内容密度很紧凑，而在支持触控的设备上则有较大的字距或行距。

图 10-10 运行结果

（1）webapp/Component.js：

```
...
    getContentDensityClass: function () {
        if (!this._sContentDensityClass) {
            if (!Device.support.touch) {
            this._sContentDensityClass = "sapUiSizeCompact";
            } else {
            this._sContentDensityClass = "sapUiSizeCozy";
            }}
        return this._sContentDensityClass; }
...
```

代码解析：

getContentDensityClass 用来直接查询设备 API 以获得客户端的触摸支持，如果不支持触摸交互，则返回 CSS 类 sapUiSizeCompact，对于所有其他情况，返回 sapUiSizeCozy。整个应用程序编码中使用它来设置适当的内容密度 CSS 类。

（2）webapp/controller/App.controller.js：

```
...
onInit: function () {
this.getView().addStyleClass(this.getOwnerComponent().getContentDensityClass());
},
...
```

代码解析：

this.getView().addStyleClass(this.getOwnerComponent().getContentDensityClass())；代码行用来在 app 视图上设置相应的样式类，应用程序视图中的所有控件样式都将依据样式定义自动调整。

（3）webapp/controller/TestDialog.js：

```
sap.ui.define([
    ...
    "sap/ui/core/syncStyleClass"
], function (ManagedObject, Fragment, syncStyleClass) {
        return ManagedObject.extend(" FioriBaodianDemo.controller.TestDialog", {
        ...
        open: function () {
            ...
            if (!this.pDialog) {
                ...
                this.pDialog = Fragment.load({ ...
                }).then(function (oDialog) {
                    ...
                    syncStyleClass(oView.getController().getOwnerComponent().getContentDensityClass(), oView, oDialog);
                    return oDialog;
                });
            }
            ...
        }
    });
});
```

代码解析：

TestDialog.js 不是 app 视图的一部分，而是一个称为静态区域的特殊 DOM 部分。对话框不知道应用程序视图上定义的样式，因此需要手动将应用程序的样式类与对话框同步。

（4）webapp/manifest.json：

```
{
    ...
    "sap.ui5": {
        ...
```

```
            "contentDensities": {"compact": true, "cozy": true},
            …
        }
    }
```

代码解析:

"contentDensities": {…代码行，用来指定应用程序支持的模式。SAP Fiori 启动面板等容器允许根据这些设置切换内容密度。代码中启用了应用程序在两种模式下运行（两者都设置为 true），这将取决于设备的功能。

代码运行:

运行结果如图 10-11 所示。

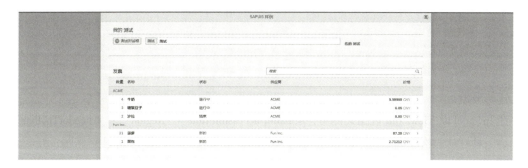

图 10-11　运行结果

10.3.3　可访问性

下面学习如何改进应用程序的可访问性（Accessibility），其目的是让应用程序可供尽可能多的人使用。为此，需要添加 ARIA（Accessible Rich Internet Applications）属性来识别应用程序结构并正确解释 UI 元素，屏幕阅读器就是使用 ARIA 属性来实现的。

（1）webapp/view/Overview. view. xml:

```
…
   <Page title = "{i18n>homePageTitle}">
     <landmarkInfo>
     <PageAccessibleLandmarkInfo rootRole = "Region"
rootLabel = "{i18n>Overview_rootLabel}" contentRole = "Main"
contentLabel = "{i18n>Overview_contentLabel}" headerRole = "Banner"
headerLabel = "{i18n>Overview_headerLabel}"/> </landmarkInfo>…</Page>
…
```

代码解析:

在 Overview.view.xml 视图中，<landmarkInfo…代码段，用来定义概览页面区域的 ARIA 角色和标签。ARIA 属性集的一部分是所谓的地标，与地图一样可以帮助用户在应用程序中导航。

（2）webapp/view/InvoiceList.view.xml：

```xml
<mvc:View
  ...
>
  <Panel accessibleRole="Region">
    <headerToolbar>
    <Toolbar><Title text="{i18n>invoiceListTitle}"/><ToolbarSpacer/>
    <SearchField width="50%" search=".onFilterInvoices"/></Toolbar>
    </headerToolbar>
    ...
  </Panel>
</mvc:View>
```

代码解析：

在 InvoiceList.view.xml 视图文件中，<Panel accessibleRole="Region"> <headerToolbar>…表示将工具栏从表格移到面板中，以便该区域可以将工具栏的标题作为自己的标题，并成为地标中的一个区域。

（3）webapp/view/TestPanel.view.xml：

```xml
...
<Panel... accessibleRole="Region">...</Panel>
...
```

代码解析：

在 TestPanel.view.xml 视图中，因为已经有了一个面板，现在只需要添加属性 accessibleRole="Region">即可。

（4）webapp/i18n/i18n.properties 的新增代码如下：

```
...
#Overview Page
Overview_rootLabel=概览页
Overview_headerLabel=标头
Overview_contentLabel=页面内容
ratingTitle=对产品进行评级
...
```

代码运行：

运行结果如图 10-12 所示。

图 10-12　运行结果

10.4　结束语

本章结合第 9 章中各知识点，按照从基础到高级、从通用到个性化、从简单到复合能力层次的方法进行讲解，方便读者有选择地学习和掌握本章内容。对于 SAPUI5 的技术提升，所要掌握的知识非常之多，主要会涉及以下几部分：

（1）SAPUI5 作为前端开发核心框架，主要原理是 HTML5 技术，掌握 JavaScript、HTML、CSS 的开发技术至关重要。

（2）SAP Fiori 应用程序的开发，除了使用好 SAPUI5 技术外，还会涉及诸多的配置、Transaction Code 的使用等，这将决定 Fiori 应用程序能否顺利实施。

（3）需要掌握 ABAP 开发语言，以及数据支撑中心 Gateway 的相关配置。

（4）对于 Mobile Service 的相关服务，需要掌握移动开发技术 Cordova、iOS、Android。

（5）重视 SCP 云服务的配置及相关部署。

以上只是简单列举了几点，要真正学好 SAPUI5，成为 SAP Fiori 应用程序开发大师，着实需要费一番功夫，当然机会总是留给有准备的人。

第 11 章

Fiori 工作流

内容关键词

工作流配置步骤

Inbox（收件箱）的主要功能、系统架构、先决条件和系统别名

Inbox 的主要操作

工作流开发

利用磁贴创建标准工作流

自定义工作流的开发步骤

本章概要

- 工作流配置
- 工作流开发

工作流是 SAP Fiori 应用程序中最常用到的，它确保正确的工作在正确的时间按正确的顺序被带到正确的人。工作流就是捕获这些流转事件，通过引擎将工作项传送到负责人的 Inbox（收件箱）中，并在 Inbox 中处理工作项。

SAP Fiori 工作流提供标准开发和自定义开发两种方法，前者使用条目磁贴创建标准工作流任务；后者适用于在标准应用程序模板不能满足业务需求时，根据实际情况制定工作流。本章重点对工作流配置步骤、标准工作流和自定义工作流的开发步骤进行详细介绍。

11.1 工作流配置

工作流是一种经过编排的、可重复的业务活动模式。它既可表示为一系列操作、声明为个人或团体的工作，又可以是一个或多个简单或复杂的机制，使用工作流可以简化业务事件的处理。

在 SAP Fiori 中使用工作流，需要先对工作流进行配置。

配置工作流的主要步骤如下：

（1）登录到后端系统，运行事务代码 SWI2_FREQ。

运行事务代码如图 11-1 所示。

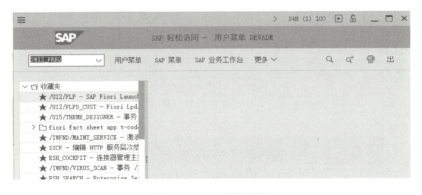

图 11-1 运行事务代码

（2）在 SWI2 页面中，选择监控期类型、工作项类型，然后点击执行按钮。

设置 SWI2 相关参数如图 11-2 所示。

（3）显示系统中所有工作流模板。

工作流模板如图 11-3 所示。

（4）选择某个工作流模板，运行代码 nswu3。

（5）展开维护运行时环境，以检查所有节点是否为绿色（绿色表示正常）。

检查工作流节点状态如图 11-4 所示。

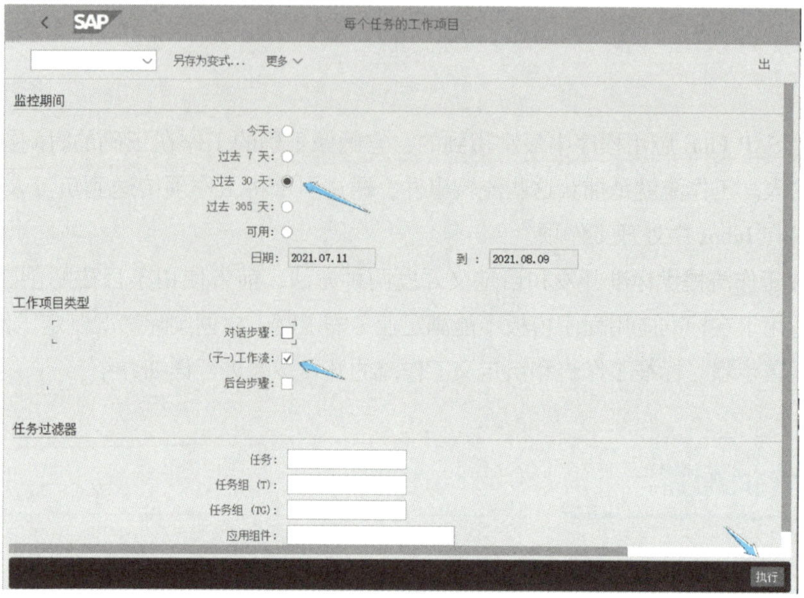

图 11-2　设置 SWI2 相关参数

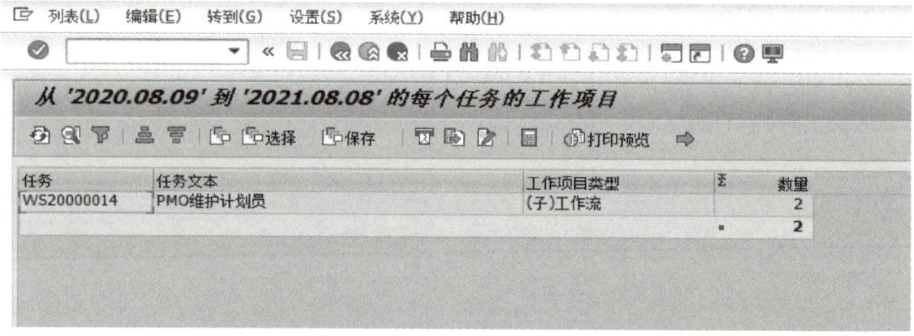

图 11-3　工作流模板

图 11-4　检查工作流节点状态

(6) 验证工作流。

验证工作流如图 11-5 所示。

图 11-5　验证工作流

(7) 显示验证开始的提示信息，点击确认图标。

工作流验证确认如图 11-6 所示。

图 11-6　工作流验证确认

(8) 对自动工作流定制操作。

自动工作流定制如图 11-7 所示。

图 11-7　自动工作流定制

(9) 在新窗口中点击执行图标，通过 Inbox 收件箱获取工作流的通知和信息。

获取工作流通知信息如图 11-8 所示。

图 11-8　获取工作流通知信息

到这里，SAP Fiori 工作流的配置操作已经完成，可以通过 Inbox 收件箱获取工作流的通知和信息。

在工作流配置过程中，经常要使用一些 SAP 工作流 T 代码。工作流 T 代码汇总如表 11-1 所示。

表 11-1　工作流 T 代码汇总

分　　类	事　务　码	描　　述
Workflow Design	SWDD	工作流构建器
	SWUE	触发事件
	SWUS	启动工作流
	SBWP	SAP 业务工作台
	PPOC	创建组织计划
	SE24	ABAP 类构建器
	SWO1	业务对象制作程序
Workflow Customizing	SWU3	自动工作流定制
	OOW4	工作流/组织管理前缀号
	PFTC	一般任务维护
	SWDM	工作流对象资源库
	SCOT	SAPconnect-管理
	SWEAD	事件队列管理
	SWE2	显示/维护事件类型链接
	SWE3	显示例子联结
	PPOME	更改组织和就职
	SWE5	检查事件链接
Workflowruntime	SWUD	工作流诊断
	SWU_OBUF	重置运行时缓冲区
	SWPR	重新启动错误工作流

11.2　工作流开发

SAP 业务工作流是一种跨应用程序的工具，可自动执行和简化业务流程。目前工作流所面临的最大挑战，主要体现在如何解决多源头完成工作项、如何解决与不同的任务管理系统进行交互、如何解决不同设备之间不一致的 UX 等方面。从技术角度来看，就是设置和配置异构工作流引擎、建立统一基于工作流的收件箱，并在所有设备上使用一致的 UX。因此，SAP Fiori 推出的 My Inbox 应用程序，是解决上述需求或挑战的最佳解决方案。

11.2.1 My Inbox

My Inbox 应用是 SAP Fiori 中成熟的工作流收件箱，可以降低流程的复杂性，提高最终用户的工作效率，方便用户便捷访问和管理所有工作项。

1. My Inbox 主要功能

（1）可以对应用程序中显示的信息进行排序和过滤。

（2）可以选择多个请求并一起批准或拒绝它们。

（3）可以添加附件和发表评论。

（4）可以通过 SAP Jam 或电子邮件共享任务。

2. My Inbox 系统架构

My Inbox 应用程序在 SAP Gateway 上运行，类似 SAP Fiori 事务性应用程序，在 SAP Gateway 服务器中称为任务网关服务，是应用程序的关键组件。此组件协调来自不同任务提供者的视图，例如 SAP BPM，SAP Business Workflow 或第三方工作流引擎。

My Inbox 系统架构如图 11-9 所示。

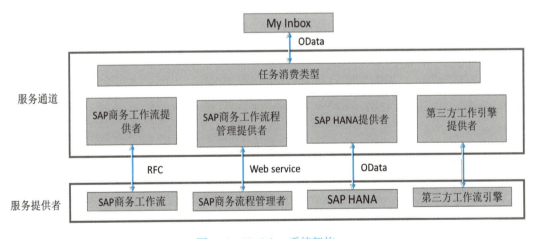

图 11-9 My Inbox 系统架构

My Inbox 应用程序的系统架构由任务通道和服务提供者构成。任务通道包括任务消费模型和任务提供者。服务提供者包括 SAP 业务工作流、SAP 业务流程管理、SAP HANA 和第三方工作流引擎，通过不同的 API 接口类型，如 RFC、Web Service、OData 等，为任务消费模型的任务提供者提供开箱即用的任务信息。任务信息由不同的任务提供者以标准格式发布，并与 My Inbox 应用程序通过 OData 进行数据访问。

3. My Inbox 先决条件

在实施 My Inbox 应用程序之前,需要满足以下几个前提条件:

(1) 前端服务器中 SAP NetWeaver 版本为 7.4 及以上,则需要以下组件:

- 应用程序组件:UIX01CA1 100 SP 05。
- SAP 网关组件:IW_PGW 100 SP 07。

(2) 前端服务器中 SAP NetWeaver 版本低于 7.4,则除 UIX01CA1 和 IW_PGW 之外,还需要以下组件:

- SAP Gateway 2.0 SPS 10。
- 适用于 SAP NetWeaver 7.03 SPS 10 或更高版本,附加 UI 版本 1.0 及以上(建议 UI5 1.26.0)。

(3) 后端服务器需要使用 SAP EHP 1 for SAP NetWeaver 7.3 SPS15(用于 SAP BPM 支持)。

(4) 若后端服务器中 SAP NetWeaver 版本低于 7.4,则还需要在后端服务器上安装 SAP IW BEP 200 SP 10 网关组件。

4. My Inbox 系统别名

在实施 My Inbox 应用程序之前,除了安装或更新上述所有必需的组件外,还需要为 My Inbox 应用程序定义系统别名。

定义 My Inbox 应用程序的系统别名,基本步骤如下:

(1) 运行事务代码 SPRO。
(2) 导航到 Manage SAP Systems Alias。
(3) 输入 SAP 系统别名、本地 SAP GW、本地应用程序等内容并提交。

创建系统别名如图 11-10 所示。

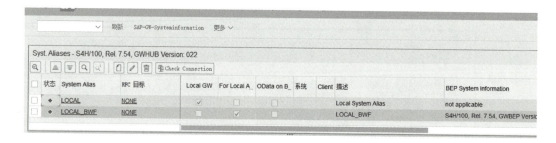

图 11-10 创建系统别名

5. My Inbox 主要操作

My Inbox 应用程序的主要操作包括:

(1) 搜索

从任务列表中搜索特定任务,支持自由文本搜索。

(2) 刷新

点击刷新按钮,刷新任务列表。

(3) 多选

通过点击多选图标,启用多选功能。在多选状态下,用户可以选择和执行多个任务,前提条件是，用户需先选择任务类型。

（4）批量操作

选择任务类型后，即可选择多个任务并执行批量操作。

（5）排序

任务列表底部的排序选项，允许用户按不同方式对任务进行排序。

对任务排序如图 11-11 所示。

（6）过滤

可以按优先级、截止日期、任务类型、状态、创建日期进行筛选。

（7）分组

可按优先级、任务类型、状态等分组选项对任务进行分组。

对任务分组如图 11-12 所示。

图 11-11　对任务排序

图 11-12　对任务分组

（8）注释

选择任务后，可查看任务详细信息，还可查看和发布注释。

（9）附件

用户可查看、上传或删除附件。

（10）分享和发送邮件

用户可以发送电子邮件或将任务发布到预配置的 SAP Jam 站点。

11.2.2　标准工作流

SAP 为 My Inbox 提供了所有条目（All Items）磁贴，用户能够轻松处理标准工作流任务。此外，在 SAP Fiori 启动面板中，通过配置特定方案的磁贴，用户能够实现自定义工作流任务。

使用 All Items 磁贴创建标准工作流的具体步骤如下：

（1）通过事务 SICF 激活 CA_Fiori_Inbox 的 ICF 服务。导航到 Default_host→sap→bc→ui5_ui5→sap，在 ca_fiori_inbox 上右击，然后激活 CA_Fiori_Inbox 的 ICF 服务，如图 11-13 所示。

（2）通过事务（/IWFND/Maint_service）激活 OData 服务（/IWPGW/）的任务处理服务，如图 11-14 所示。

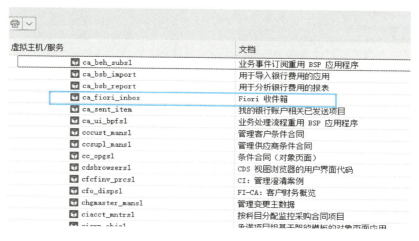

图 11-13 激活 CA_Fiori_Inbox 的 ICF 服务

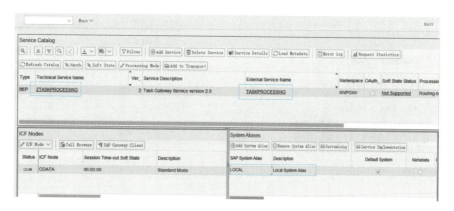

图 11-14 激活任务处理服务

（3）通过事务 PFCG 将业务角色 SAP_FND_BCR_MANAGER_T 分配给最终用户，如图 11-15 所示。

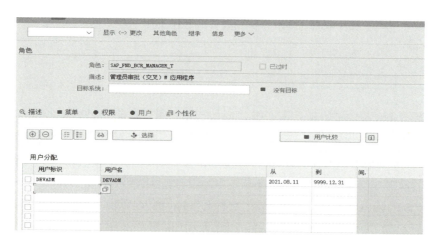

图 11-15 分配角色给用户

（4）登录 SAP Fiori 平台，选择 SAP_FND_TC_T 目录。配置布局，如图 11-16 所示。

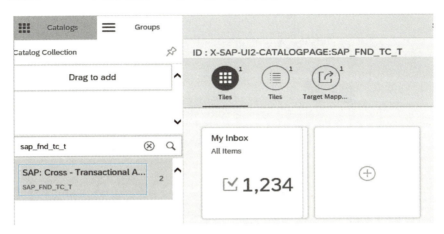

图 11-16　配置布局

（5）双击 My Inbox All Items，然后在 Navigation 节点中输入相关参数进行属性配置，如图 11-17 所示。

图 11-17　属性配置

此外，还可以定义 Mass Action 批量设置、quickAction 快速设置、sortBy 排序设置等参数。

（6）登录到 SAP Fiori 启动页面，在模块目录 Manager Aproval 中添加 My Inbox 程序，如图 11-18 所示。

（7）在 SAP Fiori 启动界面上，查看具有 MyHome 组访问权限、带有任务数量的 My Inbox 模块，如图 11-19 所示。

图 11-18 添加 My Inbox 到 SAP Fiori 启动界面

(8) 在 My Inbox 应用程序中，点击该磁贴后，打开任务列表，针对某项任务可以释放、转发或声明任务，也可以接受或拒绝，具体操作取决于任务的类型。

(9) 登录后端服务器，运行事务代码 SBWP，查看收件箱。发现在后端系统中看到任务列表与 SAP Fiori 启动界面上看到的任务列表一致，如图 11-20 所示。

到这里，使用 SAP 为 My Inbox 提供的所有项目条目磁贴创建标准工作流的基本步骤就介绍完了。

图 11-19 查看 My Inbox 应用程序

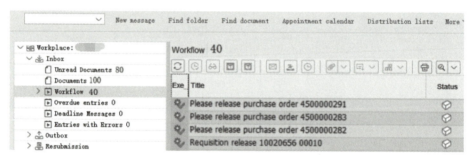

图 11-20 在后端系统中查看任务列表

11.2.3 自定义工作流

SAP Fiori 中已经内置了业务工作流模板，但在实际场景中，标准应用程序的模板可能不足以满足业务需求。因此，需要根据实际业务情况自定义工作流。

自定义工作流的步骤如下：

(1) 定义或检索工作流模板。

(2) 定义工作流场景任务。

(3) 把任务添加到 Fiori Launchpad 中。

(4) 定义决策选项（操作步骤）。

（5）任务引用实施 BAdI。BAdI（Business Add-in）是通过接口方法调用实现，本质上是实现一个或多个基于这个接口的实现类。

（6）显示应用程序数据。

其中第（1）、(4)、(5) 步位于后端系统中，第（2）、(3)、(6) 步位于前端系统中。

自定义工作流前后端步骤如图 11-21 所示。

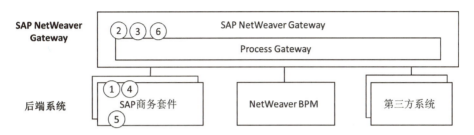

图 11-21　自定义工作流前后端步骤

My Inbox 应用允许定义自己的工作流场景，并在 SAP Fiori 启动界面中创建特定场景的磁贴。例如，根据采购订单批准流程，将自定义工作流添加到 My Inbox 应用中。

下面详细介绍每个步骤的操作。

1. 检索工作流模板信息

创建自定义工作流的第一步，是检索采购订单发布的所有工作流信息。

该步骤的基本操作如下：

（1）登录后端服务器，运行事务 PFTC。

（2）从 Task type 下拉列表中选择工作流模板，然后输入 20000075，如图 11-22 所示。

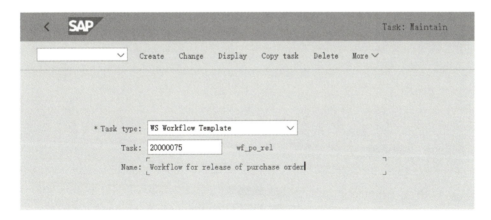

图 11-22　选择工作流模板

（3）点击 Workflow Builder，输入基本数据查看流程结构，如图 11-23 所示。

（4）在流程结构中，采购订单的批准或发布步骤标注为 Step 93。双击 Step 93，查看该步骤的活动，如图 11-24 所示。

（5）在 Control 页签中，可查看任务编号，如图 11-25 所示。

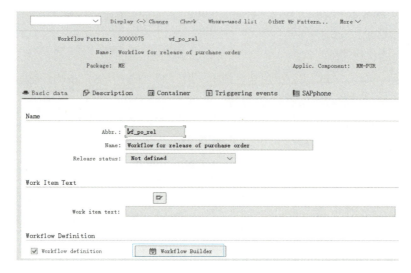

图 11-23 输入基本数据查看流程结构

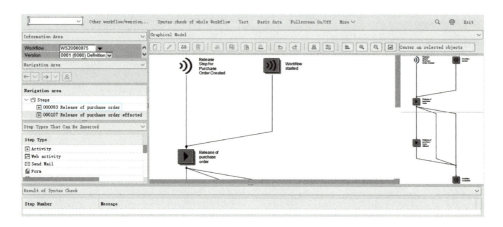

图 11-24 查看流程活动

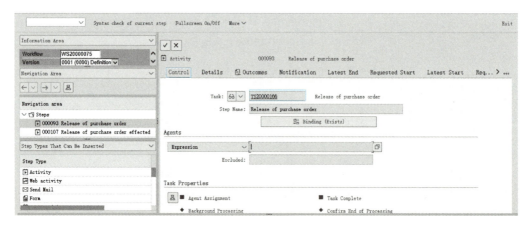

图 11-25 查看任务编号

（6）双击 Task ID，查看该任务的 Object method 相关信息，并记录 Object Type 和 Method，如图 11-26 所示。

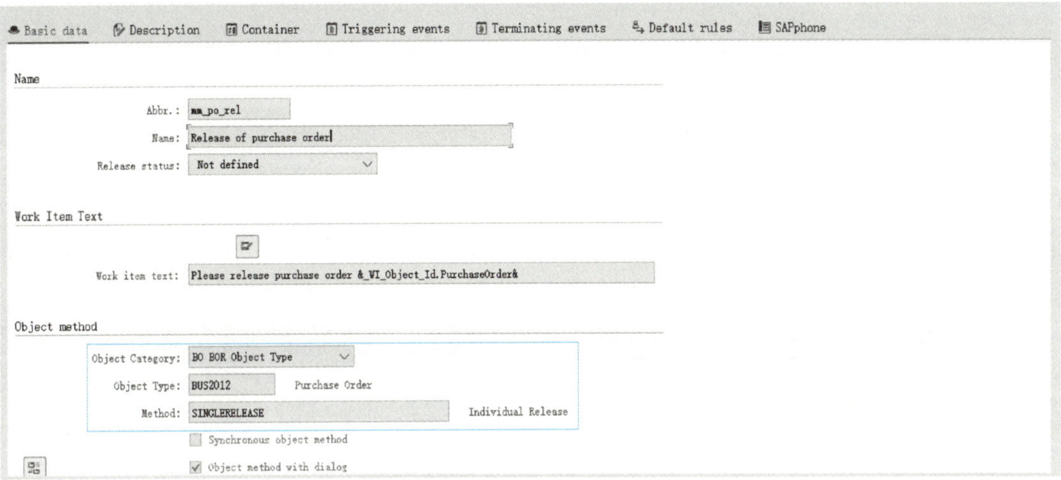

图 11-26 获取该任务的 Object method 相关信息

（7）切换到 Outcomes 页签，查看该步骤的结果列表，如图 11-27 所示。

图 11-27 查看该步骤结果列表

（8）设置事件类型，在结果列表中双击某个事件项，例如批准采购订单事件项。在发件箱的 Event 项中选择 RELEASE 事件类型，填写其他项内容后，点击 Continue，如图 11-28 所示。

同样，还可以在结果列表中双击其他的事件项，如采购订单的发放被取消，在发件箱的 Event 项中设置事件类型，记录事件信息。

2. 定义工作流场景任务

此步骤中，将进行工作流场景的定义和 SAP Gateway 的定制化。

该步骤的基本操作如下：

（1）运行事务代码 SPRO。

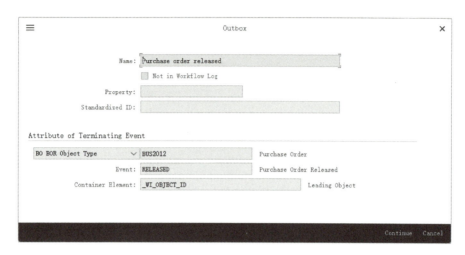

图 11-28　选择事件类型

（2）点击 SAP Reference IMG，导航到 SAP Net Weaver→SAP Gateway Service Enablement→Content→Task Gateway→Task Gateway Service→Scenario Definition。

（3）选择 Scenario Definition 文件夹，在 Scenario Definition 列表中进行场景定义，输入场景标识、场景显示名称、技术服务名称、变式等信息，如图 11-29 所示。

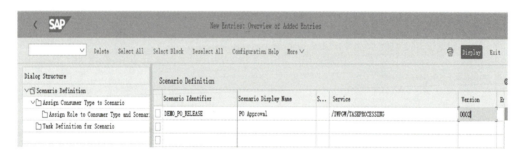

图 11-29　场景定义

（4）在 Dialog Structure 中，双击 Assign Consumer Type to Scenario，在右侧区域为 Task Gateway Consumer Type 添加消费者类型用户，如图 11-30 所示。

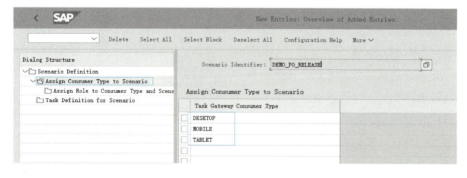

图 11-30　添加消费者类型用户

(5)在 Dialog Structure 中,双击 Task Definition for Scenario,在右侧区域为 Task Definition for Scenario 添加相关项内容,如系统名称和用户类型,创建场景任务,如图 11-31 所示。

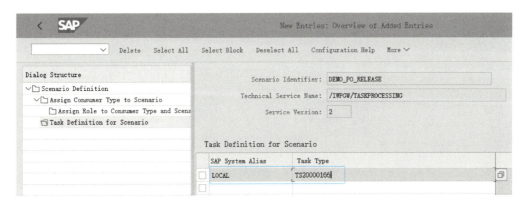

图 11-31 创建场景任务

3. 定义工作流操作步骤决策

此步骤中,将定义任务的有效操作步骤,包括维护工作流所需的筛选条件。

该步骤的基本操作如下:

(1)运行事务代码 SPRO。

(2)点击 SAP Reference IMG,导航到 SAP Net Weaver→SAP Gateway Service Enablement→Content→Work Flow Settings→Maintain Task Names and Decision Options。

(3)在 Dialog Structure 中,选中 Step Name 添加流程步骤,在右侧区域为每个 Step Name 设置工作流 ID、步骤 ID、步骤描述等内容,如图 11-32 所示。

图 11-32 添加流程步骤

(4)在 Dialog Structure 中,选择 Step Name 下的 Decision Keys,在右侧区域的决策键值列表中,输入 Key、Decision Text、Nature 相关信息,如图 11-33 所示。

4. 任务引用实施 BAdI

此步骤中,将用户选择更新到后端的 BAdI。例如,当用户从 My Inbox 应用程序中选择批准或拒绝时,此 BAdI 将在后端更新用户的决定。

该步骤的基本操作如下:

(1)运行事务 SE18。

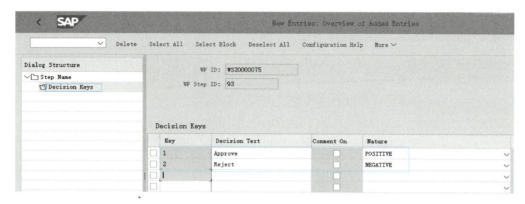

图 11-33 决策键值列表

（2）在 BAdI Name 输入框中输入/IWWRK/BADI_WF_BEFORE_UPD_IB，然后点击 Display，配置 BAdI 相关内容，如图 11-34 所示。

图 11-34 配置 BAdI 相关内容

（3）在 BAdI Definitions 中，右键选择 Create BAdI Implementation，创建实施 BAdI，如图 11-35 所示。

图 11-35 创建实施 BAdI

（4）创建新的增强实施，输入增强的名称和描述，点击 Creation of Enhancement，如图 11-36 所示。

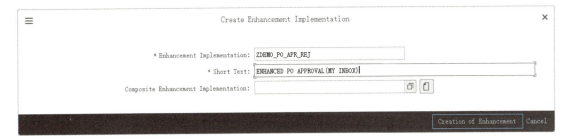

图 11-36　创建增强实施

（5）选择本地对象，选择新建的增强实施并确认，如图 11-37 所示。

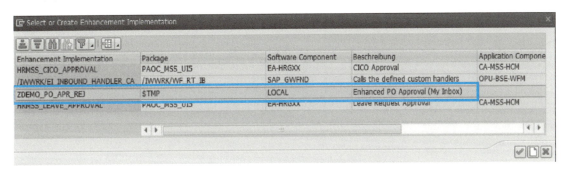

图 11-37　选择新建的增强实施

（6）创建 BAdI 实施，点击 Continue，如图 11-38 所示。

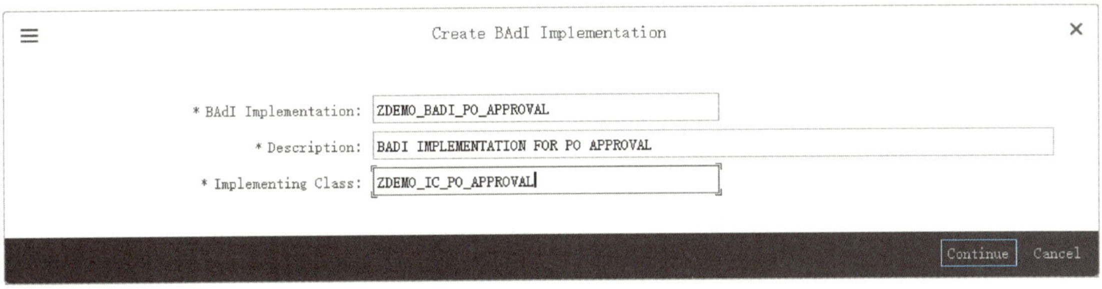

图 11-38　创建 BAdI 实施

（7）在筛选条件中，双击 Filter Values，点击 Combination 图标，在 Available Filters 中，选中 WorkFlow_ID 和 STEP_ID 选项，选择筛选条件，如图 11-39 所示。

（8）双击 Filter Values 列表中的筛选条件行，并分别输入 WorkFlow_ID 和 STEP_ID 的值 WS200000045 和 93，如图 11-40 所示。

（9）在 BAdI Implementations 中，双击 Implementing Class 后，在右侧区域 Implementing Class 中，输入实施类相关项内容，如图 11-41 所示。

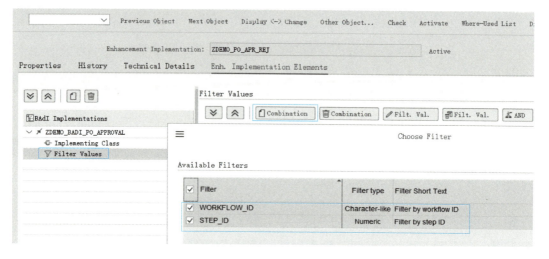

图 11-39 选择筛选条件

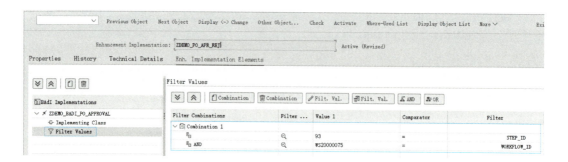

图 11-40 双击值进行筛选

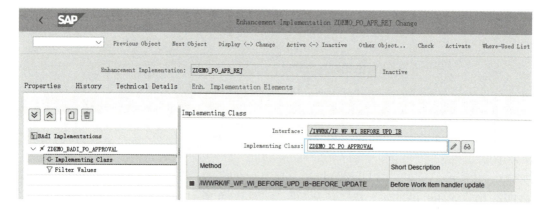

图 11-41 实施类相关项内容

（10）在 Methods 页签中，双击 Method 中的值，输入 Method 和 EndMethod 之间的代码，保存后并激活，创建实施 BAdI 完成，如图 11-42 所示。

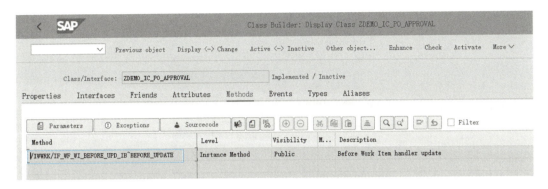

图 11-42　激活 BAdI

5. 添加到 Fiori Launchpad 中

在这一步骤中，将添加新的动态组件和用户工作流到 My Inbox 应用程序中，操作步骤如下。

（1）登录到 SAP Fiori Launchpad Designer，选择 SAP_FND_TC_T，并添加新的动态组件。

（2）在 General 中，填入信息并保存，如图 11-43 所示。

（3）在 Dynamic Data 中，填入信息并保存，如图 11-44 所示。本示例中，场景 ID 为 DEMO_PO_RELEASE。

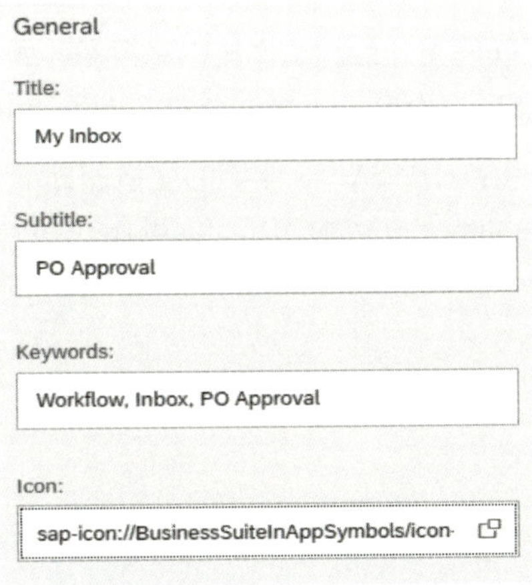

图 11-43　输入 General 信息 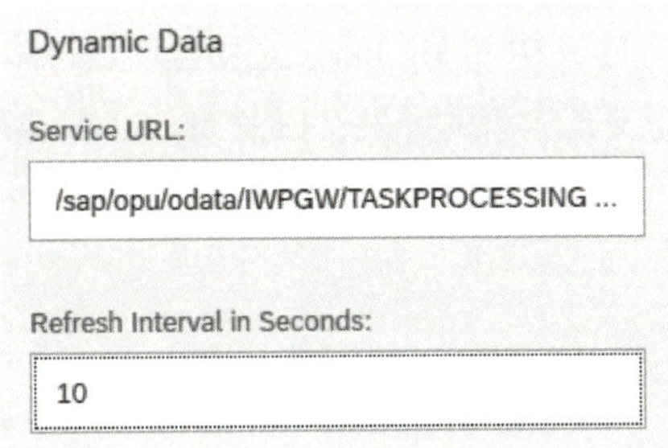　　　　图 11-44　输入 Dynamic Data 信息

（4）在 Navigation 中，输入信息并保存，如图 11-45 所示。

其中 Parameters 项的内容是 scenarioId =〈your scenario ID〉，Target URL 项的内容是 Dynamic Data 中的 Service URL。

（5）登录 SAP Fiori Launchpad，并在 SAP_FND_TC_T 中选择组件，添加到 My Inbox 中。

（6）点击 My Inbox 中的采购订单审批组件，并且打开组件。这时候，用户就可以在 My Inbox 中对采购订单的流程进行操作了，如批准或拒绝。

经过上述五个大步骤的操作后，通过 SAP Fiori 中特定场景的磁贴，完成了业务需求的自定义工作流开发。

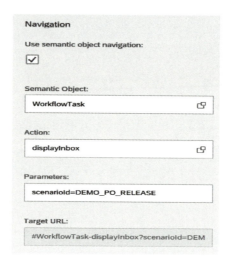

图 11-45　输入导航信息

11.3　结束语

在开发应用程序时，一般都离不开工作流，目前互联网上开源的工作流引擎很多，如 JBPM、Activiti、Flowork 等。相对于这些开源的工作流，SAP 提供了自己特有的工作流，就是将 SAP 业务流与 Fiori 中的 My Inbox 应用程序进行集成。本章重点学习了 SAP 工作流的配置、标准工作流和自定义工作流的开发，以及 My Inbox 应用程序的主要功能、系统架构和主要操作。

第 12 章

应 用 实 施

内容关键词

  Transactional 应用实施的工作任务、数据流
  Transactional 实施的激活和配置
  ICF 服务、OData 服务
  前后端角色的创建与授权

本章概要

- 关于 Transactional 实施
- Transactional 激活
- Transactional 配置
- Transactional 运行

构成 SAP Fiori 产品组合的应用类型主要有事务型、表单型和分析型。因为系统架构和应用场景的不同，不同应用类型的实施方法和步骤也不一样。有关 SAP Fiori 应用实施的内容，本书以 Transactional 应用的实施为例进行介绍。

Transactional 是事务交互型的应用，通常是基于任务的访问，例如一个审批流程的创建、查看和变更等。该应用类型可以部署在任何数据库之上，在 Fiori 应用系统架构中，前端服务器使用 SAPUI5 控件库、SAP Fiori Launchpad 和启用 OData 的 SAP Gateway 来编译 UI 核心组件。后端服务器会集中处理业务逻辑，业务逻辑由前端组件发起，通过可信任的 RFC 连接，读取后端服务器数据。

本章以采购订单处理为例，详细介绍事务型应用实施的基本办法和具体步骤，这里只针对核心服务相关的特定应用进行操作演示。应用实施的基本步骤包括激活服务、配置角色和运行应用。

12.1 关于 Transactional 实施

Transactional 应用可以实施在 SAP HANA 数据库或者任意数据库之上。实施的操作步骤概括为激活 ICF 服务和 OData 服务、配置前后端角色和后端用户。

1. 实施的工作任务

在前端系统中，有产品对应的 UI 模块和基础架构的底层模块，需要对其进行激活。

具体包括：

（1）激活 SAPUI5 Component，主要是 ICF 服务。

（2）激活 SAPUI5 应用在 SAP Gateway 里的 OData Service。

（3）创建前端角色。

执行以下操作：

1）复制 business catalog role，用于 SAP Fiori Launchpad 里对应 catalog 的权限。

2）添加 OData Service 需要的权限到 business role。

3）分配前端的 roles 给用户。

（4）创建后端角色。

执行以下操作：

1）复制后端权限 role，用来提供访问后端数据需要的权限。

2）分配后端角色给用户。

2. 数据流

用户在 Launchpad 上发出请求时，数据就会在前端服务器和后端服务器中流转，这个流转的过程就是 SAP Fiori 数据流。

（1）前端服务器中的数据流

1）Fiori 前端服务器充当 Web 服务器（HTTPS）和 OData 代理。

2）包含 UI 和 Launchpad 对象。

3）所有已注册的 OData 服务和行为，都可作为 OData 服务的终点。

4）所有前端用户都在前端服务器中定义，并需要为前端用户分配正确的角色。

5）在与后端系统通信时，需要使用后端系统的别名，并通过可信的 RFC 连接与后端服务器交互。

6）Fiori 应用调用 OData 服务获取数据，前端服务器中的网关系统知道服务的系统别名，并有助于从后端系统获取数据。

（2）后端服务器中的数据流

1）后端服务器包含 SAP Business Suite 7，用于 ERP，CRM，SRM，SCM 等关键应用程序。

2）包含应用程序数据并用于自定义应用程序。

3）OData 提供程序，包含模型提供程序和数据提供程序两个 OData 类。

4）要访问后端系统，在前端服务器上创建的应用程序，用户应具有 S_RFCACL 授权，此授权应分配给商务套件中的用户。

前端角色与后端用户的映射，如图 12-1 所示。

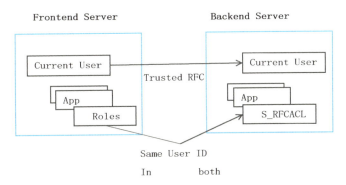

图 12-1　前端角色与后端用户的映射

5）前端服务器与后端服务器之间的连接，必须是可信的 RFC 连接。这意味着无须输入密码，即可向后端系统验证相同的 ID。如前所述，用户 Id 应具有 S_RFCACL 对可信登录的授权。

6）用户应在前端服务器中分配 UI 角色到后端服务器。

3. 查看 OData 服务信息

查看 OData 服务信息的操作步骤如下：

（1）转到 Launchpad 页面，右击灰色区域，在弹出的菜单中选择审查元素这个菜单项，如图 12-2 所示。

（2）点击 Network 菜单，默认时看不到任何内容。现刷新 Launchpad 浏览器链接，可查看到不同服务的调用。

图 12-2　定位到 Launchpad 页面

进入 Network 模式，如图 12-3 所示。

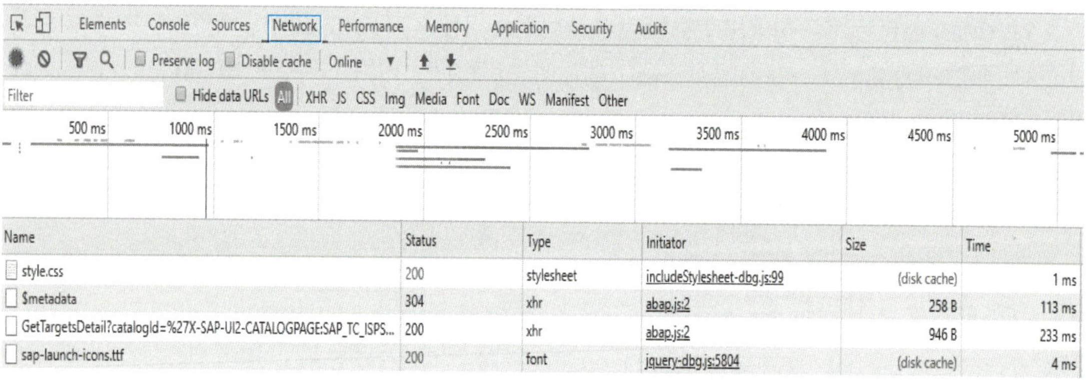

图 12-3　进入 Network 模式

（3）选中 OData 服务 URL 链接，点击 Open in new tab 菜单项，如图 12-4 所示。

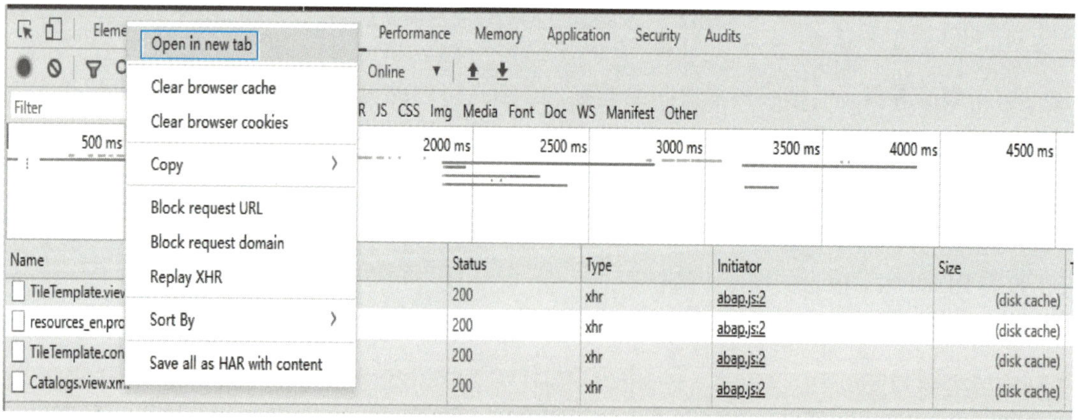

图 12-4　选择要查看的 OData 服务

(4) 查看 OData 服务中的详细信息，如图 12-5 所示。

```xml
<?xml version="1.0" encoding="UTF-8" ?>
<!-- Copyright (c) 2013 SAP AG, All Rights Reserved -->
<core:View controllerName="sap.ui2suite.admin.Catalogs" width="100%" height="100%" class="sapFioriAdmnGroupView"
    resourceBundleName="sap.ui2suite.admin.resources.resources" resourceBundleAlias="i18n" xmlns="sap.m" xmlns:commons="sap.ui.commons"
    xmlns:layout="sap.ui.commons.layout" xmlns:core="sap.ui.core" xmlns:form="sap.ui.commons.form" xmlns:table="sap.ui.table" xmlns:l="sap.ui.layout"
    xmlns:html="http://www.w3.org/1999/xhtml">
    <commons:Label class="sapSuiteGroupLabel" id="groupLabel" text="{i18n>fiori_loading}" />
    <commons:Label class="sapUpbCatalogId" id="catalogId" />
    <core:Icon id="sapUpbOutdatedIcon" src="sap-icon://alert" class="sapUpbCatalogOutdatedIcon" visible="false" />
    <Link id="sapUpbOutdatedLink" class="sapUpbCatalogOutdatedInfo" tooltip="{i18n>flpd_outdated}" press="onOutdatedPress" text="{i18n>flpd_outdated}" visible="false" />
    <Button id="resetButtonTable" class="sapFioriAdmnEditIcon" icon="sap-icon://display-more" press="fnResetTable" tooltip="{i18n>flpd4_reset_tooltip}" />
    <html:div class="searchcontainer">
    <SearchField id="searchGeneral" placeholder="{i18n>flpd3_search}" search="handleSearchGeneral" tooltip="{i18n>flpd3_search}" class="searchBar" />
    <IconTabBar class="iconTabBarPaddingTop" id="idIconTabBar" select="changeTabSelection" expanded="{device>/isNoPhone}">
        <items>
            <IconTabFilter text="{i18n>fiori_tiles}" id="tilesTab" key="tilesTab" icon="sap-icon://grid" iconColor="Neutral" tooltip="{i18n>fiori_tiles}">
                <html:ul class="sortable connectedSortable catalogSortable" id="groupList" />
                <html:div id="noIntentMessage" class="sapFioriAdmnNoIntentTiles">
                    <Label text="{i18n>flpd5_intent_missing_in_catalog}" class="sapFioriAdmnNoIntentTilesLabel" />
                </html:div>
            </IconTabFilter>
            <IconTabFilter text="{i18n>fiori_tiles}" id="tilesTableTab" key="tilesTableTab" icon="sap-icon://list" iconColor="Neutral" tooltip="{i18n>fiori_tiles}">
                <table:Table id="TilesTable" rows="{/TileTableModel}" selectionMode="Single" selectionBehavior="RowOnly" rowSelectionChange="handleRowSelectionChange"
                    visibleRowCount="1" xvisibleRowCountMode="Auto">
                    <table:columns>
                        <table:Column width="4rem" sortProperty="icon" filterProperty="icon" showSortMenuEntry="true">
                            <table:label>
                                <Label text="{i18nT>configuration.display_icon_url}" tooltip="{i18nT>configuration.display_icon_url.tooltip}" />
                            </table:label>
                            <table:template>
                                <core:Icon src="{icon}" />
                            </table:template>
                        </table:Column>
                        <table:Column sortProperty="title" filterProperty="title" showSortMenuEntry="true">
                            <table:label>
```

图 12-5　OData 服务信息

12.2　Transactional 激活

Transactional 型应用实施的前提条件，就是该应用的前端和后端服务器在系统中已经被部署并处于激活状态。针对本示例相关的特定服务，主要包括激活 ICF 服务和激活 OData 服务。

12.2.1　ICF 服务

在前端配置中，首先需要通过事务代码 SICF（Activate and Maintain SAP Web Services）来激活 ICF 对应的服务。事务代码 SICF 用来维护 SAP 系统中使用 ICM 和 ICF 的 HTTP 服务。这是应用服务器中的软件层，它为 ABAP 接口提供基于 HTTP、HTTPS 和 SMTP 协议的服务。

由于一些安全因素，当首次安装新的 SAP 系统时，标准的 SAP 服务可能没有被激活。这时候需要使用事务代码 SICF 来激活它们。同样，如果想创建并执行一个新的 Web Service，必须先进行激活，否则系统会报错。

知道了事务代码 SICF 的用途后，接下来进入应用库中的应用分配页面，找到需要的应用服务（本示例为采购订单处理）并激活它。

具体操作步骤如下：

（1）在前端服务器上运行事务代码 SICF，然后回车。

（2）输入服务名称，点击 Execute，如图 12-6 所示。

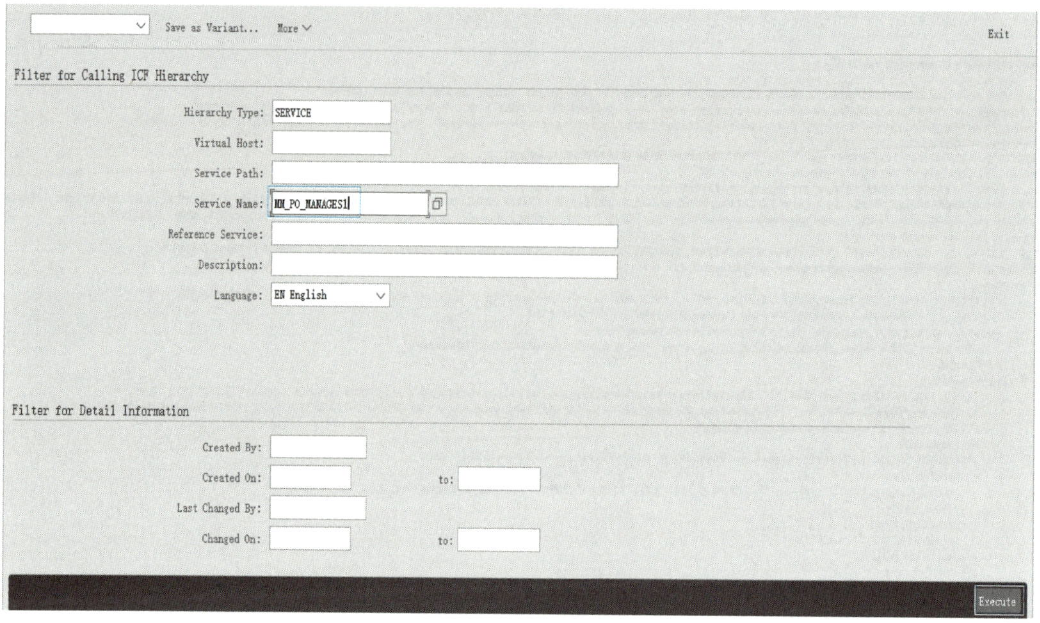

图 12-6 键入服务名称

（3）打开路径 default_host→sap→bc→ui5_ui5→sap，在该节点下，找到采购订单处理的 SAPUI5 应用，如图 12-7 所示。

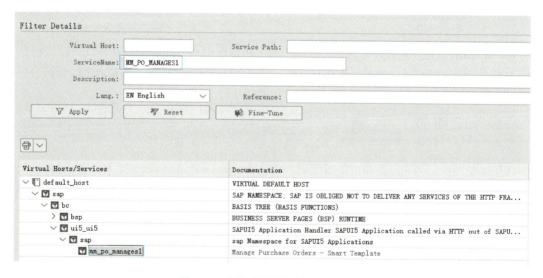

图 12-7 定位到采购订单处理的应用

（4）右击，在弹出的菜单中选择 Activate Service，如图 12-8 所示。
（5）在弹出的对话框中，点击 Yes，激活 ICF 服务，如图 12-9 所示。

通过以上步骤，完成了 Transactional 事务型应用实施的 ICF 服务激活操作，下一步介绍如何激活 OData 服务。

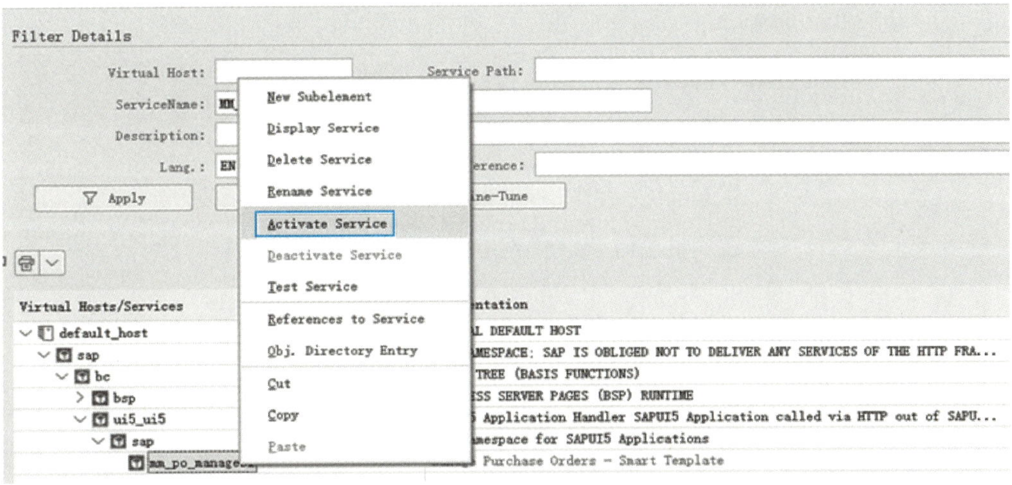

图 12-8 选择 Activate Service

图 12-9 激活 ICF 服务

12.2.2 OData 服务

在第 4 章介绍了 SAP Fiori 客户端、前端服务器、后端服务器之间的通信，以及 OData 请求如何通过可信任 RFC 实现从前端到后端服务的传输安全和访问安全。本节内容重点学习怎样激活 OData 服务，有关 OData 服务的介绍、操作和使用，已在第 8 章详细介绍过。

激活 OData 服务按照以下步骤进行。

1. OData 服务的添加

（1）在应用库展示界面的列表中，复制 OData Service 列的 OData 服务的技术名称，如图 12-10 所示。

（2）运行事务代码/O/IWFND/MAINT_SERVICE，维护相关服务。

（3）在维护界面点击 Add Service，进行添加服务的操作，如图 12-11 所示。

（4）输入 External Service Name 等项内容，点击 Get Services，如图 12-12 所示。

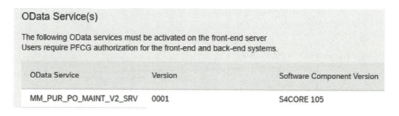

图 12-10　复制 OData 服务的技术名称

图 12-11　Add Service 操作

图 12-12　输入扩展服务名称

（5）选择技术服务名称，再点击 Add Select Services，如图 12-13 所示。

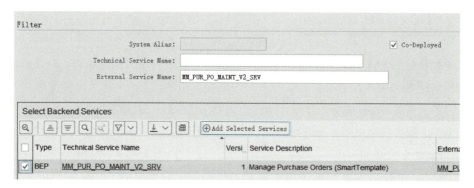

图 12-13　选择技术服务名称

（6）在 Technical Service Name 中输入定制名称，并分配一个包或选择本地 Local Object，点击 Continue，如图 12-14 所示。

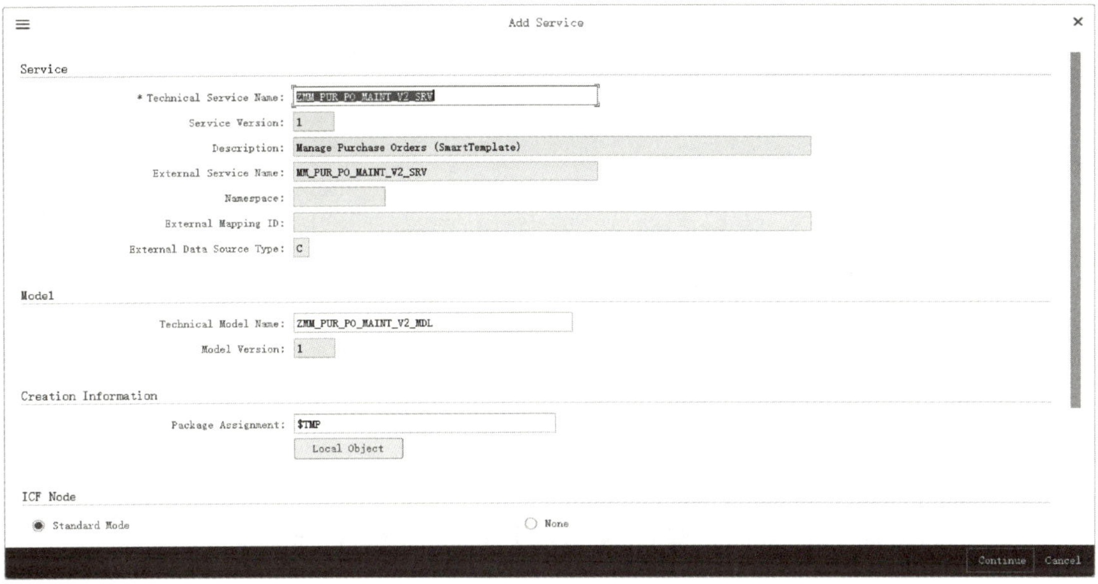

图 12-14　输入定制名称

（7）在 Information 页面中，点击 Continue，OData 服务激活成功，如图 12-15 所示。

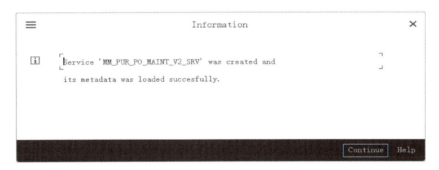

图 12-15　激活 OData 服务

2. 查看哈希 key

按照以下步骤查看哈希 key 是否生成。

（1）在 SAP GUI 中运行事务代码 SE16，并输入表名，例如 USOBHASH，如图 12-16 所示。

图 12-16　运行事务代码并输入表名

（2）输入查询条件 PGMID、OBJECT、OBJ_NAME 的值，并单击 Execute，如图 12-17 所示。

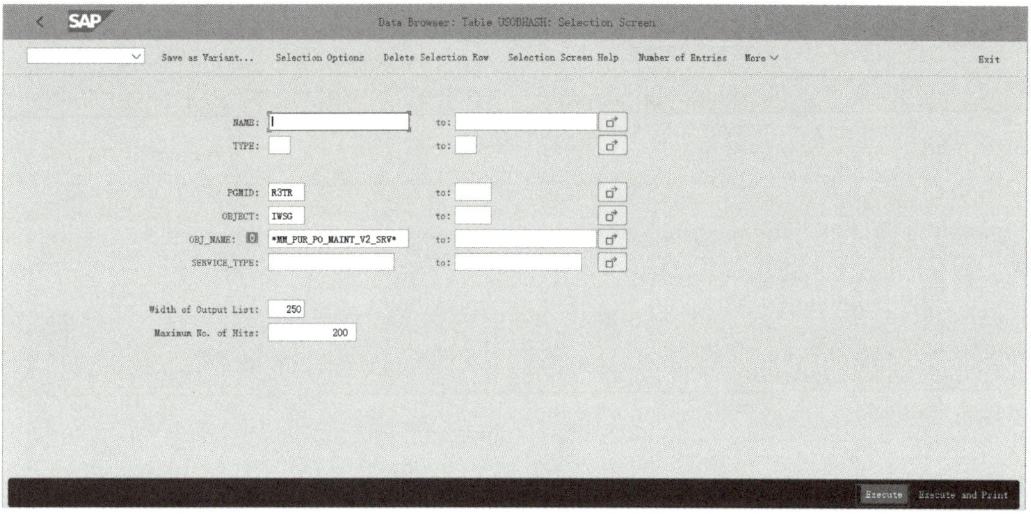

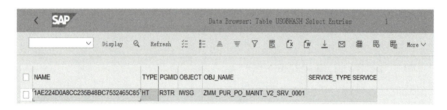

图 12-17　输入查询条件

（3）查看哈希 key 是否生成，如图 12-18 所示。

图 12-18　查看哈希 key

到这里，已经完成了 ICF 和 OData 服务的激活操作。接下来需要配置权限，使用户能够运行这些应用。

12.3　Transactional 配置

应用实施离不开角色授权、为用户分配角色等相关操作。Transactional 应用的实施，在激活 ICF 和 OData 后，还需要在前端服务器和后端服务器上分别配置角色，并将角色分配给具体的用户。

12.3.1　前端角色

SAP Fiori Launchpad 是 SAP Fiori APP 应用的入口，在运行 Fiori 应用时，系统会验证用户是否具有业务权限操作。因此，需要使用事务代码 PFCG 对用户进行角色授权，来获取运行和操作应用的权限。

配置前端角色，包括以下子任务：

（1）复制业务目录角色，该角色提供访问 SAP Fiori Lauchpad 目录的权限。

（2）为需要 OData 服务的业务角色提供授权。

（3）分配前端角色到具体用户。

以采购订单处理应用为例，当用户拥有角色 SAP_BR_PURCHASER 之后，将有权限对采购订单进行一系列操作。在该示例中，复制业务角色并将该角色分配给用户，用户在 SAP Fiori Launchpad 中能够看到相关的应用和目录。

1. 复制业务目录角色

FPCG 授权后的 SAP_BR_PURCHASER 业务目录角色具有采购订单处理权限，因此要复制业务角色模板。

具体操作步骤如下。

（1）运行事务代码 FPCG，键入角色名称，点击 Copy role，将角色复制到个人命名空间下，如图 12-19 所示。

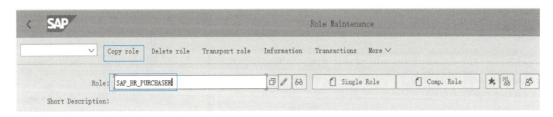

图 12-19　复制角色

（2）键入新角色名称 ZSAP_BR_PURCHASER，并点击 Copy all，创建新角色，如图 12-20 所示。

图 12-20　创建新角色

复制业务目录角色完成后，会显示 Role copied 图标。

2. 为业务角色授权

复制业务目录角色后，需要对用户进行相关授权操作，以允许用户通过 OData 服务在 Launchpad 中启用 Fiori 应用。

具体操作步骤如下。

（1）点击编辑图标，对复制出的角色进行编辑，如图 12-21 所示。

图 12-21　编辑角色

（2）进入 Menu 页签，在下拉菜单中选择 Authorization Default。如图 12-22 所示。

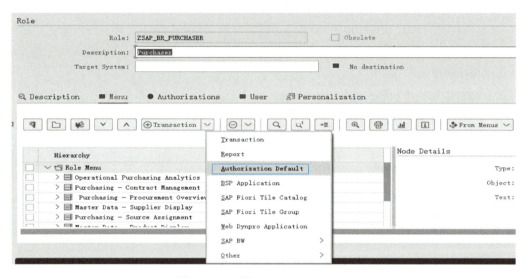

图 12-22　选择 Authorization Default

（3）在弹出页面中填写搜索条件，如图 12-23 所示。点击搜索图标。

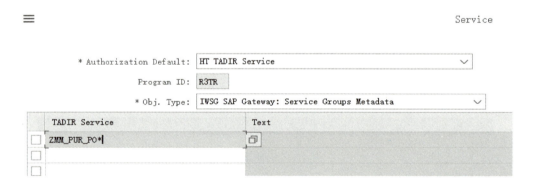

图 12-23　填写搜索条件

（4）在列表中选择某个 Object Name，点击确认图标，完成。选择某个服务的操作，如图 12-24 所示。

（5）回到 Menu 页签，可以看到，在 Role Menu 文件夹下，该服务已经被添加到角色中，如图 12-25 所示。

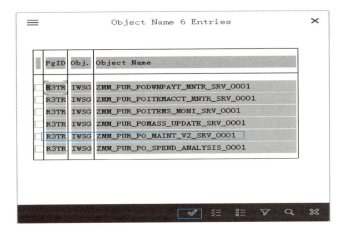

图 12-24　选择某个服务

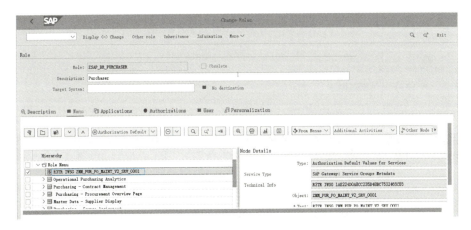

图 12-25　添加服务到角色中

（6）进入 Authorization 页签，点击 Change Authorization Data 编辑图标，进行 Change Authorization Data 操作，如图 12-26 所示。

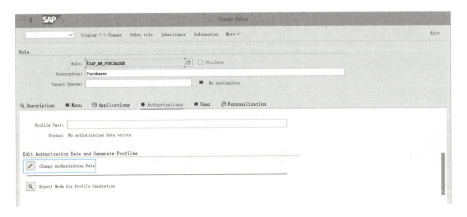

图 12-26　Change Authorization Data 操作

(7) 在 Change Role 的 Authorizations 页签中，点击 Generate，如图 12-27 所示。

图 12-27　Generate 操作

(8) 输入 Profile name、Text 内容后，点击 Execute，完成角色授权配置，如图 12-28 所示。

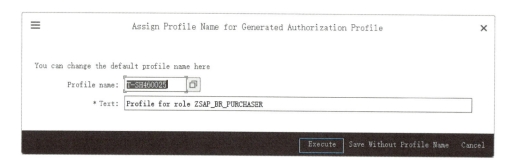

图 12-28　角色授权配置

(9) 点击 Edit→Display Field Value，检查角色授权配置是否成功。如出现如图 12-29 所示信息，则表明权限已经配置成功。

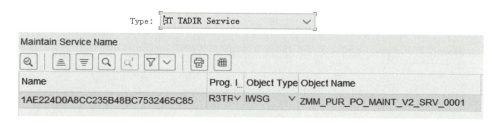

图 12-29　查看角色授权

3. 分配角色到用户名

为业务角色授权后，接下来就要把配置好的角色分配给用户。只有给用户分配好角色，用户才能在 SAP Fiori Launchpad 中操作。

进入 User 页签，在 User Assignments 列表的 User ID 栏，填入用户编码，点击 Save，将角色分配到该用户，如图 12-30 所示。

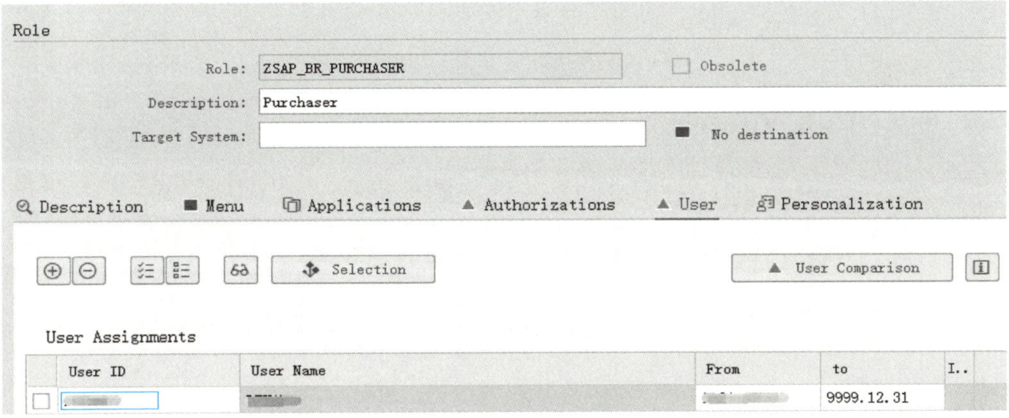

Role
Role: ZSAP_BR_PURCHASER
Obsolete
Description: Purchaser
Target System:
No destination
Description
Menu
Applications
Authorizations
User
Personalization
Selection
User Comparison
User Assignments
User ID
User Name
From
to
I..
9999.12.31

图 12-30　为用户分配角色

12.3.2　后端角色

对 Fiori 应用来说，不仅要在前端配置角色权限，而且还要获取后台角色权限，只有这样才能够正常运行。配置后端角色的子任务，包括复制提供后端访问权限的角色和分配前端角色到具体用户。

1. 创建角色

（1）在 SAP Gateway 系统中，执行事务代码 PFCG，如图 12-31 所示。

Menu
Edit
Favorites
Extras
System
Help
pfcg
SAP Easy Access
Favorites
SAP Menu
Office
Cross-Application Components
Logistics

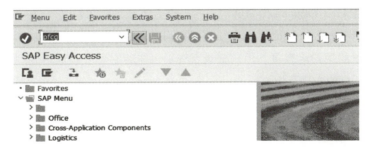

图 12-31　执行事务代码 PFCG

（2）创建提供后端访问权限的角色，如图 12-32 所示。

Copy role
Delete role
Transport role
Information
Transactions
More
Role: ZMM_PURCHASEORDER
Single Role
Comp. Role
Short Description: Process Purchase Orders

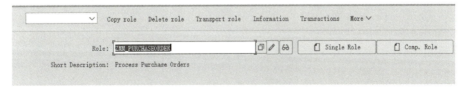

图 12-32　创建角色

2. 分配角色

分配角色给用户，如图 12-33 所示。

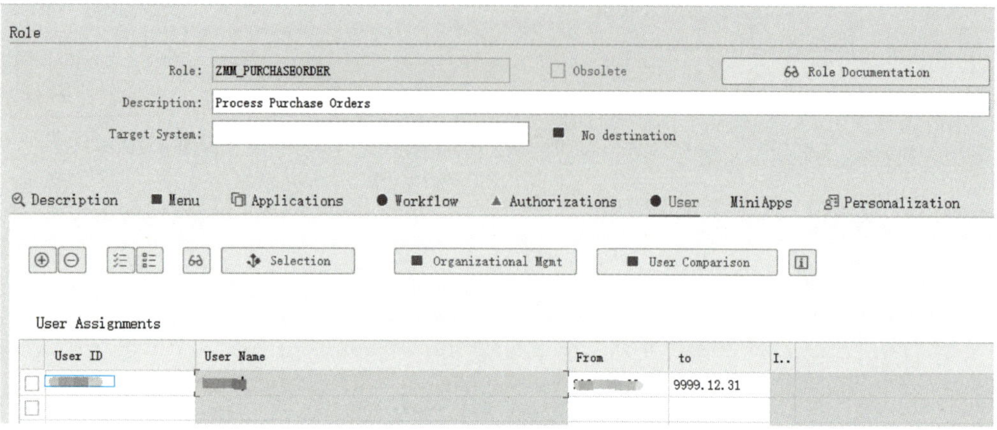

图 12-33 分配角色给用户

12.4 Transactional 运行

本示例中，通过对 ICF 服务和 OData 服务的激活，在完成前端角色和后端角色的权限配置后，就可以运行应用并查看数据了。

运行应用并查看数据的步骤如下。

（1）打开 SAP Fiori Launchpad，访问

http：// < host >：< port >/sap/bc/ui5_ui5/ui2/ushell/shells/abap/FioriLaunchpad.html

（2）使用配置的用户名登录。用户登录系统后，能够看到采购订单处理（Purchase Orders Processing）的已授权的应用及相关目录，如图 12-34 所示。

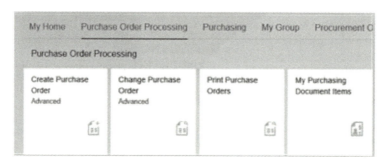

图 12-34 查看已授权的应用

在采购订单处理应用中，可以增、删、改、查某条采购订单。例如，用户在应用目录下创建一条新的采购订单，如图 12-35 所示。

以 Transactional 应用为代表的 SAP Fiori 应用实施，到这里就结束了。

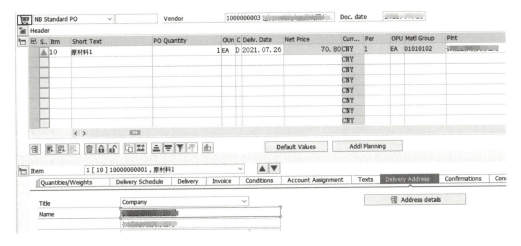

图 12-35　创建采购订单

12.5　结束语

本章重点学习了 Fiori 应用实施的必要工作项，就是激活服务和配置角色。通过激活、配置这些实施操作，可实现标准系统的正常使用。因此，在某种程度上应用实施也是一种简单的配置开发。

本书涉及的开发方式，如表 12-1 所示。

表 12-1　本书涉及的开发

章 节 名 称	开发方式	说　　明
前端框架	模板开发	使用元数据注解和预定义模板生成 Fiori 应用程序
应用实施	配置开发	通过激活、配置这些实施操作，实现标准系统的正常使用
应用增强	增强开发	使用标准系统预留好的接口，根据不同业务需求进行开发
应用开发	自开发	基于 SAPUI5 和 MVC 自定义开发页面 View 和业务逻辑 Controller
应用扩展	扩展开发	基于事务屏幕主题和特性的个性化需求开发
Fiori 工作流	标准/自定义	基于 Inbox 待办流转的业务流程的开发

接下来将学习 Fiori 应用程序的增强开发。

第 13 章

应 用 增 强

内容关键词

Fact Sheet 应用架构、Fact Sheet Editor

创建搜索模型、软件组织、搜索模型连接器

模板创建 UI、自定义创建 UI

扩展搜索模型、搜索和分析建模器、Fact Sheet Editor 扩展、手工扩展

Fact Sheet 部署

本章概要

- 关于 Fact Sheet 增强
- Fact Sheet 创建
- Fact Sheet 扩展
- Fact Sheet 部署

第 13 章 应用增强

在实际应用场景中，更多的业务需要扩展一些字段、更佳的体验需要改变一些样式，以满足标准系统的业务需求、功能实现和用户体验。本章以 Fact Sheet 应用类型为例，介绍 SAP Fiori 应用的增强开发。

Fact Sheet 应用是利用已有的搜索模型和 OData service，通过创建模型组件，实现搜索模型的增强，通过已有的应用模板或创建符合要求的应用模板，实现 UI 的增强。当标准的 Fact Sheet 应用不能满足需求时，需要对其进行扩展。通过增加字段实现搜索模型的扩展，通过呈现符合要求的页面内容实现 UI 的扩展。

Fact Sheet 应用的增强开发，要用到 Fact Sheet Editor 开发工具，使用之前必须激活。

Fact Sheet 应用的开发和扩展，因适用的场景不同，两者的部署方式也不一样。开发的应用程序要部署到 ABAP 存储库中，扩展的应用程序只需将注解文件部署到 ABAP 系统中即可。

13.1 关于 Fact Sheet 增强

在 Fact Sheets 应用中，操作核心对象的上下文信息，是通过 Fact Sheet 的链接传递。Fact Sheets 应用只能运行在 SAP HANA 数据库上，并且还需要 ABAP 前端服务器和 ABAP 后端服务器。

1. Fact Sheet 应用的系统架构

FactSheet 应用的系统架构分为 UI 层和 SAP Business Suite 层。UI 层在前端服务器上，包含特定产品的 UI 加载项，如 SAPUI5 控制库和 SAP Fiori Launchpad。SAP Business Suite 层在后端服务器上，包含搜索模块。

Fact Sheet 应用的系统架构如图 13-1 所示。

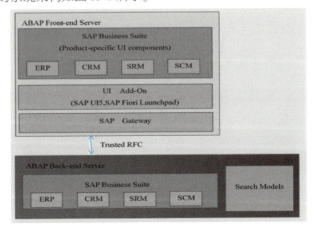

图 13-1　Fact Sheet 应用的系统架构

.277

2. Fact Sheet Editor 的激活

在使用 Fact Sheet Editor 创建及扩展 Fact Sheet 应用之前，必须激活 Fact Sheet Editor。

激活 Fact Sheet Editor 的步骤如下。

（1）登录 SAP Web IDE，在菜单栏导航到 Tools→Preferences。

（2）选择 Plugins，在右侧展开的选项中，激活 Fact Sheet Editor 并保存。

刷新浏览器后，可以看到 Fact Sheet Editor Plugin 已经处于激活状态，至此，Fact Sheet Editor 器已经激活。

3. Fact Sheet Editor 的使用

在 Fact Sheet Editor 里，双击打开某个文件后，有设计界面（Design）和代码编辑界面（Source Code）两种模式，相互之间可以切换。

（1）Fact Sheet Editor 的设计模式

在设计模式下，Fact Sheet Editor 右侧包含 Available Fields、Properies 和 Contents 三个页签，各页签的作用如下。

1）Available Fields 页签，如图 13-2 所示。列出 OData Service 中含有的所有字段，可以通过拖曳的方式，把这些字段添加到 Fact Sheet 中，并对其进行加强。

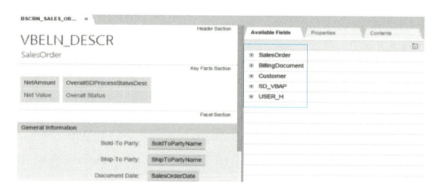

图 13-2　Available Fields 页签

2）Properies 页签如图 13-3 所示。在设计编辑器中点击 Fact Sheet 中的任何字段，都可以在右侧看到它们的属性。

图 13-3　Properies 页签

该页签的主要属性包括：

Label：展示 Fact Sheet 应用字段的标签。

Field：展示 OData Service 中的后台字段。

Priority：是字段的一个重要属性，决定字段在不同的设备上或者屏幕上怎么显示，由以下几个属性决定：

High：字段在所有设备上，显示在 general information 部分。

Medium：字段仅仅在大型设备上，并显示在 general information 部分。

Low：字段仅仅显示在明细或详细页面。

Navigation Target：定义目标对象，当用户点击这个字段时，将会导航到指定的地方。

Net Value：用来查看 Fact 部分的信息，如 Title、导航路径、实体类型。

3）Contents 页签，如图 13-4 所示。可以看到 Fact Sheet 的结构。

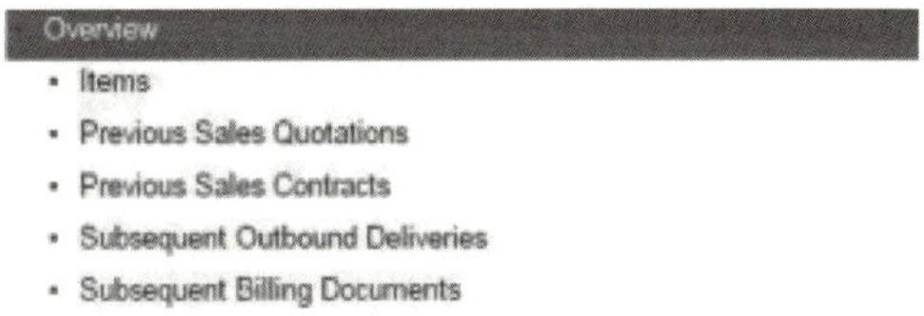

（2）Fact Sheet Editor 的源代码模式

该模式是直接利用源代码编辑器开发一个 Fact Sheet 应用。使用 Design 模式还是源代码模式开发 Fact Sheet 应用，视自己的开发水平而定。

图 13-4　Contents 页签

13.2　Fact Sheet 创建

创建 Fact Sheet 应用之前，必须配置好搜索模型和搜索连接器。在本示例中，利用已有的搜索模型和 OData service，开发一个 Fact Sheet 应用，主要任务包括创建搜索模型和创建 UI。

13.2.1　创建搜索模型

搜索模型的创建，可以通过一系列简单的屏幕操作来完成。在搜索和分析模型中点击 Create，就可以开始搜索模型的创建。接下来，通过创建和引用必要的软件组件，介绍创建搜索模型的必要步骤。

1. 软件组件的创建

具体步骤如下：

（1）运行事务码 ESH_MODELER，启动搜索分析建模器。

（2）导航到 software components→maintain software components，如图 13-5 所示。

（3）进入 Software Components 页面，点击 Create，如图 13-6 所示。

（4）输入软件组件名称、软件组件的归属开发包等信息，如图 13-7 所示。点击 Create，完成软件组件的创建。

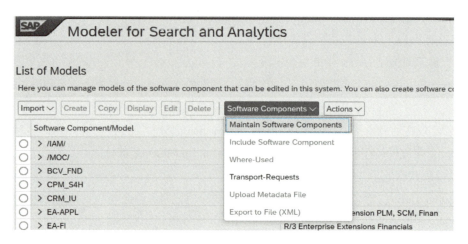

图 13-5 选择 maintain software components

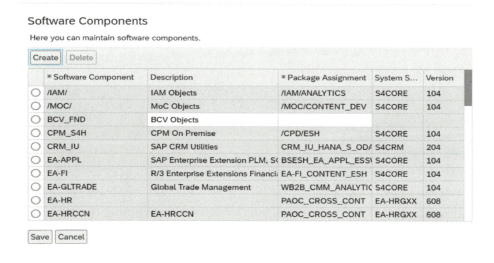

图 13-6 Software Components 页面

图 13-7 输入相关项内容

(5) 新创建的软件组件已经在列表中,点击 Save,保存新建的软件组件,如图 13-8 所示。

(6) 为新创建的软件组件选择一个传输号或新建一个传输号,如图 13-9 所示。

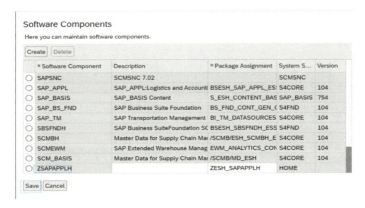

图 13-8　保存新建的软件组件

图 13-9　创建或指定传输号

2. 引入标准软件组件

针对已经创建的客户化软件组件，需要为这个组件引入标准软件组件，从而对其进行增强，具体步骤如下。

（1）打开搜索分析建模器，在模型列表中，导航到 Software Components→Include Software Component，如图 13-10 所示。

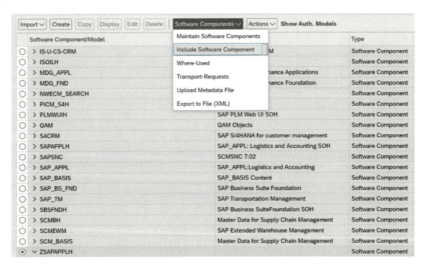

图 13-10　模型列表

（2）选中要编辑的软件组件后，点击 Select。这里选择的是 SAPAPPLH，如图 13-11 所示。在实施过程中，可根据自己的需求进行选择。

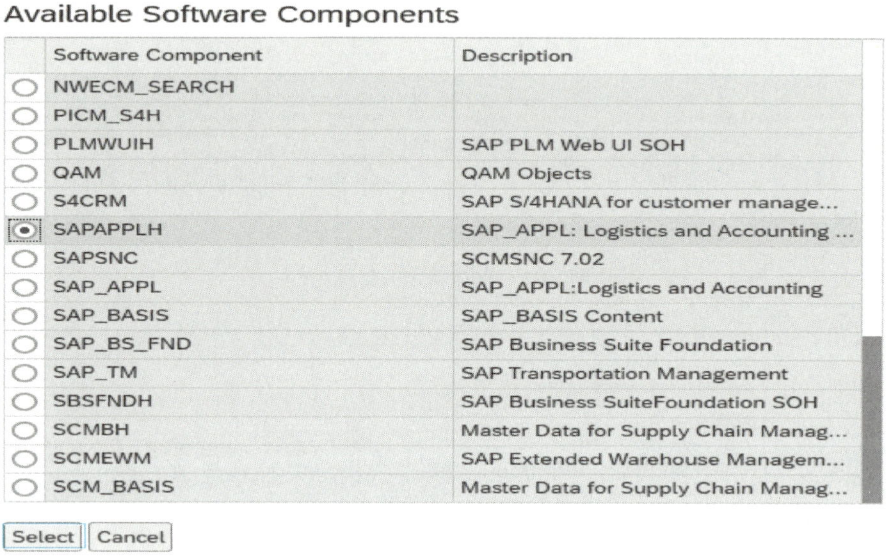

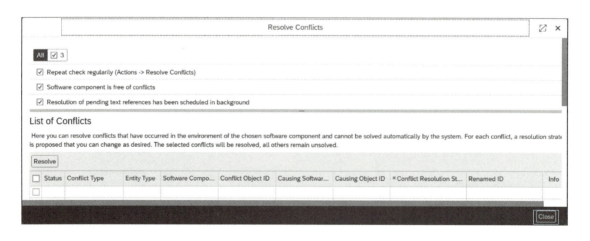

图 13-11　选择软件组件

（3）检查名称是否存在冲突，如果存在任何事务类型含有相同的名称，系统会对其进行展示并自动提供名称以区分。如果不存在冲突，直接点击 Close，如图 13-12 所示。

图 13-12　检查名称是否冲突

（4）在模型列表中查看，可以发现 SAPAPPLH 已经被引入到客户化软件组件当中了，如图 13-13 所示。

第 13 章 应用增强

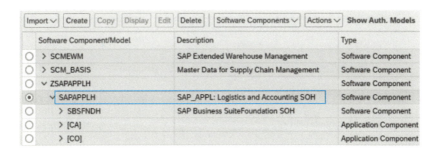

图 13-13 查看已引入的模型列表

至此，已经完成了对客户化软件组件的创建和引入操作。

13.2.2 创建 UI

创建 Fact Sheet 应用的 UI 有两种途径，第一种是以已有应用为模板来创建，第二种则是从头开始，创建符合自己要求的应用。本示例使用销售订单搜索模型和 CB_SALES_ORDER_SRV 数据服务，并采用第二种创建途径。

创建 UI 的步骤如下。

（1）在 SAP Web IDE 中，选择 New→Project from Template。

（2）在 Template Selection 页签中，选择 new fact sheet application，点击 Next。

（3）在 Basic Information 页签中，输入相关项内容，点击 Next。

（4）在 Data Connection 页签中，输入相关项内容，如选择搜索模型中的连接名称 CB_SALES_ORDER_SRV，点击 Next，如图 13-14 所示。

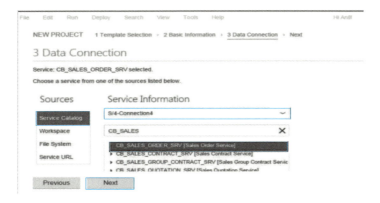

图 13-14 Data Connection 相关项内容

（5）在 Template Customization 页签中，输入 Main OData Entity、Fact Sheet Name、Name、Additional Name 相关项内容，如图 13-15 所示。

（6）点击 Finish，在 Fact Sheet 应用编辑器中，双击打开文件 cb_sales_order_srv.anno。

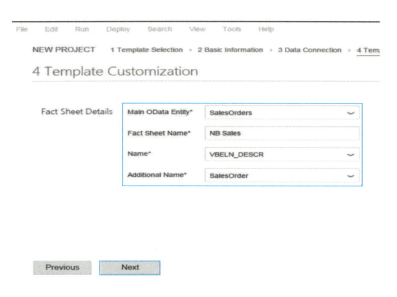

图 13-15　填写 Template Customization 内容

（7）选择合适的模型组件，并添加到左边的编辑器中。在本示例中，把 netamount 和 overall SDPProcessSTATUS-Desc 拖到 key facts section 中，把 salesorder、soldorder、soldtoparty 和 shipto-party-name 拖到 Facet section 中，如图 13-16 所示。点击 Save。

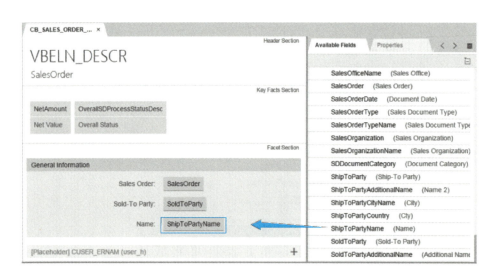

图 13-16　添加组件到 Facet section 中

（8）右键点击 ANNO 文件，选择 Run→Run Fact Sheet，运行刚才创建的 Fact Sheet 应用。运行效果如图 13-17 所示。

至此，已经完成了 Fact Sheet 应用的开发，接下来学习 Fact Sheet 应用的扩展。

第 13 章 应用增强

图 13-17　Fact Sheet 应用运行效果

13.3　Fact Sheet 扩展

当 SAP 标准的 Fact Sheet 应用不能满足需求时，可以对其进行扩展。Fact Sheet 应用扩展的两种场景如下：

（1）当需要对 Fact Sheet 应用增加字段时，可以扩展搜索模型。

（2）当后台逻辑满足需求，但尚未在 UI 展示时，可以扩展 UI。

本节内容将结合以销售订单管理为基础的 Fact Sheet 应用，对上述两种场景进行举例说明。

13.3.1　扩展搜索模型

要扩展搜索模型，需要用到搜索和分析建模器，该建模器是 SAP Enterprise 搜索的一个组件，开发者可以利用这个工具创建或者扩展模型。有关 SAP Enterprise 搜索、搜索和分析建模器是一个非常大的话题，在这里仅讨论使用情况。

接下来，以销售订单应用为例，通过增加一个字段来扩展搜索模型。

具体步骤如下。

（1）在 SAP Fiori APP 库中，搜索销售订单应用，导航到配置选项，找到其中的搜索连接器，查看销售订单应用的所有连接器，如图 13-18 所示。

Search Component (Software Component)	Application Component	Search Model	Role
SAPAPPLH	SD-SLS	SALES_ORDER_H	Primary

图 13-18　查看连接器

（2）选中某个连接器，例如对 SD-SLS 中的 SALES_ORDER_H 进行扩展。搜索模型创建和扩展的方法步骤大体相似。打开搜索模型，导航至 SALES_ORDER_H，选中该条目，点击 Edit，如图 13-19 所示。

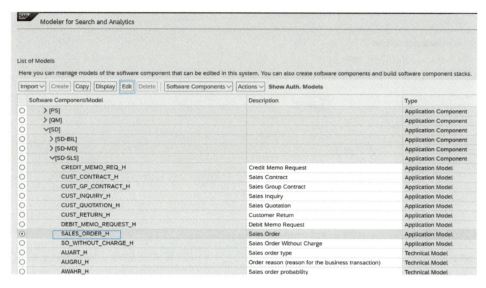

图 13-19　编辑搜索模型

（3）在搜索模型中扩展字段及属性，在提示对话框中，点击 Yes。

在 Modeler for Search and Analytics 中，可按如下步骤进行：

1）定义搜索模型属性，如图 13-20 所示。

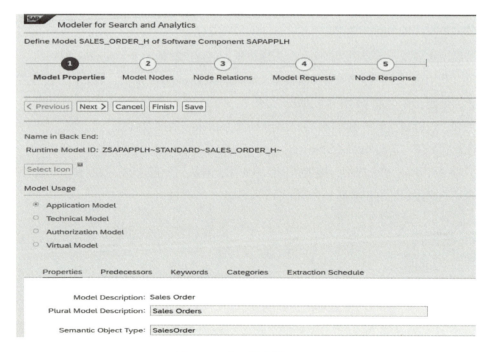

图 13-20　定义搜索模型属性

2）创建或者扩展模型节点，在 sales_order_h 中选择 SO_VBAK，如图 13-21 所示。

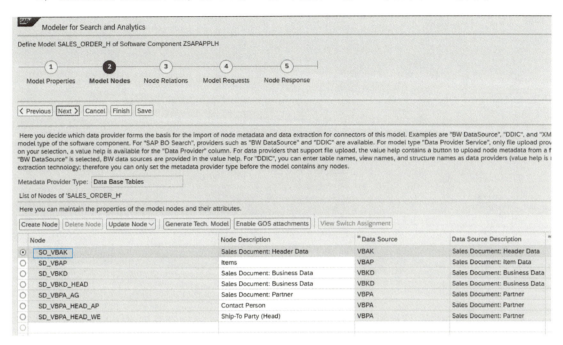

图 13-21　选择扩展节点

选中 SO_VBAK 之后，在其详细属性列表部分，赋予节点新的属性。例如，在属性列表中选择一个新属性 CTLPC 作为字段添加，如图 13-22 所示。

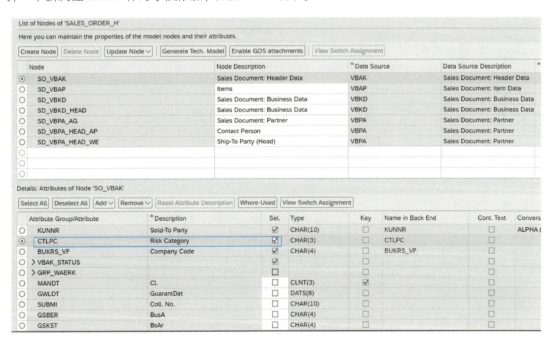

图 13-22　添加新字段

3）展示节点之间的关联关系，如图 13-23 所示。点击 Next。

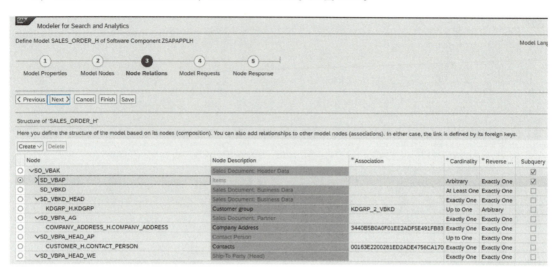

图 13-23　节点关联展示

4）定义字段属性和搜索模式。通过把 Risk category 属性添加到查询之中来重新定义查询。找到 Request Attributes 页签，点击 Add，选择 Attributes/Group from Node，添加请求属性，如图 13-24 所示。

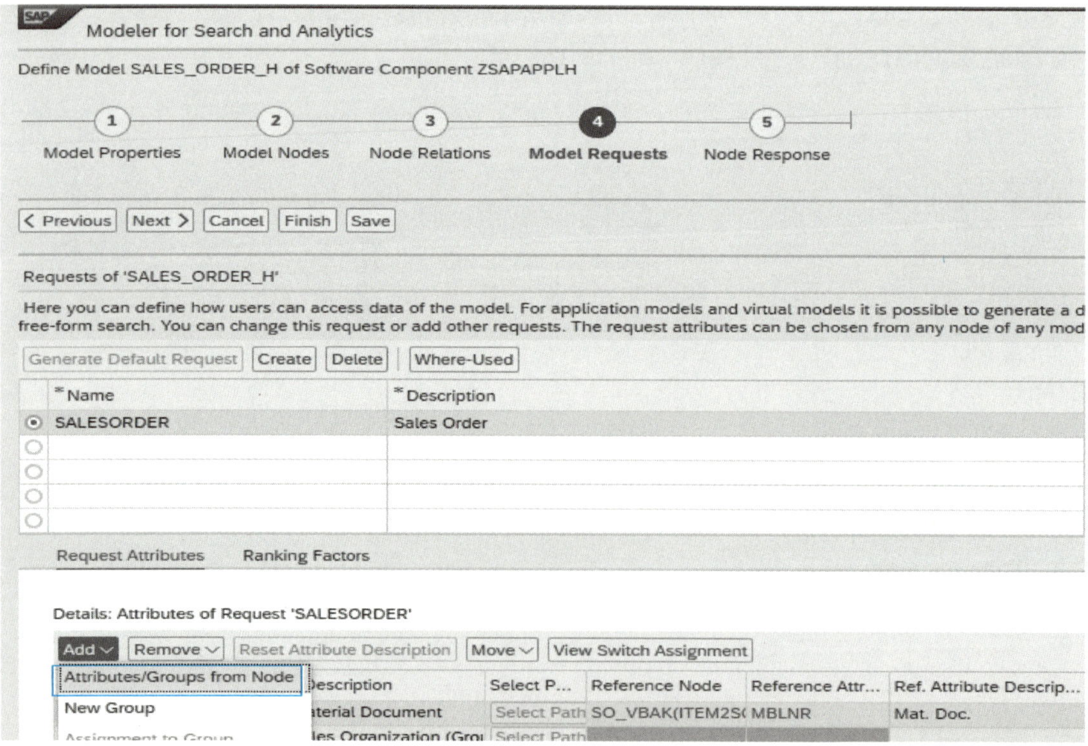

图 13-24　添加请求属性

第 13 章 应 用 增 强

在 Details Attribute of node 下，选择字段 CTLPC，点击 Select，如图 13-25 所示。

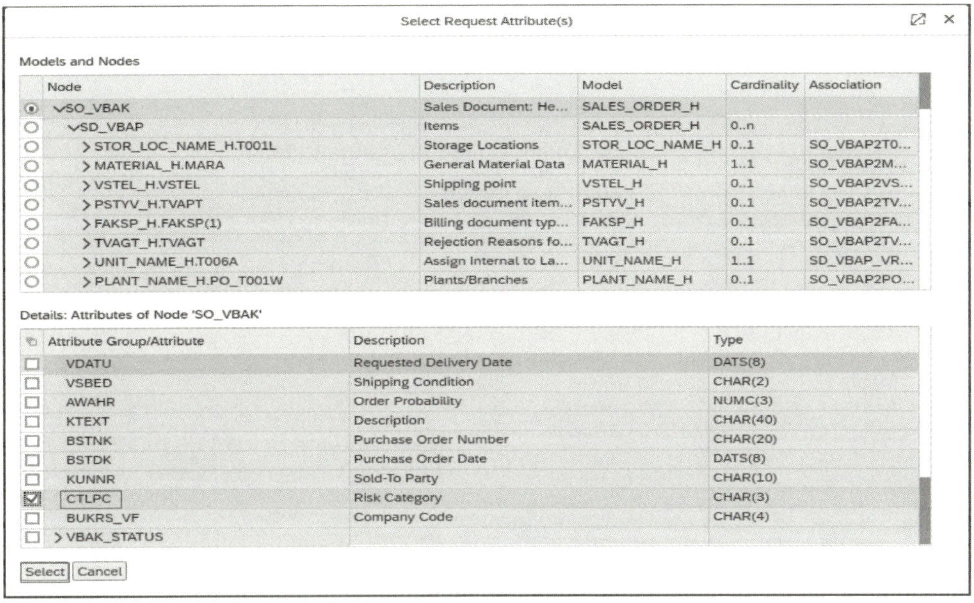

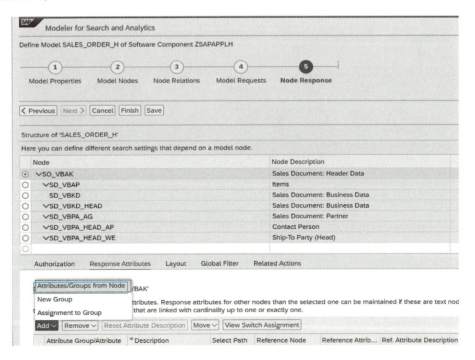

图 13-25　选择新的字段

5）新添加的字段也可以作为响应出现在搜索模型中，当然，这是可选的。例如，把 CTLPC 字段作为响应参数添加，在 Response Attributes 页签中，点击 Add，选择 Attributes/Group from Node，添加响应属性，如图 13-26 所示。

图 13-26　添加响应属性

在 Details Attributes of Node 下，选择新的字段 CTLPC，点击 Select，如图 13-27 所示。

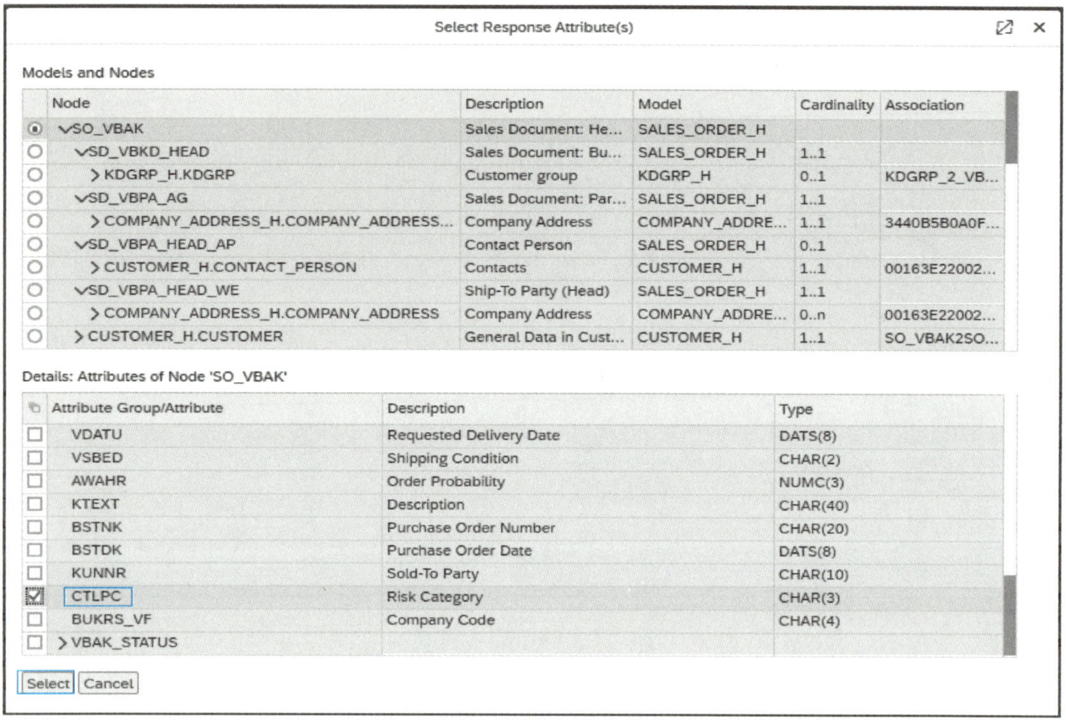

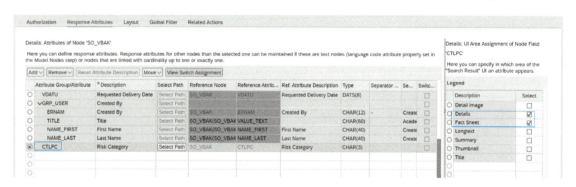

图 13-27　选择新的字段

6）定义字段 CTLPC 的 UI 配置，在 Details 和 fact sheet 后打勾，如图 13-28 所示。

图 13-28　字段 UI 配置

点击 Save，在搜索模型中添加一个字段并设置其属性的功能就完成啦。

（4）为搜索模型创建搜索连接器，可按如下步骤进行：

1）在可用模型列表中，找到 SALES_ORDER_H 并选择。

2）选择 Actions，然后点击 Create Connector，创建搜索连接器，如图 13-29 所示。

3）为了创建搜索连接器，需要在后台创建一个作业，此作业可以通过 SE38 进行监测，作业命名格式为 ESH_＜Client＞_C_＜Unique Code＞。

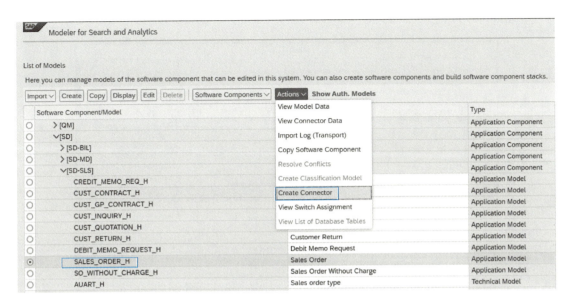

图 13-29　创建搜索连接器

至此，已经成功地扩展了搜索模型和搜索连接器。

（5）为搜索模型建立索引，细分为如下步骤。

1）运行事务代码 ESH_COCKPIT，本示例选择销售订单。

2）点击 Actions，选择 Schedule Indexing，为搜索模型选择索引，如图 13-30 所示。

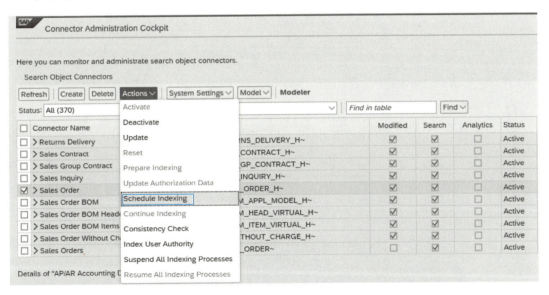

图 13-30　为搜索模型选择索引

3）配置索引属性，为了使业务对象可完全搜索，需要在 SAPScript longtexts 和 Authorizations for backend user 的 Start Immediately 栏中都打勾，然后点击 OK，如图 13-31 所示。

4）为了创建搜索连接器索引，需要在后台创建一个作业，此作业可以通过 SE38 进行监测，作业命名格式为 ESH_＜Client＞IX_＜System ID ＋ Client＞_＜Unique Code＞。

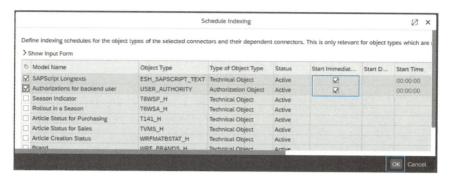

图 13-31　配置索引属性

5）一旦索引开始运行，连接器将变为检索中状态，任务完成后，状态更改为 Active 状态。连接器的状态，如图 13-32 所示。

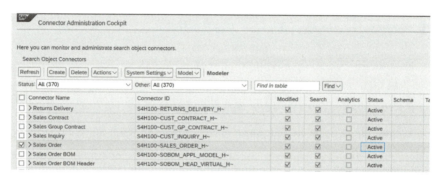

图 13-32　连接器的状态

(6) 检查 OData Service 中是否含有扩展的字段，步骤如下。

1）运行事务码 /IWFND/MAINT_SERVICE。

2）选择 ZCB_SALES_ORDER_SRV，然后点击 Gateway Client，激活和维护服务，如图 13-33 所示。

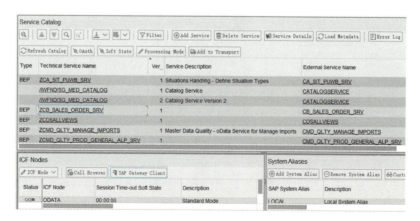

图 13-33　激活和维护服务

第 13 章 应用增强

3）在 Request URI 中，输入/sap/opu/odata/sap/CB_SALES_ORDER_SRV/ $metadata 后，点击 Run，在 Sales Order Entity Type 下，可以看到新建的字段 CTLPC，如图 13-34 所示。

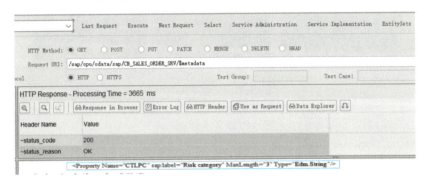

图 13-34　检查新扩展的字段

到这里，通过对 Fact Sheet 应用增加字段，成功完成了搜索模型扩展的第一种应用场景。

13.3.2　扩展 UI

当后台逻辑满足需求，但尚未在 UI 展示时，可以通过扩展 UI 来实现。

下面介绍 Fact Sheet Editor 扩展和手动扩展这两种方式。

1. Fact Sheet Editor 扩展

Fact Sheet Editor 的优点在于可以连接到 ABAP 系统，可以对 Fact Sheet 应用进行预览。在详细介绍扩展之前，先看看销售订单 Fact Sheet 应用的注解文件和 BSP 应用，然后导航到 Extensibility 部分。

导航到 Extensibility，如图 13-35 所示。

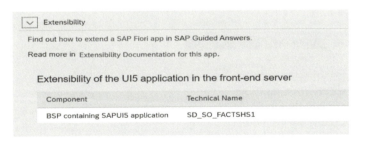

图 13-35　导航到 Extensibility

接下来，利用标准的 SAP Fact Sheet 应用模板来扩展 UI。Fact Sheet Application Templates 的模板类型分为三种，如图 13-36 所示。

本示例是已存在的销售订单 Fact Sheet 应用，通过对其增加字段来进行扩展。因此，使用 existing fact sheet application 模板创建一个项目。

扩展 UI 的步骤如下。

·293

图 13-36 三种模板类型

（1）使用模板创建一个项目，可细分为如下步骤：

1）在 SAP Web IDE 中，选择 New→Project from Template。

2）在 Template Selection 页签中，选择 existing fact sheet application 模板，点击 Next。

3）在 Basic Information 页签中，输入项目名称等信息，点击 Next。

4）在 UI Annotation Information 页签中，通过下拉列表来选择后台对应的 ABAP 系统，然后在搜索框中选择要搜索的应用类型，这里是 Sales Order Fact Sheet，点击 Next，如图 13-37 所示。

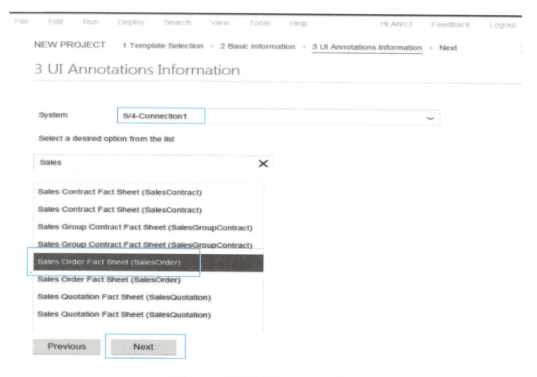

图 13-37 选择存在的 Fact Sheet 应用

点击 Finish，项目创建成功。

建议读者选择 modification free fact sheet application 模板，练习如何进行 UI 扩展。该模板类型不用对其修改，就可以实现扩展的效果。也就是说，在不改变源文件 XML 代码的基础上，通过 ANNO 注解文件，给 Fact Sheet 应用添加新的字段。

有关 ANNO 注解文件的内容已在第 7 章进行了详细介绍。

至此，利用已有应用模板成功创建了一个项目。

（2）扩展项目属性

在对 UI 进行扩展之前，先了解扩展项目的基本属性和组件。打开一个项目工程，其文件夹下共有 Project.json、ANNO 和 Neo-app.json 三个文件。Project.json 文件中包含 OData Service 的 URL 和 Fact Sheet 所包含实体集的详细信息。ANNO 是注解文件，用来扩展 Fact Sheet，Neo-app.json 包含了预览 Fact Sheet 应用的配置信息。

在 Fact Sheet Editor 里，双击打开 BSCBN_SALES_ORDER_SRV_ ANNO.anno 文件，将需要增加的字段进行拖曳。另外，在设计模式中，分别对 Header Section、Key Facts Section 和 Facet Section 三个部分进行扩展：

- Header Section，这部分包含 Fact Sheet 的名称和附加名称。
- Key Facts Section，包含业务操作中核心对象的关键 facts。
- Facet Section，显示 General Information 和其他 facet，其中 Facet 信息的明细内容可以在 contents tab 页签中查看。

设计模式中的三个页签如图 13-38 所示。

图 13-38　设计视图中的三个页签

（3）扩展字段内容

以本示例中 sales order fact sheet 应用为例，给 facet section 扩展一个新的字段并预览。

扩展字段内容可细分如下步骤：

1）拖曳 CTLPC 字段到 facet section/general information 部分，如图 13-39 所示。

2）点击 Save 后，右击 ANNO 文件并依次选择 run→run fact sheet，运行 fact sheet 应用。

3）检查扩展字段是否成功，在 General Information 中查看新添加的字段。若扩展 UI 成功，如图 13-40 所示。

至此，通过 Fact Sheet Editor 对 UI 进行扩展已经完成。

2. 手动扩展

使用手动方式对 UI 进行扩展，可以满足元素更加复杂的情况，这是 Fact Sheet Editor 无法做到的。

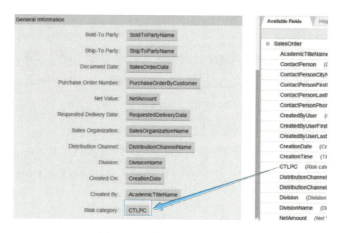

图 13-39　扩展一个新的字段

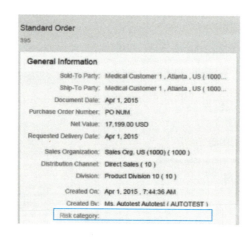

图 13-40　扩展 UI 成功

手动扩展 UI 有两种方式：

（1）直接编辑 SAP 提供的注解文件，在注解文件中添加自己的代码。

（2）创建 XSL 转换文档，和 SAP 提供的注解文件一同起作用。即原始的注解文件保持原样，把 Fact Sheet 的所有变化都包含在 XSLT 文件中，并将其加载到后端系统。当用户运行 Fact Sheet 时，XSLT 文档会创建一个新的注解文件。

13.4　Fact Sheet 部署

Fact Sheet 应用的部署分为开发型应用部署和扩展型应用部署两种方式。前者针对应用，部署到 ABAP 存储库中，后者针对应用的注解文件，部署到 ABAP 系统中。

1. 开发型应用部署

Fact Sheet 应用开发完后，如果测试没有问题，则需要将其部署到 ABAP 存储库中。

操作步骤如下。

(1) 右键点击项目，在弹出的菜单中依次选择 deploy→deploy to SAPUI5 ABAP Repository。

(2) 选择 ABAP 连接系统，选中 deploy a new application，点击 Next，如图 13-41 所示。

图 13-41　选择 ABAP 连接系统

(3) 输入名称和描述等相关项内容，并为其分配一个开发包，如图 13-42 所示。

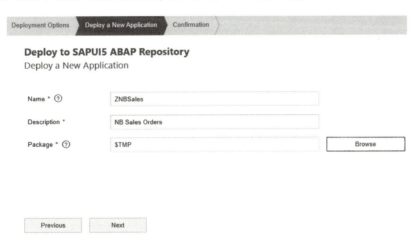

图 13-42　输入相关项内容

(4) 点击 Finish，Fact Sheet 应用已经部署到 ABAP 存储库。

接下来，验证该应用和服务是否在 ABAP 端成功创建。

验证步骤如下。

1) 登录 ABAP 系统，运行事务码 SE80，在 BSP Application 中，搜索 ZNBSALES，查看是否已经存在。

搜索目标在 BSPApplication 文件夹中，如图 13-43 所示。

2) 查看服务是否被创建，运行事务码 SICF，搜索 ZNBSALES，如图 13-44 所示。

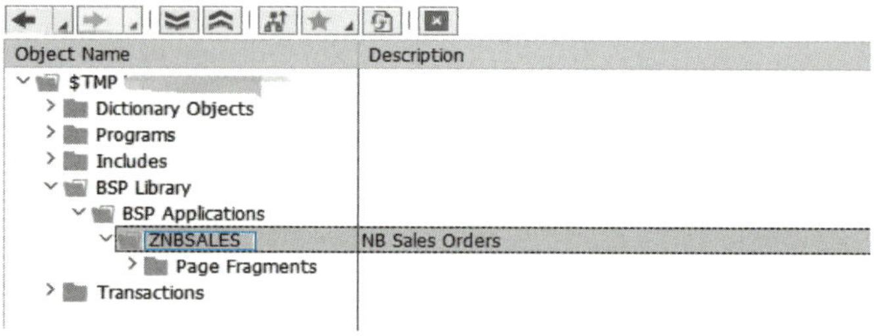

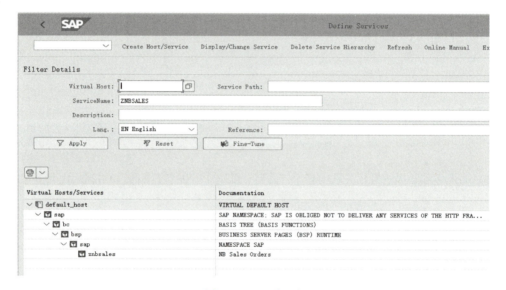

图 13-43　查看 BSP Application 文件夹

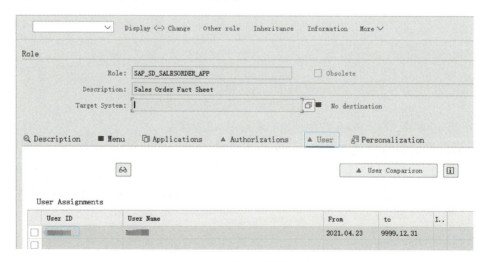

图 13-44　查看服务

3）为创建 Fact Sheet 应用的账户分配访问 OData service 的权限，并把角色 SAP_SD_SALE-
DORDER_APP 分配给该账户，如图 13-45 所示。

图 13-45　为账户分配权限

4）利用事务码 LPD_CUST，进入 SAP Fiori Launchpad Designer 页面，创建一个 Launchpad，在 Launchpad 下创建新应用、新目录、新目标映射等相关任务，具体创建过程和步骤，在第 5 章中已详细介绍。

5）用户登录 SAP Fiori Launchpad，访问已经部署好的 Fact Sheet 应用。

2. 扩展型应用部署

Fact Sheet 应用扩展，就是创建或修改完注解文件，经检查没有问题后，在 ABAP 系统中部署或者变更原始的注解文件。

操作步骤如下：

（1）在 SAP WEB IDE 中，双击 ANNO.XML 文件，复制 XML 的所有代码，如图 13-46 所示。

图 13-46　复制 XML 代码

（2）在 ABAP 系统运行事务码 SE80，输入 BSP 应用名称 BSCBN_ANF_SDSLS。右击销售订单 Fact Sheet 注解文件，选择 change，对注解文件进行编辑。

（3）将复制的 XML 代码粘贴到注解文件中，点击 Activate，完成注解文件的部署。

13.5　结束语

本章以 Fact Sheet 表单型应用为示例，重点学习了创建、扩展搜索模型和 UI 的适用场景、使用方法和具体步骤，对 SAP Fiori 标准系统的开发有了一个清楚的认识。所谓增强开发，就是使用标准系统事先预留好的接口，根据不同业务需求来开发。增强开发是 SAP 应用程序实现的常用方法，主要分为以下四种：

（1）基于源代码的增强

就是 SAP 系统提供了一个空代码的子过程，用户可以在这个子过程中添加自己的代码，控制自己的需求。这类增强都需要修改 SAP 标准代码，其所有程序的全局数据都可以使用。

（2）基于出口函数的增强

就是使用事务增强管理（事务码 SMOD）和增强编译器（事务码 CMOD）维护。该类增强只能使用接口传递参数，而不能随便使用全局数据，包括函数增强、GUI 增强、屏幕增强和表结构增强。

(3) 基于类的增强

就是基于 ABAP 对象实现增强，分为 BAdI 和 BTE。BAdI 既可以实现对标准系统的增强，又可以直接在自定义程序中进行调用。BTE（Business Transaction Events）技术上介于出口函数增强和 BAdI 之间，是会计模块独有的增强。

(4) 基于增强点的增强

就是改进后的 BAdI 版，新增了隐式增强点的概念，可以在面向对象的程序里做到处处皆可增强。

第14章

应用开发

内容关键词

HANA Studio 工作环境、建模视图、虚拟数据模型 VDM

业务需求描述、功能页面设计、数据库表设计

页面交互开发、KPI 图表展示、OData 接口调用

创建数据库表、创建项目、注册服务、业务逻辑开发

业务数据同步、数据抽取、HANA 建模步骤、属性视图、计算视图

OData 接口测试

本章概要

- 关于 Analytical 开发
- 场景设计
- 场景实现
- 接口测试

Analytical 应用，是基于数据分析从不同维度通过各种图表、图形进行展示，实现数据的分析、监控、评估或运营 KPI，做到实时决策、实时行动。本章以智慧客户关系管理部分业务为应用场景，通过自开发方式，依托 HANA Studio 工作环境，结合 SAP HANA 建模，对页面原型设计、数据库表设计、页面交互开发、业务逻辑开发、数据模型开发和接口测试的全周期、全过程，将 Analytical 应用特点、SAP Fiori 自开发方式、软件交付要求三者串联起来，提升读者对 Fiori 应用程序开发的实战能力。

14.1 关于 Analytical 开发

在第 7 章中，对 Analytical List 页面的标准开发做了详细介绍。本章内容将从自开发的维度，结合 Fiori 应用类型中的 Analytical，全面系统地介绍其开发步骤和具体内容。

Analytical 应用程序的开发，离不开 HANA Studio 工作环境和数据建模，HANA Studio 是 Analytical 应用开发和管理的工具。

1. HANA studio 工作环境

对 HANA Studio 工作环境的安装与配置，主要步骤如下：

（1）安装 HANA Studio 软件

（2）添加 HANA 环境数据库系统

在开始程序中启动 HANA Studio，导航到 Window→Open Perspective→HANA Modeler，添加 HANA 数据库的地址，如图 14-1 所示。

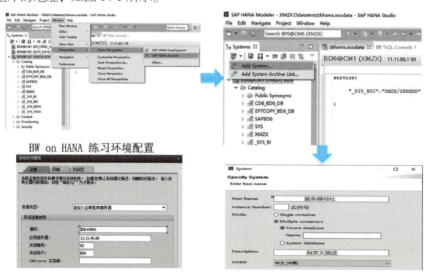

图 14-1 添加 HANA 数据库系统

(3) 新建用户

使用系统账号 System/密码＊＊＊＊＊＊＊，创建新的用户。新用户可以通过鼠标右键选择 log on 登录，登录后也可以通过 log off 退出系统。

(4) 创建 HANA 数据库连接

导航到开始菜单→ODBC 连接，添加数据库连接，在 Data Source Name 栏输入数据源名称，在 Server：Port 栏输入服务器端口，为 HANA 数据库配置 ODBC 连接，如图 14-2 所示。在 RPD 导入元数据访问 HANA 数据库时，需要选择该连接。

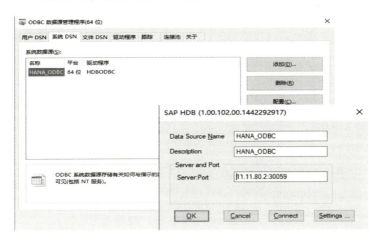

图 14-2　配置 ODBC 连接

到这里，HANA Studio 工作环境的安装与配置已经完成，现在可以从开始菜单中启动 HANA Studio 并使用它。

HANA studio 主界面如图 14-3 所示。

图 14-3　HANA Studio 主界面

在左侧导航栏中，可以根据需要添加 HANA 数据库系统（需要具备连接 HANA 数据库的系统权限）。在 HANA Studio 导航区中，包含了如下几个主要节点：

（1）Catalog 节点，除了存放所有信息模型激活后所产生的对象，还可以浏览其他数据库的标准对象，如数据库表、权限对象等。

（2）content 节点，外部应用不会直接访问该节点下的对象，存放 HANA 中模型的定义信息，它访问的是模型激活后所生成的实体，如列视图、存储过程等。该节点可浏览所有作为 HANA 业务内容而存在的各种信息模型对象。

2. 数据建模

在 HANA 中，数据建模是通过建模视图实现的，分为属性视图、分析视图和计算视图三种，其中计算视图、分析视图可以被前端展示软件消费。

（1）属性视图，多用于主数据表，作为分析的维度。在属性视图中，既可以预先设置过滤条件，以减少查询时的数据量而提高效率，又可以创建层次结构，实现分析中的钻取功能。

（2）分析视图，是将分析维度和需要分析的指标关联，实现简单的逻辑分析、事实表和维度关联。

分析视图的主要作用和主要操作步骤如下：

1）将事实表加入到分析视图中。

2）再将分析视图（事实表）与属性视图（维度表）关联起来。

3）设定分析指标和分析维度。

（3）计算视图，实现复杂的逻辑分析，可以将属性视图和分析视图组合利用，建立新的业务模型。

计算视图可以用来实现以下功能：

1）使用比较复杂的 SQL 对数据进行处理。

2）可将多个不同的数据模型进行合并，然后创建新的业务模型。

在创建一个计算视图时，用户可以将属性视图分别与数据库表、分析视图和其他计算视图等对象进行重新组合利用，最终形成一个新的业务模型。

创建计算视图有如下方式：

1）图形化界面方式

在可视化操作的计算视图中，用户所要做的就是将所需的数据对象，使用不同的操作关联起来。

2）脚本方式

就是使用脚本建模语言 SQLScript，将数据密集型运算逻辑"下沉"到数据库中，让数据库来完成这些密集型数据的计算逻辑，而非应用层的代码，利用 HANA 的计算能力，减少传输到应用层的数据量。

什么是 SQLScript 呢？它是对标准 SQL 语法进行扩展的一套 SQL 脚本语言，类似于 Oracle 数据库的 PL/SQL。

何时使用 SQLScript 呢？SAP 官方建议能够使用标准 SQL 的时候，尽量用 SQLScript 来代替。

建模视图如图 14-4 所示。

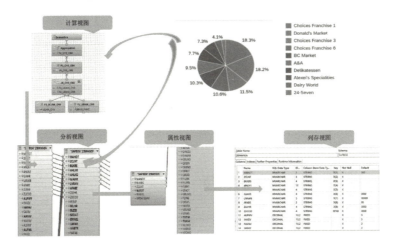

图 14-4　建模视图

3. 虚拟数据模型 VDM

Analytical 应用借助 HANA 数据库，可用来显示大容量数据的实时信息。它会直接把请求发送到 SAP HANA XS Engine 上，这个服务器是用来运行所有分析型应用的。分析型应用的所有相关开发，包含前端工程、OData 服务、控制业务逻辑，都是在这个 XS 引擎上实现的。总的原则是，尽可能在数据库中做更多的事情（PUSH DOWN），以得到最佳的性能。

VDM 是什么？VDM 是富语义 CDS 视图的结合，它将 SAP 源表的数据逻辑地结合到一起，创建成为有意义的数据集，并且可以被前端工具便利地消费。VDM 的出现，为大数据的访问提供了令人难以置信的高性能。其核心原理是在现有的 S/4 数据库模型之上，通过构建语义层隐藏它的技术细节。基于提供的内容和复用选项，VDM 中的 CDS 视图可分为接口视图和消费视图。

VDM 中的 CDS 视图如图 14-5 所示。

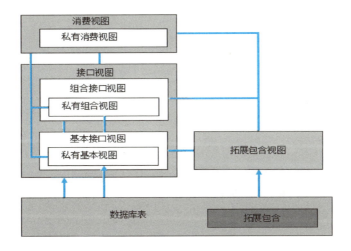

图 14-5　VDM 中的 CDS 视图

(1）消费视图

消费视图（Consumption View）是暴露给终端用户消费的视图，会用到一个或更多接口视图。消费视图是共用的特定领域视图，用于分析、搜索和事务应用。VDM 建模原则是，数据库表一定不可以被消费视图直接访问。

(2）接口视图

接口视图（Interface view）是 VDM 最重要的组成部分，它组成了可复用的 entity 视图，是业务语义定义上的重点。接口视图对任何消费者而言都是公开、稳定且可复用的，分为基本接口视图和组合接口视图。

1）组合接口视图（Composite Interface View）继承多个简单接口视图，可能会有关联、聚合和复杂计算。组合接口视图属于特定消费域或被复用，总是暴露冗余的数据。

2）基本接口视图（Basic Interface View）代表没有数据冗余的核心 entity，它组成了低冗余模型和 SAP Business Suite 数据库表的简单投影。

(3）扩展包含视图

扩展包含视图（Extension Include View）用于暴露自定义新字段。可以扩展 SAP 发布的扩展包含视图，以及条件附加字段。自定义扩展包含视图会在单独的 DDL 源中创建和传输。

除了扩展包含视图外，其他的视图中都内含各自的私有视图（Private View）。私有视图不是提供给终端用户消费的视图，它是技术驱动的辅助视图，不建议对其修改或扩展。引入私有模型，是为了帮助底层数据模型转换为公共视图模型。

总之，CDS 视图从数据库表得到数据，这些视图又会被其他 CDS 视图读取，VDM 就是由所有的这些 CDS 视图组成。没有任何持久化过程，一切都是实时的。

Analytical 分析型应用程序，通常用于提供有关业务运营基于角色的实时信息，将 HANA 数据库的强大功能与 SAP 业务套件相集成，对前端 Web 浏览器中的大量数据提供实时信息，包括监控关键绩效指标 KPI、执行复杂聚合和业务运营计算，并根据现状和变化做出决策反应。

接下来，将以某个场景为示例，从设计、实现方面，详细介绍如何自定义开发 SAP Fiori 的 Analytical 分析型应用程序。

14.2 场景设计

以智慧客户关系管理平台（简称智慧客户管理）中的部分业务为应用场景，实现以下功能点：

（1）实现客户、商机、项目、合同的综合管理，并显示其相应的联系人列表、拜访记录列表、竞争对手列表、应收账款记录列表和工商信息。

（2）实现对联系人、拜访记录、竞争对手、应收账款和工商信息的增、删、改、查操作。

（3）通过数据建模，实现客户、商机、项目和合同相关指标的图表展示。

本场景以 Fiori 的 Analytical 分析型应用为例，因此数据源类型为 SAP HANA，并将 HANA 数据库分为日常业务库和数据分析库。其中，客户管理-KPI 展示的数据由数据分析库提供，饼图用来展示某客户近五年年度全部合同金额在该公司所有客户中占比，柱状图用来展示该客户项目数、合同金额、年度应收账款金额、年度回款金额和商机数在该公司所有客户中占比。而这些分析型数据源，都是从日常业务库中，通过数据抽取同步到数据分析库中的。

14.2.1　页面原型设计

下面以客户综合管理模块为例，使用 Axure RP 工具设计页面原型。

1. 业务需求描述

客户综合管理模块实现客户信息的增、删、改、查。在客户列表中，针对某个客户，分别展示该客户的联系人信息、拜访记录、工商信息和 KPI。针对该客户工商信息，如果存在则可以修改信息，否则可以添加信息。针对该客户的 KPI，用饼图展示某客户近五年年度全部合同金额在该公司所有客户中占比，用柱状图展示该客户项目数、合同金额、年度应收账款金额、年度回款金额和商机数在该公司所有客户中占比。

2. 功能页面设计

客户综合管理模块主要包括以下几个页面的设计。

（1）客户综合管理-默认页

客户管理-默认页如图 14-6 所示。

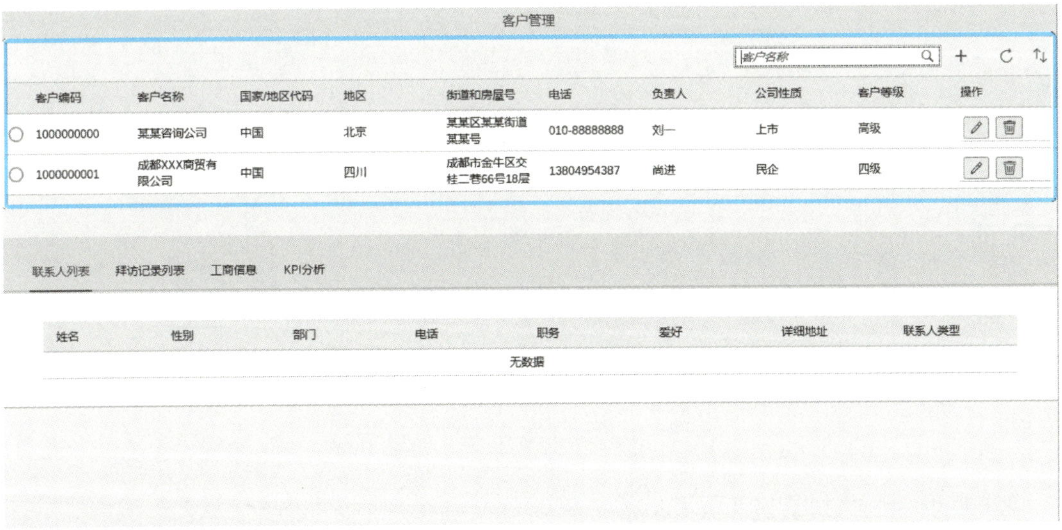

图 14-6　客户管理-默认页

该页面为客户综合管理模块的默认页面，显示客户信息列表、列表中第一个客户的联系人列表、拜访记录列表、工商信息（在该页面中，可以添加或维护工商信息）和 KPI（在该页面中,用柱状图和饼图分别展示相关 KPI 指标),可以添加新的客户信息、维护或删除某个客户信息,支持模糊查询符合条件的客户。

客户管理-编辑页如图 14-7 所示。

图 14-7　客户管理-编辑页

(2) 客户综合管理-列表页

客户管理-联系人页如图 14-8 所示。

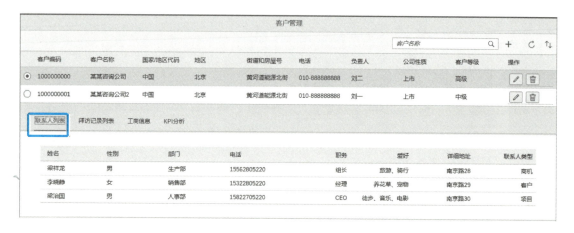

图 14-8　客户管理-联系人页

客户管理-拜访页如图 14-9 所示。

(3) 客户综合管理-详细页

客户管理-工商信息页如图 14-10 所示。

(4) 客户综合管理-KPI 展示页

客户管理-KPI 页如图 14-11 所示。

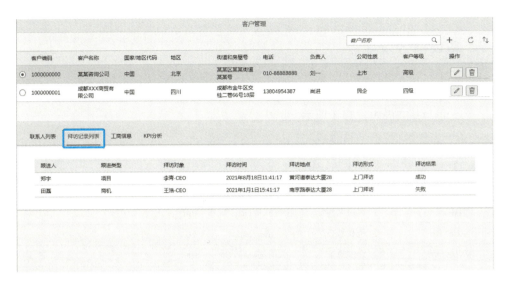

图 14-9　客户管理-拜访页

图 14-10　客户管理-工商信息页

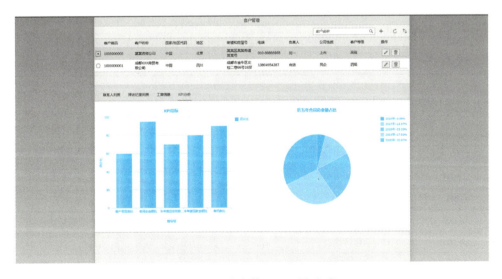

图 14-11　客户管理-KPI 展示页

14.2.2 数据库表设计

客户综合管理模块的主要数据库表设计如下。

（1）客户信息基本表如表 14-1 所示。

表 14-1 客户信息基本表

字 段	字段名称	类 型	长度	空值	属性备注
KHBM	客户编码	nvarchar	8	否	主键
KHMC	客户名称	nvarchar	100	否	
SZCS	所在城市	nvarchar	50	否	
XXDZ	详细地址	nvarchar	100	否	
LXDH	联系电话	nvarchar	11	否	手机或固话格式
LXRY	联系人	nvarchar	50	否	
GSXZ	公司性质	int	4	否	上市/央企/民企/外资
KHDJ	客户等级	int	4	否	VIP/高级/普通

（2）联系人信息基本表如表 14-2 所示。

表 14-2 联系人信息基本表

字 段	字段名称	类 型	长度	空值	属性备注
RYBM	人员编码	nvarchar	8	否	主键
RYXM	姓名	nvarchar	50	否	
SZBM	部门	nvarchar	50	否	
LXDH	电话	nvarchar	100	否	手机或固话格式
RYZW	职务	nvarchar	11	否	
RYAH	爱好	nvarchar	50	是	
LXFL	类型分类	int	4	否	商机/客户/项目
LXBM	类型编码	nvarchar	8	否	商机客户项目编码

（3）拜访记录表如表 14-3 所示。

表 14-3 拜访记录表

字 段	字段名称	类 型	长度	空值	属性备注
BFBM	拜访编码	nvarchar	8	否	主键
GJRY	跟进人	nvarchar	50	否	
BFDX	拜访对象	nvarchar	100	否	姓名-职务组合
BFDD	拜访地点	nvarchar	100	否	
BFSJ	拜访时间	datetime	8	否	日期时间格式

（续）

字 段	字段名称	类 型	长度	空值	属性备注
BFXS	拜访形式	nvarchar	100	否	
BFJG	拜访结果	nvarchar	500	否	
LXFL	类型分类	int	4	否	商机/客户/项目
LXBM	类型编码	int	4	否	商机客户项目编码

（4）工商信息基本表如表14-4所示。

表14-4 工商信息基本表

字 段	字段名称	类 型	长度	空值	属性备注
GSBM	工商编码	nvarchar	8	否	主键
ZCSJ	注册时间	datetime	100	否	
ZCZJ	注册资金	float	8	否	货币格式，2位小数
FRDB	法人代表	nvarchar	50	否	
NSDM	纳税码	nvarchar	50	否	手机或固话格式
JYFW	经营范围	nvarchar	500	否	
KHBM	客户编码	nvarchar	8	否	

为了更好地体现数据库实体模型之间的关系，对联系人信息基本表、竞争对手信息基本表和拜访记录表中的类型分类LXFL、类型编码LXBM字段进行映射处理，拆分成商机编码、客户编码和项目编码。

数据库实体模型之间的关系如图14-12所示。

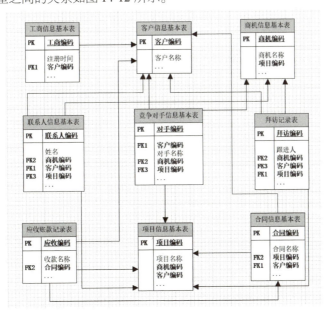

图14-12 数据库实体模型之间的关系

以上为日常业务库中涉及的部分业务表。

14.3 场景实现

依据客户综合管理模块的业务需求描述、功能页面设计和数据库表设计，采用前后端分离开发模式，主要实现以下功能点的页面交付开发：

（1）客户基本信息的录入、维护、查询。

（2）展示某客户的所有联系人记录、所有拜访记录。

（3）维护某客户的工商信息。

（4）展示某客户相关 KPI 指标。

其中（1）、（2）、（3）在日常业务库中完成，是一般的事务型开发，（4）则通过数据同步、数据建模在数据分析库中完成，属于分析型开发。

14.3.1 页面交互开发

使用 SAP Web IDE 开发工具，实现上述功能点的页面交付开发。在 Web IDE 中创建一个工程，并命名为 ZKHGXGL。

项目工程目录如图 14-13 所示。

图 14-13 项目工程目录

打开 webapp/manifest.json 文件，配置远程 ZKHGX_GL_SRV 服务数据源，代码如下：

```
"dataSources": {
    "ZKHGX_GL_SRV": {
        "uri": " /sap/opu/odata/sap/ZKHGX_GL_SRV/",
        "type": " OData",
```

```
            "settings": {
                "odataVersion": "2.0",
                "localUri": "localService/ZKHGX_GL_SRV/metadata.xml"
            }
        }
    }
    ...
    "models": {
        ...
        "ZKHGXGLSRV": {
            "dataSource": "ZKHGX_GL_SRV",
            "settings": {
                "autoExpandSelect": true,
                "operationMode": "Server",
                "groupId": "$auto",
                "synchronizationMode": "None"
            }
        }
    }
}
```

1. 客户综合管理-默认页和客户管理-编辑页的开发实现

将 webapp/index.html 作为客户综合管理-默认页，通过该页面中的 + 按钮，实现客户管理-编辑页。

（1）webapp/index.html 的代码段如下：

```
<body class="sapUiBody">
    <div data-sap-ui-component data-name="ZKHGXGL" data-id="container" data-settings='{"id": "ZKHGXGL"}'></div>
</body>
```

（2）webapp/Component.js 的代码段如下：

```
sap.ui.define([
    "sap/ui/core/UIComponent",
    "ZKHGXGL/model/models"
], function(UIComponent, models) {
    "use strict";
    return UIComponent.extend("ZKHGXGL.Component", {
        metadata: {
```

```
            manifest: "json"
        },
        ...
    });
});
```

（3）webapp/model/models.js 的代码如下：

```
sap.ui.define([
    "sap/ui/model/json/JSONModel",
    "sap/ui/Device"
], function(JSONModel, Device) {
    "use strict";
    return {
        createDeviceModel: function() {
            var oModel = new JSONModel(Device);
            oModel.setDefaultBindingMode("OneWay");
            return oModel;
        }
    };
});
```

（4）webapp/i18n/i18n.properties 的新增代码如下：

```
appTitle=客户管理
appDescription=客户管理
pageTitle=客户管理
sortButtonText=名称排序
createButtonText=新增
……
```

（5）webapp/css/style.css 的新增代码如下：

```
.MyIconTabBar{
    margin-top:50px;
}
```

（6）webapp/view/App.view.xml 的代码如下：

```
<content>
    <!--客户列表区域 start-->
    <Table id="customerList"
        growing="true"
```

```xml
                                    growingThreshold = "10"
    items = "{ZKHZSJSet >/customerList}"
                                        mode = "SingleSelectLeft"
    selectionChange = "handleSelectionChange" >
                                <headerToolbar >
                                    <OverflowToolbar >
                                        <content >
        <ToolbarSpacer/ >
        <SearchField id = "searchField" width = "20% " placeholder = "{i18n >
searchFieldPlaceholder}" search = ".onSearch"/ >
     <Button
     id = "helloDialogButton"
     icon = "sap-icon://add"
     press = ".onSaveDialogPress"
     tooltip = "{i18n >createButtonText}"
     class = "sapUiSmallMarginEnd"/ >
                                        <Button id = "refreshUsersButton"
        icon = "sap-icon://refresh"tooltip = "{i18n >refreshButtonText}" press =
".onRefresh"/ >
                                        <Button id = "sortUsersButton "icon =
"sap-icon://sort"   tooltip = "{i18n >sortButtonText}" press = ".onSort"/ >
                                        </content >
                                    </OverflowToolbar >
                                </headerToolbar >
                                <columns >
                                    <Column id = "KunnrColumn" >
                                        <Text text = "客户编码"/ >
                                    </Column >
                                    … …
                                    <Column id = "KhdjColumn" >
                                        <Text text = "客户等级"/ >
                                    </Column >
                                <Column id = "operationColumn" >
                                        <Text text = "操作"/ >
                                </Column >
                            </columns >
                            <items >
```

```xml
            <ColumnListItem>
                <cells>
            <Text text="{ZKHZSJSet>Kunnr}"/>
                </cells>
                ……
                <cells>
            <Text text="{ZKHZSJSet>Khdj}"/>
                </cells>
                <cells>
    <OverflowToolbar>
    <content>
    <Button icon="sap-icon://edit" text="" tooltip="{i18n>editButtonText}" press="onSaveDialogPress"/>
    <Button icon="sap-icon://delete" text="" tooltip="{i18n>deleteButtonText}" press="onDeletePress"/>
    </content>
    </OverflowToolbar>
                </cells>
            </ColumnListItem>
        </items>
        </Table>
        <!--客户列表区域 end-→
        …
</content>
```

在 App.view.xml 文件代码中，用 Table 标签，通过属性 items 读取 ZKHZSJSet 模型中的 customerList 数据，展示客户列表数据。在 table 中添加 mode = "Single SelectLeft" 属性，即行左侧单选按钮，selectionChange = "handleSelectionChange" 属性，即行左侧单选按钮监听事件，当选中行时触发该事件。

<SearchField search = ".onSearch"/>，在查询输入框中，输入客户名称，回车可以筛选出对应数据。

<Button press = ".onSaveDialogPress" />，点击新增或编辑按钮，弹出客户管理-编辑页。

<Button press = ".onRefresh"/>，点击刷新按钮，更新页面数据。

<Button press = ".onSort"/>，点击排序按钮，可以按名称进行正序、倒序、不排序操作。

<Button press = "onDeletePress"/>，点击删除按钮，进行删除操作。

（7）webapp/controller/App.controller.js 的代码如下：

1）onInit 初始加载方法代码

```
onInit: function () {
    var that = this;
```

```
            var odatamodel = new
sap.ui.model.odata.ODataModel("/sap/opu/odata/sap/ZKHGX_GL_SRV/",true);
            var Name ="";
            var  sPathS = '/ZKHZSJSet?$filter=substringof(\'' + Name + '
            \', Name)';
        odatamodel.read(sPathS,{
          success: function(oData, response) {
            var data ={
            order:0,
            customerList:oData.results
            };
            var oModel8 = new sap.ui.model.json.JSONModel(data);
            that.getView().setModel(oModel8,"ZKHZSJSet");
            that.getView().getModel("ZKHZSJSet").refresh();
                },
          fail: function(e){}
        });
    },
```

onInit 初始加载方法，连接远程 ZKHGX_GL_SRV 服务，通过 OdataModel.read 方法远程调用服务，查询客户列表信息，设置模型 ZKHZSJSet，在页面进行加载。

2）onSaveDialogPress 保存方法代码

```
        onSaveDialogPress: function (e) {
            var that = this;
            var oItem = e.getSource().getParent().getParent();
            var index = this.byId("customerList").indexOfItem(oItem);
            var data = {};
            if(index >-1){
                data =
that.getView().getModel("ZKHZSJSet").getData().customerList[index];
            }
            if (!this.oSaveDialog||true) {
                if(this.oSaveDialog){
                    this.oSaveDialog.destroy();
                }
                this.oSaveDialog = new Dialog({
                    type: DialogType.Message,
```

```javascript
                        title: index >-1?"编辑":"新增",
                        content: [
                            new Input("Kunnr", {
                                width: "100% ",
                                placeholder: "客户编码",
                                value: data.Kunnr,
                                liveChange: function (oEvent) {
                                var sText = oEvent.getParameter("value");
        this.oSaveDialog.getBeginButton().setEnabled(sText.length > 0);
                                }.bind(this)
                            }),
                            ...
                        ],
                        beginButton: new Button({
                            type: ButtonType.Emphasized,
                            text: "提交",
                            enabled: true,
                            press: function () {
                                var odata = {
                        "Kunnr": Core.byId("Kunnr").getValue(),
                        "Name": Core.byId("Name").getValue(),
                        ... ...
    "Khdj":Core.byId("Khdj").getValue()
                                };
                                var odatamodel = new
sap.ui.model.odata.ODataModel("/sap/opu/odata/sap/ZKHGX_GL_SRV/", true);
                                var updateData = Object.assign(data,odata);
                                var  sPathS = '/ZKHZSJSet';
                                if(index >-1){
        sPathS = "/ZKHZSJSet('" + data.Kunnr + "')";
    odatamodel.update(sPathS,updateData,{
                            success: function(oData, response) {
        that.oSaveDialog.destroy();
        that.getView().getModel("ZKHZSJSet").getData().customerList[index] =
updateData;
        that.getView().getModel("ZKHZSJSet").refresh();
                                },
```

```
                        fail:function(e){}
                    });
                }else{
    odatamodel.create(sPathS,odata,{
                    success: function(oData, response) {
        that.oSaveDialog.destroy();
        that.getView().getModel("ZKHZSJSet").getData().customerList.push(odata);
        that.getView().getModel("ZKHZSJSet").refresh();
                    },
                    fail:function(e){}
                    });
                }
            }.bind(this)
        }),
            endButton: new Button({
                text:"取消",
                press: function () {
                    this.oSaveDialog.destroy();
                }.bind(this)
            })
        });
    }
    this.oSaveDialog.open();
},
```

onSaveDialogPress 保存方法，新增和编辑调用的都是该方法，如果是新增操作，获取不到数据的索引 index，即返回 -1，如果是编辑操作，返回结果大于 -1，获取对应的行数据，加载到对话框页，通过 index 判断操作是新增还是编辑。初始化编辑新增对话，对话框内容生成相关输入项，通过 open 方法打开显示对话框，点击提交按钮，在提交回调函数中，进行客户新增（OdataModel. create）或修改（OdataModel. update）操作。

3）onDeletePress 删除方法代码

```
        onDeletePress: function (e) {
            var that = this;
            var oItem = e.getSource().getParent().getParent();
            var oTable = sap.ui.getCore().byId("customerList");
            var index = this.byId("customerList").indexOfItem(oItem);
            var data =
that.getView().getModel("ZKHZSJSet").getData().customerList[index];
```

```
            var odatamodel = new sap.ui.model.odata.ODataModel("/sap/
opu/odata/sap/ZKHGX_GL_SRV/", true);
            var sPathS = "/ZKHZSJSet('" + data.Kunnr + "')";
        odatamodel.remove(sPathS,{
            success: function(response) {
    that.getView().getModel("ZKHZSJSet").getData().customerList.splice(index,1);
            that.getView().getModel("ZKHZSJSet").refresh();
            },
            fail: function(e){}
            });
        }
```

onDeletePress 删除方法，获取行项目数据，通过客户编码调用 OdataModel.remove 方法删除客户信息。

4）onRefresh 刷新方法代码

```
        onRefresh: function () {
            var that = this;
            that.getView().getModel("ZKHZSJSet").refresh();
            MessageToast.show("刷新成功");
        }
```

onRefresh 刷新方法，进行页面 ZKHZSJSet 模型数据更新。

5）onSearch 查询方法代码

```
        onSearch: function () {
            var oView = this.getView(),
            sValue = oView.byId("searchField").getValue(),
            oFilter = new Filter("Name", FilterOperator.Contains, sValue);
        oView.byId("customerList").getBinding("items").filter(oFilter, Fil-
terType.Application);
        }
```

onSearch 查询方法，通过客户名称过滤筛选符合条件的客户数据记录。

6）onSort 排序方法代码

```
        onSort: function () {
            var oView = this.getView(),
            aStates = [undefined, "asc", "desc"],
            aStateTextIds = ["没有排序","正序","倒序"],
            iOrder = oView.getModel("ZKHZSJSet").getProperty("/order");
```

```
            iOrder = (iOrder + 1) % aStates.length;
            var sOrder = aStates[iOrder];
            oView.getModel("ZKHZSJSet").setProperty("/order", iOrder);
            oView.byId("customerList").getBinding("items").sort(sOrder &&
new Sorter("Name", sOrder = = = "desc"));
            MessageToast.show(aStateTextIds[iOrder]);
        }
```

onSort 排序方法，通过客户名称进行排序。排序方式有三种：默认排序（没有排序）、正序、倒序，随着点击排序按钮次数增加，页面数据排序效果往复循环。

（8）webapp/localService/ZKHGX_GL_SRV/metadata.xml 的代码如下：

```
<Schema
        xmlns = " http://schemas.microsoft.com/ado/2008/09/edm"
Namespace ="ZKHGX_GL_SRV" xml:lang ="zh" sap:schema-version ="1">
        <EntityType Name =" ZKHZSJ" sap:content-version ="1">
            <Key>
                <PropertyRef Name ="Kunnr" />
            </Key>
             <Property Name =" Kunnr" Type ="Edm.String" Nullable ="false"
MaxLength ="10" sap:unicode ="false" sap:label ="客户编码" sap:creatable ="false"
sap:updatable ="false" sap:sortable ="false" sap:filterable ="false" />
            ...
        </EntityType>
        ...
</Schema>
```

在 localService/ZKHGX_GL_SRV/metadata.xml 文件代码中，包含有关服务接口的信息，不需要手动编写，可以通过 OdataService 进行生成。可以通过调用服务 URL 直接从 ZKHGX_GL_SRV 服务中访问它。

2. 客户综合管理-列表页的开发实现

该部分包括客户管理-联系人页和客户管理-拜访页。

（1）webapp/view/App.view.xml 代码如下：

1）联系人列表视图代码

```
<IconTabBar class ="MyIconTabBar" mode ="Inline">
    <items>
        <IconTabFilter key ="contact" text ="联系人列表"><ScrollContainer
            height ="100%" width ="100%" horizontal ="false"vertical ="true">
```

```
            <Tableid = "contactList"class = "sapUiResponsiveMargin"width = "
auto"items = "{path: 'ZLXRSet >/contactList'}" >
                <columns >
                    <Column > <Text text = "姓名"/ > </Column >
                    ...
                </columns >
                <items > <ColumnListItem > <cells >
                    <Text text = "{path: 'ZLXRSet > Lxrxm'}"/ >
                    ...
                </cells > </ColumnListItem >
                </items > </Table >
            </ScrollContainer >
        </IconTabFilter >
        </items >
    </IconTabBar >
```

在 id 为"contactList"的 table 中读取视图模型（ZLXRSet）的联系人数据（contactList），加载到页面显示。

2）拜访记录列表视图代码

```
        <IconTabFilter key = "visit" text = "拜访记录列表" >
            ...
            <Tableid = "visitList"class = "sapUiResponsiveMargin"width = "au-
to"items = "{path: 'ZBFJLSet >/visitList'}" >
                ...
            </Table >
            ...
        </IconTabFilter >
```

在 id 为 visitList 的 table 中读取视图模型（ZBFJLSet）的拜访记录数据（visitList），加载到页面显示。

该代码段可参考联系人列表的代码。

（2）webapp/controller/App. controller. js 代码如下：

```
    ...
            handleSelectionChange: function(e){
                var that = this;
                var index = e.getSource().indexOfItem(e.getParameters().listItem);
                var customerData = that.getView().getModel("ZKHZSJSet").getData
().customerList[index];
```

```javascript
        // 客户编号
        var Kunnr = customerData.Kunnr;
        var odatamodel = new sap.ui.model.odata.ODataModel("/sap/
opu/odata/sap/ZKHGX_GL_SRV/", true);
        // 调用远程 ZKHGX_GL_SRV 服务,查询联系人列表信息 start
        var  sPathS = '/ZKHZSJSet(\'' + Kunnr + '\')?$expand=ToLxr';
    odatamodel.read(sPathS,{
      success: function(oData, response) {
         var data ={
         contactList: oData.ToLxr.results
         };
         var oModel8 = new sap.ui.model.json.JSONModel(data);
         that.getView().setModel(oModel8, "ZLXRSet");
         that.getView().getModel("ZLXRSet").refresh();
            },
       fail: function(e){}
    });
    // 调用远程 ZKHGX_GL_SRV 服务,查询联系人列表信息 end
    // 调用远程 ZKHGX_GL_SRV 服务,查询拜访记录列表信息 start
        sPathS = '/ZKHZSJSet(\'' + Kunnr + '\')?$expand=ToBf';
    odatamodel.read(sPathS,{
      success: function(oData, response) {
        var data ={
        visitList: oData.ToBf.results
        };
        var oModel8 = new sap.ui.model.json.JSONModel(data);
        that.getView().setModel(oModel8, "ZBFJLSet");
        that.getView().getModel("ZBFJLSet").refresh();
            },
      fail: function(e){}
    });
        // 调用远程 ZKHGX_GL_SRV 服务,查询拜访记录列表信息 end
      },
   …
```

handleSelectionChange:客户列表行选中事件,当选中时,获取客户数据,通过客户编号调用远程 ZKHGX_GL_SRV 服务,查询联系人列表和拜访记录列表信息,加载到页面。

3. 客户综合管理-工商详细页的开发实现

这里仅实现客户工商信息的显示,对工商信息的维护(存在信息则修改,否则新增)则不进行代码演示，可参考客户管理-编辑页的实现。

（1）webapp/view/App.view.xml 代码如下：

```
    <IconTabFilter key="business" text="工商信息"><ScrollContainerheight="100%"width="100%"horizontal="false"vertical="true"><form:SimpleForm editable="false" layout="ColumnLayout"><Label text="注册时间"/><Text text="{ZGSXXSet>/businessInfo/Zcsj}"/><Label text="注册资金"/><Text text="{ZGSXXSet>/businessInfo/Zczj}"/><Label text="法人代表"/><Text text="{ZGSXXSet>/businessInfo/Frdb}"/><Label text="纳税人识别号"/><Text text="{ZGSXXSet>/businessInfo/Sbh}"/><Label text="经营范围"/><Text text="{ZGSXXSet>/businessInfo/Jyfw}"/></form:SimpleForm></ScrollContainer>
```

</IconTabFilter>：通过 label 标签和 text 标签，将视图中工商模型（ZGSXXSet）的对象信息（businessInfo），加载到该页面并显示。

（2）webapp/controller/App.controller.js 代码如下：

```
            handleSelectionChange: function(e){
               ...
               sPathS = '/ZKHZSJSet(\'' + Kunnr + '\')?$expand=ToGsxx';
        odatamodel.read(sPathS,{
          success: function(oData, response) {
            var data ={
            businessInfo: oData.ToGsxx
            };
            var oModel8 = new sap.ui.model.json.JSONModel(data);
            that.getView().setModel(oModel8, "ZGSXXSet");
            that.getView().getModel("ZGSXXSet").refresh();
                },
         fail: function(e){}
      });
         ...
      }
```

handleSelectionChange：客户列表行选中事件，当选中时，获取客户数据，通过客户编号调用远程 ZKHGX_GL_SRV 服务，查询工商信息，加载到页面。

4. 客户综合管理-KPI 展示页的开发实现

KPI 展示页的内容分为饼图和柱状图两个部分，饼图展示某客户近五年合同总金额，柱状图展示某客户项目数、合同总金额、本年度应收账款总金额、本年度回款金额和商机数这五个 KPI 指标在公司所有客户中的占比。

(1) webapp/view/App.view.xml 代码如下：

```xml
<!--KPI 分析 Tab 页 start-->
    <IconTabFilter key="analysis" text="KPI 分析">
    <ScrollContainer height="100%" width="100%" horizontal="false" vertical="true"><FlexBox justifyContent="Center" alignItems="Start"><items>
        <viz:VizFrame xmlns="sap.viz" id="kpiChart" vizType="column"/>
<viz:VizFrame xmlns="sap.viz" id="contractAmountChart" vizType="pie"/>
    </items>
    </FlexBox>
    </ScrollContainer>
    </IconTabFilter>
<!--KPI 分析 Tab 页 end-->
```

在 App.view.xml 文件中，需要将 xmlns:viz="sap.viz.ui5.controls" 引用进来。

控件 <viz:VizFrame xmlns="sap.viz" id="kpiChart" vizType="pie"/> 用于加载 KPI 指标柱状图，vizType="pie" 即柱状图展示。

控件 <viz:VizFrame xmlns="sap.viz" id="contractAmountChart" vizType="column"/> 用于加载近五年合同金额占比饼图，vizType="pie" 即饼图展示。

(2) webapp/controller/App.controller.js 代码如下：

```javascript
            handleSelectionChange: function(e){
            ...
            // 调用远程 ZKHGX_GL_SRV 服务,查询 KPI 分析开始
            // KPI 指标
            sPathS = '/ZKHZSJSet(\'' + Kunnr + '\')?$expand=ToKpizb';
            odatamodel.read(sPathS,{
                success: function(oData, response) {
                    var reportData = oData.ToKpizb;
                    that.initKpiChart(reportData);
                },
                fail: function(e){}
            });
            // 近五年合同金额占比
            sPathS = '/ZKHZSJSet(\'' + Kunnr + '\')?$expand=ToJwnhtzb';
            odatamodel.read(sPathS,{
                success: function(oData, response) {
                    var reportData = oData.ToJwnhtzb;
                    that.initContractAmountChart(reportData);
```

```javascript
            },
            fail: function(e){}
        });
        // 调用远程 ZKHGX_GL_SRV 服务,查询 KPI 分析结束
    },
    /**
     * KPI 指标分析
     */
    initKpiChart: function(reportData){
        //      1.Get the id of the VizFrame
        var oVizFrame = this.getView().byId("kpiChart");
        //      2.Create a JSON Model and set the data
        var oModel = new sap.ui.model.json.JSONModel();
        var data = {
            'kpiList': [{
                "DrugName": "客户项目数比",
                "Revenue": reportData.khxmsb
            }, {
                "DrugName": "合同总金额比",
                "Revenue": reportData.htzjeb
            }, {
                "DrugName": "本年度应收账款总金额比",
                "Revenue": reportData.bndyskzjeb
            }, {
                "DrugName": "本年度回款金额比",
                "Revenue": reportData.bndhkjeb
            }, {
                "DrugName": "商机数比",
                "Revenue": reportData.sjsb
            }]
        };
        oModel.setData(data);
        //      3.Create Viz dataset to feed to the data to the graph
        var oDataset = new sap.viz.ui5.data.FlattenedDataset({
            dimensions: [{
                name: '指标项',
                value: "{DrugName}"
```

```
            }],
            measures:[{
                name:'百分比',
                value:'{Revenue}'
            }],
            data:{
                path:"/kpiList"
            }
        });
        oVizFrame.setDataset(oDataset);
        oVizFrame.setModel(oModel);
        //      4.Set Viz properties
        oVizFrame.setVizProperties({
            title:{
                text:"KPI 指标"
            },
            plotArea:{
                colorPalette:d3.scale.category20().range(),
                drawingEffect:"glossy"
            }
        });
        var feedSize = new sap.viz.ui5.controls.common.feeds.FeedItem({
                'uid':"valueAxis",
                'type':"Measure",
                'values':["百分比"]
            }),
            feedColor = new sap.viz.ui5.controls.common.feeds.FeedItem({
                'uid':"categoryAxis",
                'type':"Dimension",
                'values':["指标项"]
            });
        oVizFrame.addFeed(feedSize);
        oVizFrame.addFeed(feedColor);
    },
    /**
     * 近五年合同金额占比
     */
```

```javascript
initContractAmountChart: function(reportData){
    //    1.Get the id of the VizFrame
    var oVizFrame1 = this.getView().byId("contractAmountChart");
    //    2.Create a JSON Model and set the data
    var oModel1 = new sap.ui.model.json.JSONModel();
    var contractAmountList = [];
    for(var index in reportData){
        var o = reportData[index];
        contractAmountList.push({
            "Year": o.year,
            "Value": o.value
        });
    }
    var data1 = {
     'contractAmountList': contractAmountList
    };
    var i,sum = 0;
    for (i = 0; i < data1.contractAmountList.length; i ++) {
     sum = sum + Number( data1.contractAmountList[i].Value);
    }
    for (i = 0; i < data1.contractAmountList.length; i ++) {
     var str = Number(data1.contractAmountList[i].Value / sum * 100).toFixed(2);
     data1.contractAmountList[i].Year = data1.contractAmountList[i].Year + "年" + " ~ " + str + "% ";
    }
    oModel1.setData(data1);
    //    3.Create Viz dataset to feed to the data to the graph
    var oDataset1 = new sap.viz.ui5.data.FlattenedDataset({
        dimensions: [{
            name: '年份',
            value: "{Year}"
        }],
        measures: [{
            name: '占比',
            value: '{Value}'
        }],
        data: {
```

```javascript
                path: "/contractAmountList"
            }
        });
        oVizFrame1.setDataset(oDataset1);
        oVizFrame1.setModel(oModel1);
        /* oVizFrame1.setVizType('column');
         */
        //      4.Set Viz properties
        oVizFrame1.setVizProperties({
            title: {
                text: "近五年合同总金额占比"
            },
            plotArea: {
                colorPalette: d3.scale.category20().range()
            }
        });
        var feedValueAxis = new sap.viz.ui5.controls.common.feeds.FeedItem({
            'uid': "size",
            'type': "Measure",
            'values': ["占比"]
        }),
            feedCategoryAxis = new sap.viz.ui5.controls.common.feeds.FeedItem({
            'uid': "color",
            'type': "Dimension",
            'values': ["年份"]
        });
        oVizFrame1.addFeed(feedValueAxis);
        oVizFrame1.addFeed(feedCategoryAxis);
    },
```

handleSelectionChange：客户列表行选中事件，当选中时，获取客户数据，通过客户编号调用远程 ZKHGX_GL_SRV 服务，查询 KPI 分析数据信息，调用 initKpiChart 和 initContract-AmountChart 方法，初始化 KPI 指标柱状图和近五年合同总金额占比饼图。

到这里，对客户综合管理模块所涉及的主要页面的开发已经完成了。下面运行该应用程序，以 KPI 展示页为例，看看页面效果，如图 14-14 所示。

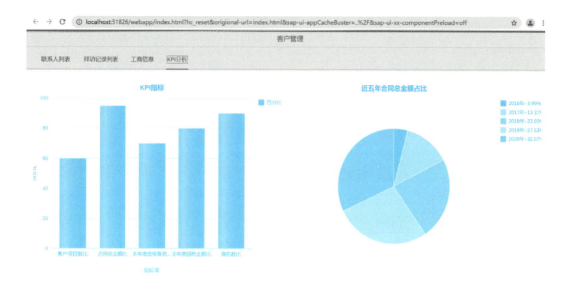

图 14-14 KPI 展示页效果

14.3.2 业务逻辑开发

在客户综合管理模块中,客户综合管理-默认页、客户综合管理-列表页、客户综合管理-详细页的业务逻辑,属于事务型应用开发,其步骤和方法,已经在第 8 章中进行了详细介绍,这里不再赘述。下面介绍业务逻辑开发。

主要步骤如下:

1. 创建数据表

需要新建的数据表有:客户信息基本表、联系人信息表、拜访记录表和工商信息基本表。

2. 创建项目

创建的项目名称为 ZKHGX_GL,中文名是智慧客户管理。

3. 注册服务

在第 8 章中已经介绍。

4. 业务逻辑开发

业务逻辑开发通常由开发语言的方法或函数实现,也可以由数据库 SQL 语句、存储过程、数据建模实现。本示例业务逻辑的实现包括客户信息的增、删、改、查,在客户列表中,针对某个客户,分别展示该客户的联系人信息、拜访记录、工商信息。

具体的业务逻辑开发,基本步骤如下:

(1) 执行事务代码 SEGW,打开前面已经创建的项目。

(2) 转到 Class Builder 界面,将光标定位在客户信息基本表的 Methods 目录上,选择 ZKHZSJSET_CREATE_ENTITY,点击重定义方法的图标按钮,重定义 CREATE 方法,如图 14-15

所示。

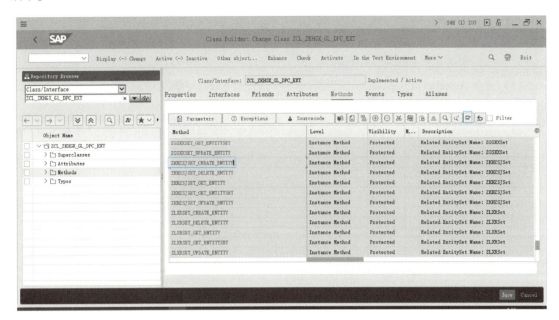

图 14-15 重定义 CREATE 方法

（3）编辑 ZKHZSJSET_CREATE_ENTITY 操作代码，如图 14-16 所示。

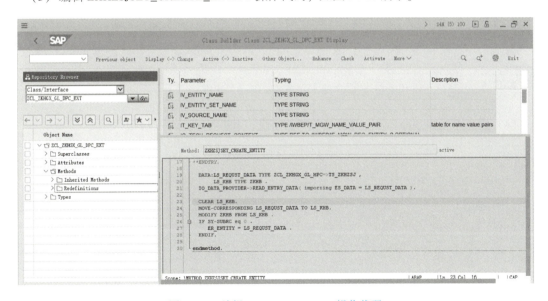

图 14-16 编辑 CREATE_ENTITY 操作代码

重复（2）、（3）的操作步骤，可以对读取单条数据（ZKHZSJSET_GET_ENTITY）、读取数据集合（ZKHZSJSET_GET_ENTITYSET）、更新数据（ZKHZSJSET_UPDATE_ENTITYSET）、删除数据（ZKHZSJSET_DELETE_ENTITY），依据具体的业务逻辑重新定义，以满足业务需求和功能实现。

本示例中，不仅有面向单体的业务逻辑开发，也有面向复合体的业务逻辑开发。因此，需要建立实体与实体之间的关联，通过视图实现业务逻辑的开发。以客户和工商信息的关联为例，实现业务逻辑开发的具体步骤如下：

（1）执行事务代码 SEGW，打开项目。

（2）选中 Association，右击，在弹出的菜单中选择 Create，导航到 Create Association 的 Wizard Step 1 页。

（3）按提示输入相关项内容，如关联的名称和实体，实体间的对应关系等，点击 Next，如图 14-17 所示。

图 14-17　Wizard Step 1 操作

（4）进入 Wizard Step 2 页，选择要关联的字段，点击 Next，如图 14-18 所示。

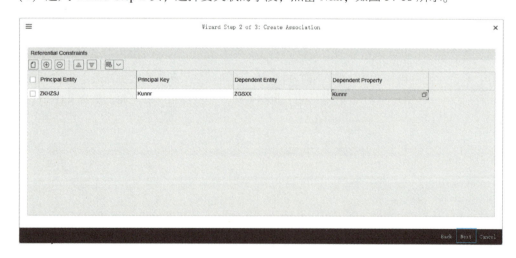

图 14-18　Wizard Step 2 操作

(5)进入 Wizard Step 3 页,输入相关项内容,建议使用默认内容即可,点击 Finish,完成实体之间的关联,如图 14-19 所示。

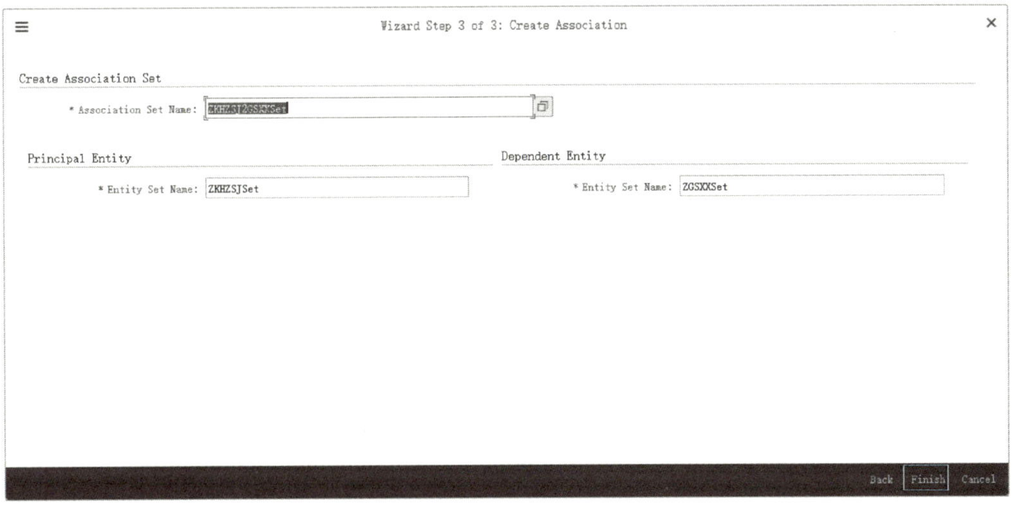

图 14-19 Wizard Step 3 操作

(6)点击 Generate,生成实体之间的关联。

到这里,就可以通过客户来访问其对应的工商信息,实现业务逻辑的开发。其他业务逻辑之间的关联,可以参照(3)到(6)的操作步骤,这里不再赘述。

14.3.3 数据模型开发

在客户综合管理模块中,客户综合管理-KPI 展示页的开发,是基于数据分析库(SAP HANA 数据库)的 Analytical 分析型应用。针对本示例,在数据模型开发之前,先进行数据同步。

1. 数据同步

数据同步需要借助相关的同步工具或组件来实现,SLT 是 SAP TDMS 软件的一个功能组件,用于 SAP 系统之间的精准数据复制。SLT 的基本原理是,在源系统的数据库表中创建对应的触发器,然后利用新增数据日志记录器等组件,将源系统中的数据更新并实时传输到 SAP HANA 中。

(1)SLT 配置方式

SLT 支持以非 SAP 系统与 SAP 系统为源头系统的数据复制,SLT 配置的方式如下:

1)将 SLT 安装在一个独立的服务器上。

2)将 SLT 作为一个组件安装在源数据库中。

本示例选择方式 2)。

SLT 作为组件安装在日常业务库中,如图 14-20 所示。

(2)SLT 连接配置

SLT 连接配置的前提条件是,所需 RFC 连接已经完成。登录 SLT 主控室,使用事务码

LTRC，输入 SLT 服务器 IP 地址、实例号、系统标识，建立 SLT 连接。

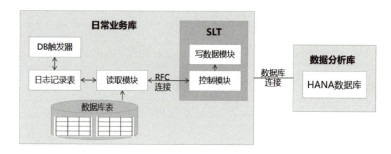

图 14-20 SLT 作为组件安装在日常业务库中

SLT 连接配置的具体步骤如下：

1）配置名称和描述。

2）源系统 RFC 连接。

3）目标系统 RFC 连接。

4）参数设置。

到这里，SLT 连接配置完成，可以查看配置结果，如图 14-21 所示。

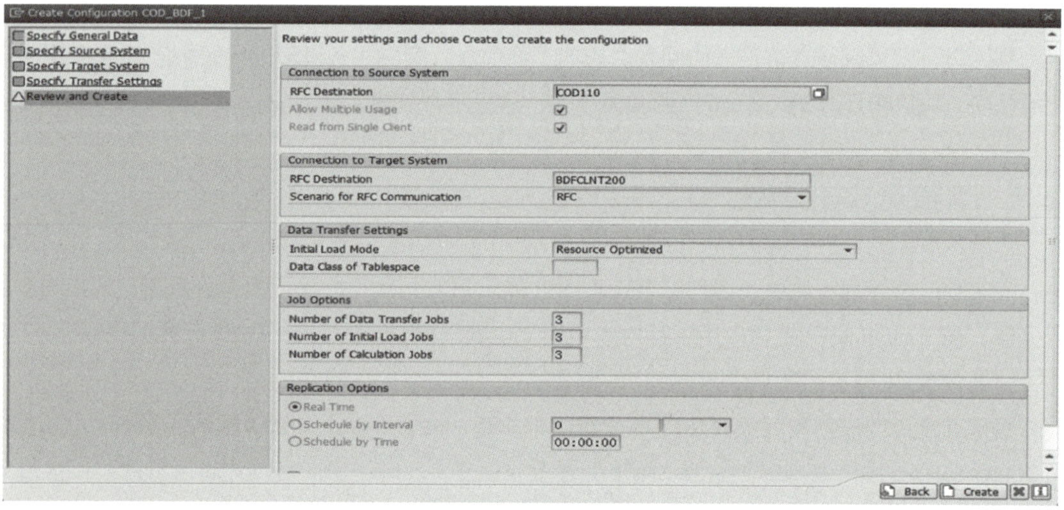

图 14-21 SLT 连接配置

（3）数据抽取

以数据分析库（BW on HANA）为例，数据抽取步骤如下：

1）使用单独的 SLT 服务器，创建日常业务库和数据分析库的连接（采用 RFC 连接）。

2）在数据分析库中创建与日常业务库中相同结构的数据表。

HANA 数据库表的存储方式有列存储和行存储，创建时可选择。在数据分析库中，启动 se11 事务码可以创建数据库表，包括表和表字段。其中表字段要求与日常业务库一致，字段类型选择预定义类型。

3）在 SLT 中创建日常业务表与数据分析表的复制关系。

首先用 LTRC 事务码打开 SLT 主控室，选中建立的连接配置。接下来，导航到实用程序→高级复制设置→表设置，完成表的高级复制设置，如图 14-22 所示。

图 14-22　高级复制设置

4）复制数据。

复制数据就是将日常业务表中的数据复制到 HANA 数据库对应的表中，实现数据同步。在复制过程中如存在报错信息，则可以在主监控室进行查看。复制数据时，需要设置好用户 RFC 连接的相关权限。

复制数据如图 14-23 所示。

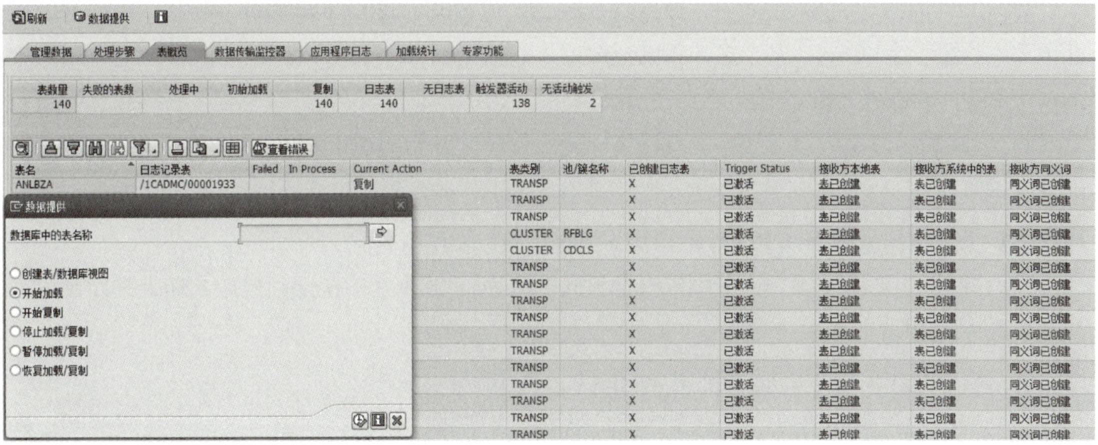

图 14-23　复制数据

到这里，就完成了数据同步的所有操作。数据同步方式可以是实时同步、增量同步、定时同步等，根据数据抽取选择的同步方式，将日常业务库中的数据抽取到数据分析库中，供 HANA 建模使用。

数据抽取如图 14-24 所示。

2. HANA 建模

HANA 建模一般分为逻辑描述、建模分析和创建视图三个主要步骤。

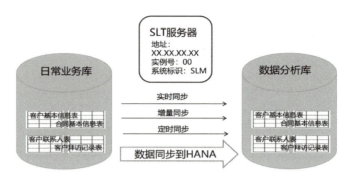

图 14-24　数据抽取

（1）对业务逻辑进行描述。依据客户管理-KPI 页的页面原型设计，结合相关数据库表设计，对该页面呈现内容的业务逻辑进行描述，这里以柱状图展示内容为例。

本柱状图展示该客户项目数、合同金额、年度应收账款金额、年度回款金额和商机数在该公司所有客户中占比，各项指标的业务描述如下：

1）在项目信息基本表中，分别求出全部项目数 Sxm、某个客户全部项目数 $CSxm$，并计算该客户项目数占比 $BLxm = CSxm / Sxm$。

2）在合同信息基本表中，依据表字段合同金额，分别求出全部合同金额 Sht、某个客户全部合同金额 $CSht$，并计算该客户合同金额占比 $BLht = CSht / Sht$。

3）在合同应收实收款项表中，根据表字段应收年度及字段值（如 2021 年度），分别求出年度全部应收账款金额 Sys、某个客户年度全部应收账款金额 $CSys$，并计算年度该客户应收账款金额占比 $BLys = CSys / Sys$。

4）在合同应收实收款项表中，根据表字段应收年度及字段值（如 2021 年度）、表字段是否回款及字段值（是），分别求出年度全部回款金额 Shk、某个客户年度全部回款金额 $CShk$，并计算该客户年度回款金额占比 $BLhk = CShk / Shk$。

5）在商机信息基本表中，分别求出全部商机数 Ssj、某个客户全部商机数 $CSsj$，并计算该客户商机数占比 $BLsj = CSsj / Ssj$。

通过建模，生成柱状图展示的 OData 接口，供前端展示使用。

（2）对业务逻辑的描述进行建模分析。根据业务需求，获取数据库表之间的关联关系。确认哪些表可以作为属性视图，哪些表可以作为分析视图，在分析视图满足不了需求的情况下，可以建立计算视图实现复杂业务逻辑。

（3）根据建模分析确定需要创建的视图。

在数据模型开发前，需要在 catalog 节点下，创建一个 Schema。HANA 使用 Schema 对数据库表进行隔离和区分，每个 Schema 就是一个独立的命名空间，数据库表存放在这里，可对其创建存储过程、索引、触发器、数据库视图等对象。当然，也可通过鼠标右键查看数据分析库（HANA 数据库表）中的数据信息。

Content 节点是开发人员建模的路径，对外部访问是隐藏的，一般会创建一个专有的开发包，然后在包内进行模型开发。

下面以项目数指标模型为例,学习模型视图的创建。

项目数指标模型用来获取柱状图中客户项目数占比,分别求出全部项目数 Sxm、某个客户全部项目数 CSxm,并计算该客户项目数占比 BLxm = CSxm / Sxm。该模型数据主要来源于项目信息表 ZXMXX,用于统计某客户某年度项目数,同时关联客户信息表 ZKHXX,获取客户属性信息。

具体步骤如下:

1)在开发包下右击,创建属性视图,点击 Data Foundation 选择添加数据库表,并点亮需显示字段,如图 14-25 所示。

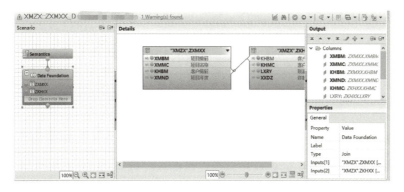

图 14-25　创建属性视图

2)表之间的连接有左外连接、右外连接、全外连接、内连接和交叉连接五种。双击连接线,弹出如图 14-26 所示界面,建立表连接,此处使用左外连接方式,通过客户编码(KHBM)字段连接。

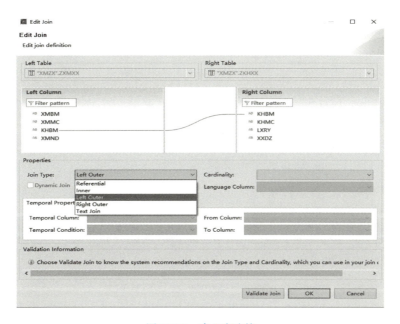

图 14-26　建立表连接

3）点击 Semantics，设置输出字段的类型、名称、描述、是否隐藏等信息，检查无误后，激活模型，即可被外部接口或者前端展示软件调用，如图 14-27 所示。

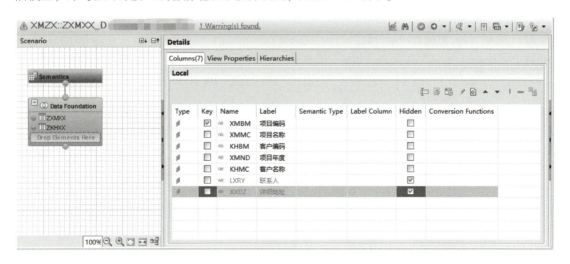

图 14-27　设置输出信息并激活

4）在开发包下点击右键，创建计算视图，输入视图名称、描述，如图 14-28 所示。点击 Finish。

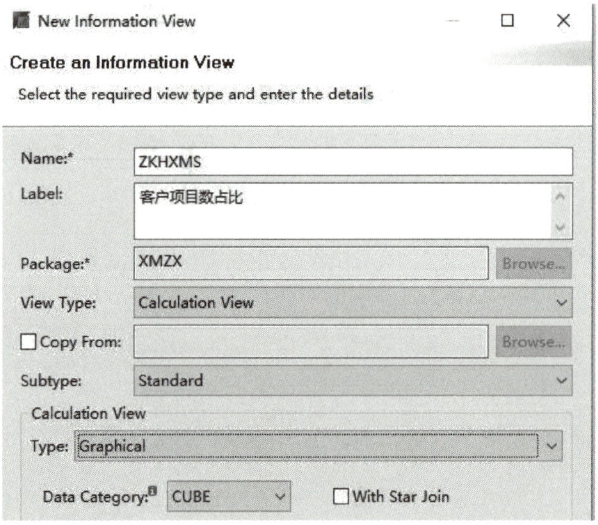

图 14-28　创建计算视图

5）使用 projection 投影，在数据表中新增计算字段 CXMS（项目数）并赋值 1，该字段用来计算项目数量，如图 14-29 所示。

计算视图包括 join、union、projection、aggregation 和 rank 五种节点，支持引用数据库表、属性视图、分析视图以及计算视图。

计算视图重构操作说明如表 14-5 所示。

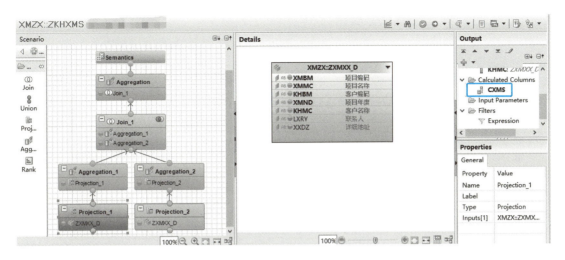

图 14-29　数据库表投影并增加计算字段

表 14-5　计算视图重构操作说明

操 作 名 称	操 作 说 明
union 合并	将多个计算视图中的引用对象合并，然后输出合并后的数据结果集
join 连接	将两个引用对象进行字段连接，最终只有字段值相同的值才会被选择出来
projection 投影	对引用对象的输出做进一步的处理，如选择需要输出的字段、增加额外的过滤器、计算列等，然后创建一个输出对象的连接，投影中所定义的字段全部供输出使用
aggregation 聚合	对某个字段的若干行记录进行计算，常用的聚合类型有 sum、min、max 等

6）通过不同维度的聚合及关联，最终形成包含客户编码、项目年度、客户项目数量、总项目数量字段的数据集，在该聚集层新增计算列 XMSZB（客户项目数占比），如图 14-30 所示。

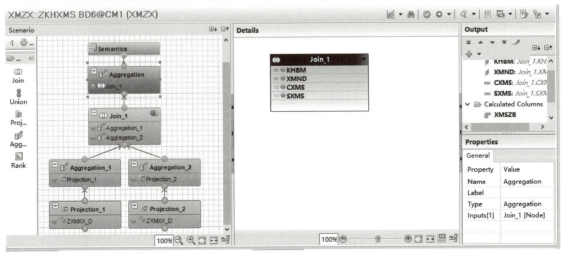

图 14-30　形成数据集并新增计算列

7）配置计算列属性，为计算列 XMSZB（客户项目数占比）设置数据类型、字段长度及小数位，依据逻辑关系添加计算公式，如图 14-31 所示。

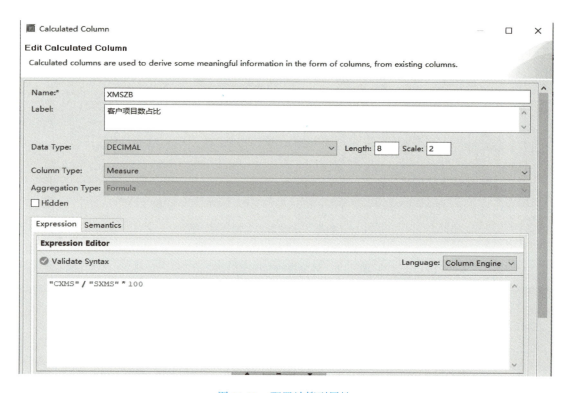

图 14-31　配置计算列属性

8）点击 Semantics，设置计算字段的类型、名称、描述、聚合规则等信息，如图 14-32 所示。检查无误后激活，即可被外部接口或者前端展示软件调用。

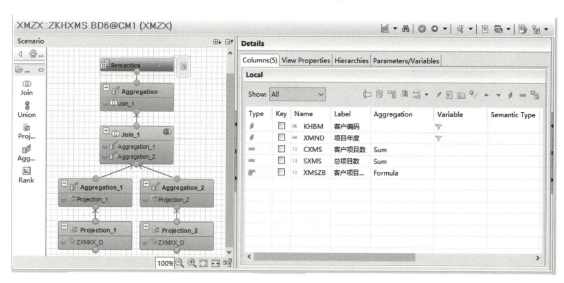

图 14-32　设置计算字段并激活

9）在计算视图模型中，右键点击 Data Preview 进行数据预览。预览结果如图 14-33 所示。

KHBM	XMND	CXMS	SXMS	XMSZB
KH10011	2016	1	1	100
KH10011	2017	1	1	100
KH10011	2018	1	1	100
KH10010	2019	1	2	50
KH10011	2019	1	2	50
KH10011	2020	1	1	100
KH10010	2021	1	3	33
KH10011	2021	2	3	66

图 14-33　视图模型数据预览结果

到这里，项目数指标模型的开发就完成了。读者可自行练习完成其他模型视图的开发。

14.4　接口测试

SAP Fiori 应用程序的开发，采用前后端分离模式。前端页面交互的具体实现，需要后端提供对应业务逻辑的数据接口。本示例通过业务逻辑开发和数据模型开发，生成了页面交互开发所需要的 OData 接口。因此，需要对 OData 接口进行测试，以确保接口的有效性和正确性。

1. 业务逻辑接口测试

具体步骤如下：

（1）打开事务代码/N/IWFND/MAINT_SERVICE，点击 SAP Gateway Client。找到创建的服务进行测试，如图 14-34 所示。

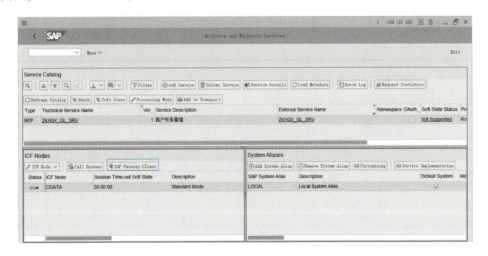

图 14-34　找到创建的服务进行测试

（2）以客户与其工商信息的业务逻辑实现为例，测试 OData 数据接口是否有效。如图 14-35 所示。

```
<category scheme="http://schemas.microsoft.com/ado/2007/08/dataservices/scheme" term="ZKHGX_GL_SRV.ZGSXX"/>
<link title="ZGSXX" rel="self" href="ZGSXXSet('1000000000')"/>
<link title="FromKhzsj" type="application/atom+xml;type=entry" rel="http://schemas.microsoft.com/ado/2007/08/dataservices/r
('1000000000')/FromKhzsj"/>
- <content type="application/xml">
    - <m:properties>
        <d:Kunnr>1000000000</d:Kunnr>
        <d:Zcsj>2020-12-01</d:Zcsj>
        <d:Zczj>15000万</d:Zczj>
        <d:Frdb>XXX</d:Frdb>
        <d:Sbh>12345</d:Sbh>
        <d:Jyfw>咨询</d:Jyfw>
    </m:properties>
  </content>
 </entry>
</m:inline>
</link>
<link title="ToLxr" type="application/atom+xml;type=feed" rel="http://schemas.microsoft.com/ado/2007/08/dataservices/related/ToLxr" hr
<link title="ToBf" type="application/atom+xml;type=feed" rel="http://schemas.microsoft.com/ado/2007/08/dataservices/related/ToBf" href
<link title="ToXm" type="application/atom+xml;type=feed" rel="http://schemas.microsoft.com/ado/2007/08/dataservices/related/ToXm" hr
- <content type="application/xml">
    - <m:properties>
        <d:Kunnr>1000000000</d:Kunnr>
        <d:Name>某某咨询公司</d:Name>
        <d:Land1>中国</d:Land1>
        <d:Regio>北京</d:Regio>
        <d:Stras>某某区某某街道某某号</d:Stras>
        <d:Telf>010-88888888</d:Telf>
        <d:Fzr>刘一</d:Fzr>
        <d:Gsxz>上市</d:Gsxz>
        <d:Khdj>高级</d:Khdj>
```

图 14-35 Data 数据接口测试

测试结果里包含了客户和工商信息的所有值，测试通过，表示该 OData 接口地址有效，可以被页面交互开发所调用。

2. 数据模型接口测试

具体步骤如下：

（1）打开 SAP HANA Studio，选择 File→new→XS Project，创建 XS Project。创建 Odata 服务用于测试，如图 14-36 所示。

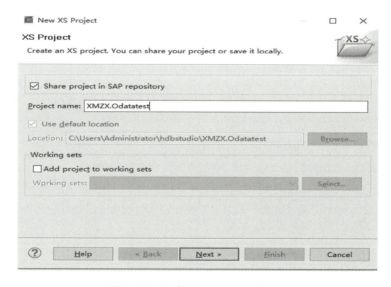

图 14-36 创建 Odata 服务用于测试

（2）新建一个 xsodata 文件 zkhxms.xsodata，输入如图 14-37 所示代码，用来暴露模型的数据，以供调用，这里以客户项目数为例。

图 14-37　新建 xsodata 文件

（3）测试 OData 数据接口是否有效，以客户项目数占比为例，如图 14-38 所示。

图 14-38　Data 数据接口测试

测试结果里包含了客户编码、年度、客户项目数、总项目数和客户项目数占比的所有值，测试通过，表示该 OData 接口地址有效，可以被页面交互开发所调用。

3. OData 接口清单

以下为本示例中用到的 OData 接口，并且通过测试。为安全起见，将 IP 地址进行脱敏处理。

（1）客户综合管理-默认页接口

http://1X.X1.1XX.XX2:8080/sap/opu/odata/sap/ZKHGX_GL_SRV/ZKHZSJSet?$filter = substringof（客户名称，Name）

（2）客户综合管理-列表页-联系人接口

http://1X.X1.1XX.XX2:8080/sap/opu/odata/sap/ZKHGX_GL_SRV/ZKHZSJSet（客户编号）?$expand = ToLxr

（3）客户综合管理-列表页-拜访记录接口

http://1X.X1.1XX.XX2:8080/sap/opu/odata/sap/ZKHGX_GL_SRV/ZKHZSJSet（客户编号）?$expand = ToBf

(4) 客户综合管理-详细页-工商信息接口

http://1X.X1.1XX.XX2:8080/sap/opu/odata/sap/ZKHGX_GL_SRV/ZKHZSJSet（客户编号）?$expand=ToGsxx

(5) 客户管理-KPI 分析页面-KPI 指标接口

http://1X.X1.1XX.XX2:8080/sap/opu/odata/sap/ZKHGX_GL_SRV/ZKHZSJSet（客户编号）?$expand=ToKpizb

(6) 客户管理-KPI 分析页面-近五年合同总金额占比接口

http://1X.X1.1XX.XX2:8080/sap/opu/odata/sap/ZKHGX_GL_SRV/ZKHZSJSet（客户编号）?$expand=ToJwnhtzb

14.5 结束语

本章针对 Fiori 应用程序的自开发，以基于 HANA 数据库的 Analytical 应用类型为例，详细地介绍了自开发的设计、实现和测试的全过程。自开发的总体思路是，前端由开发人员使用 SAPUI5 API 提供的控件，自行编写所有页面的 View 和前端的逻辑 Controller，并通过 OData Model 进行数据绑定，并以编码方式与后端进行数据交互。后端则采用 SAP Gateway 暴露 OData Service，由开发人员在 Runtime Artifacts 中编写业务逻辑。SAP Fiori 应用程序的自开发方式，充分体现了 MVC 架构和前后端分离模式的优越性。

第15章

应用扩展

内容关键词

Screen Personas 的体系架构、管理任务

Screen Personas 风格编辑器、UI 主题设计器

主题（Themes）的创建与分配

特性（Flavor）的添加与部署

高级特性开发应用

本章概要

- 关于 Screen Personas
- Screen Personas 开发

SAP Screen Personas 的出现，促进了 SAP 从传统界面到 SAP Fiori 的转变。SAP Screen Personas 可以为不同用户提供个性化的 SAP 屏幕，通过主题（Themes）和特性（Flavor），允许用户对传统的 SAP 界面进行个性化的设计，满足用户的业务需求。

15.1 关于 Screen Personas

SAP Screen Personas 是用户创建个性化需求的可视化产品，每一种风格都是一个特定的、个性化的、典型的 SAP 事务屏幕。当标准的 SAP Fiori 或 SAP GUI、WebDynpro ABAP 不能满足业务需求的时候，使用 SAP Screen Personas 是一个很好的选择。Screen Personas 开发者既可以在可视化的 HTML5 编辑器里拖曳组件，创建不同的事务屏幕，满足不同的业务需求；也可以在浏览器上直接编辑屏幕，按角色创建个性化屏幕。Screen Personas 使用者在浏览器或者 SAP GUI 中只能看到自己所需要的、简洁的屏幕。

1. Screen Personas 的体系架构

SAP Screen Personas 是 SAP ERP、SAP HANA 支持的 SAP Business 和 SAP S/4HANA 的一个组件产品。安装该组件不需要额外的服务器，也不需要在安装时中断运行环境。SAP Screen Personas 组件的体系架构由 Server 端和 Client 端构成。

SAP Screen Personas 体系架构如图 15-1 所示。

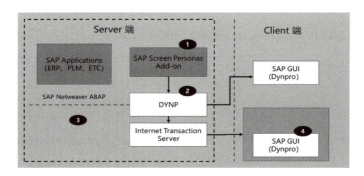

图 15-1　SAP Screen Personas 体系架构

在 SAP Screen Personas 体系架构中：

① 是 SAP Screen Persons 的附加层，用于存储用户的创建或更新。

② 是整个 SAP ERP 应用程序的基础层，包含 ABAP 组件。这些组件是每个 SAP NetWeaver ABAP 安装程序的一部分，用于安装 SAP Screen Persons。SAP NetWeaver 支持的最低版本是 700 SP 23 或更高版本。需要注意的是，SAP Screen Persons 只有在 SAPGUI 750 SP0 系统上，才能用于 Web Dynpro ABAP 应用程序。

③ 是 SAP Screen Persons 的关键组件（网络事务服务器 ITS），为浏览器访问的每个事务代码提供标准的 SAP 屏幕定义。

④ 是运行在浏览器上的 JavaScript 应用。

2. Screen Personas 的管理任务

SAP Screen Personas 的管理任务，主要包括维护主题、特性和模板，以及对所有 Screen Personas 的事件管理。在 SAP GUI 中运行 tcode：/PERSONAS/ADMIN，导航到 SAP Screen Personas Administration。

Screen Personas 管理员的管理任务如下：

（1）Flavor

在 Flavor 页签，可以对特性进行操作，如复制、删除、导出和分享。

（2）Theme

在 Theme 页签，可以对主题进行操作，如查找、导入、删除或取消，还可以将主题分配给角色或者事务代码。

（3）Icon

在 Icon 页签，可以更改图标的描述、更改图像，分配图标、改变所有者和显示这些图标用在什么地方。

（4）Resource

在 Resource 页签，管理在开发特性时所上传的图像，也可以查找或者导入图像。

（5）Template

在 Template 页签，可以管理模板、查找或者导入复用模板。

（6）User and role administration

该页签用来管理业务用户，并给不同的用户分配角色。

3. Screen Personas 的风格编辑器

Screen Personas 的应用实施离不开风格编辑器。在这里，先介绍 SAP Screen Personas 风格编辑器。

登录 SAP Easy Access 后，导航到 Screen Personas 风格编辑器（默认该组件已安装）。在运行状态编辑模式下，基于用户或角色需要，可选择自己的默认风格。如果是第一次使用 Screen Personas，将会有一个查看初始屏幕的 Original Screen 按钮。

用户风格编辑器主菜单如图 15-2 所示。

图 15-2　用户风格编辑器主菜单

Screen Personas 风格编辑器包括编辑工具条、信息区域、控件等，可对当前 SAP 标准事务代码进行个性化屏幕的感官设计。在使用 Screen Personas 风格编辑器前，需要把/PERSONAS/EDITOR_ROLE 角色分配给当前用户。只有授权后，该用户才能进行各项操作，如 EDIT 操作。

下面介绍 Screen Personas 风格编辑器功能。

（1）Home 页签

在该页签中，用户可以对所选控件的文本进行格式化、添加背景图片或给按钮分配图标等。Home 功能如图 15-3 所示。

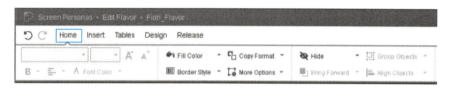

图 15-3　Home 功能

（2）Insert 页签

在该页签中，用户可以插入按钮、图片、工具条和屏幕事件等。

（3）Tables 页签

如果用户屏幕中涉及数据库表，使用该页签提供的选项，可对表进行定制化操作，如隐藏列、改变列的描述、移动列的位置和使用条件格式化等。

Tables 功能如图 15-4 所示。

图 15-4　Tables 功能

（4）Design 页签

在该页签中，开发者可以创建或者修改模板，可以把它加到一个风格里，还可以添加图形，将样式应用到多个对象中。

Design 功能如图 15-5 所示。

图 15-5　Design 功能

（5）Release 页签

在该页签中，开发者可以对风格的各个版本进行管理，可以在某个历史版本的基础上进行调整，当设计风格达到要求之后，对其锁定，然后传输到目标系统使用。

Release 功能如图 15-6 所示。

图 15-6　Release 功能

4．UI 主题设计器

UI 主题设计器（UI Theme Designer）在 SAP Fiori 应用中经常用到。在使用 SAP Screen Personas 创建主题（theme）之前，先了解使用 UI 主题设计器的方法步骤：

（1）登录 SAP Easy Access，运行事务代码/UI5/Theme_Designer - UI Theme Designer。在显示的列表中，选择某个主题模板可点击打开，进入编辑状态。

（2）输入相关项内容，然后点击"添加"按钮，如图 15-7 所示。

图 15-7　Add Target Content

（3）在右侧可选择颜色、字体、图像等属性，对主题属性进行设置，如编辑颜色属性，如图 15-8 所示。

（4）输入相关项内容，点击 Save & Build，主题保存和构建完成，如图 15-9 所示。

（5）主题设计完成，运行事务代码/ui5/theme_tool，点击 info 获得自定义主题的链接，查看已构建的主题，如图 15-10 所示。

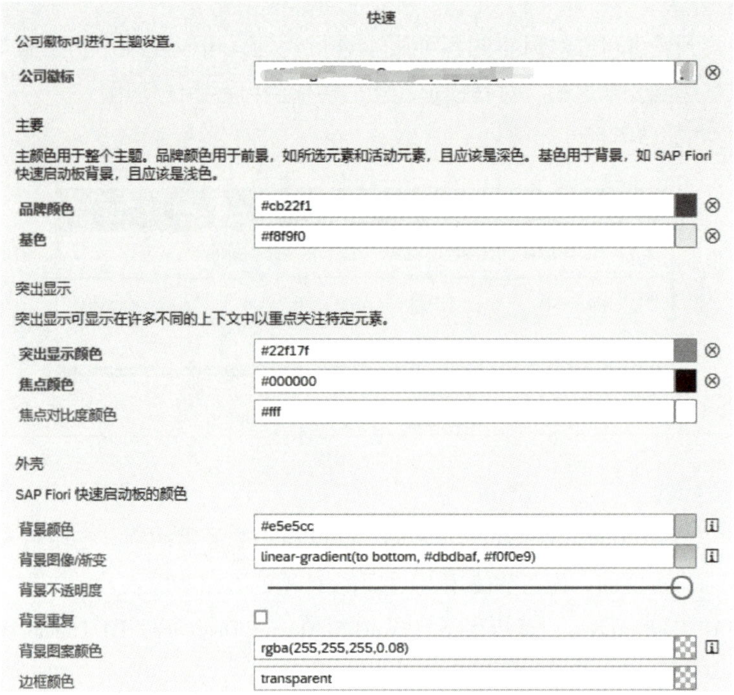

图 15-8　设置主题属性

图 15-9　构建主题

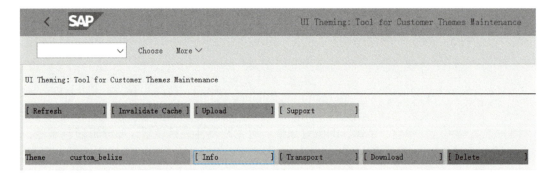

图 15-10　查看已构建的主题

主题对应的链接地址如图 15-11 所示。

第 15 章 应用扩展

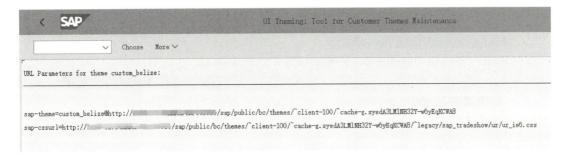

图 15-11　主题对应的链接地址

15.2　Screen Personas 开发

SAP Screen Personas 的开发，包括 Themes（主题）的创建与分配、Flavor（特性）的添加与部署、高级特性应用。在上节内容中，已经对 SAP Screen Personas 风格编辑器的功能进行了介绍。接下来，使用风格编辑器，开发 SAP Screen Personas 应用的主题和特性。

15.2.1　主题

本节内容介绍 SAP Screen Personas 主题的创建和分配。

1. 创建主题

主题是用于多个屏幕的可视组件，如按钮、文本框等。

SAP Screen Personas 创建主题的步骤如下：

1）登录 SAP GUI，启动 SAP Screen Personas。

2）点击 Themes 图标，然后点击 Create New Theme。

3）输入主题相关项内容，然后点击 Done。创建主题如图 15-12 所示。

4）在 General Theme 页签中，可以在下拉框中选择组件。根据需求，选择不同的组件来完成客户定制化的要求。另外，对于每一个下拉框中选择的组件，都可以通过可选项的设置来完成不同需求的定制。例如，对 Font Color 标签选择一种颜色。

General Theme 页签如图 15-13 所示。

5）在 Control Specific Styles 页签中，编辑相关项属性。例如，要隐藏某个组件，可在 Visible 属性的下拉列表框里选择 Hidden。

Control Specific Styles 页签如图 15-14 所示。

图 15-12　创建主题

·351·

图 15-13　General Theme 页签

图 15-14　Control Specific Styles 页签

将需要的组件都设置好后，点击 Save，主题创建完成。

2. 分配主题

分配主题，就是将已经创建好的主题，分配给某个角色和某个事务。

SAP Screen Personas 分配主题的步骤如下：

（1）创建角色

1）登录 SAP 前端服务器，执行 T-Code：/PERSONAS/ADMIN。

2）在 User and Role Administration 中，点击 Manage Role Assignments。

User and Role Administration 界面如图 15-15 所示。

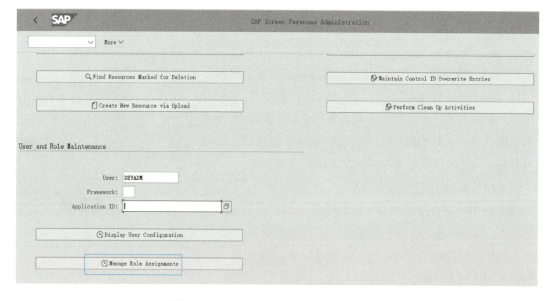

图 15-15　User and Role Administration 界面

3）输入角色名称如 ZSMEN_PERSONAS_ROLE，点击 Save。

创建角色后，返回 SAP Screen Personas Administration 屏幕。

（2）分配主题给角色和事务

1）选择已经创建的主题，然后点击 Display/Search。

2）输入要分配的角色和事务，例如，分配角色为 ZSMEN_PERSONAS_ROLE，分配事务为 SMEN。点击 Assign Theme，分配主题成功。

15.2.2 特性

本节内容介绍 SAP Screen Personas 特性的添加和部署。

1. 添加特性

添加特性就是对 UI 进行定制，为主题添加个性化的属性。

SAP Screen Personas 添加特性的步骤如下。

（1）在 SAP Web GUI 里，打开 SAP Screen Personas，点击 + 按钮。

（2）输入相关项内容，如特性的名称和描述，然后点击 Create。

（3）为主题添加特性。

例如，添加 logo 图标特性：

1）在 Screen Personas 风格编辑器的 Insert 页签中，点击 Image。

在 Insert 页签中插入 Image，如图 15-16 所示。

图 15-16　在 Insert 页签中插入 Image

2）选择想要插入的图片，如果系统自带的图片不合适，则可以使用 Upload Image 上传图片。

3）在 Screen Personas 风格编辑器的 Insert 页签中，点击 Transaction Button，创建一个关联事务代码的按钮。输入组件名称和关联的事务代码，点击 Done，完成创建。

关联事务如图 15-17 所示。

添加特性，并为特性配置一个事务的示例已经完成。根据用户个性化定制需要，重复这一步骤，可以为该特性添加更多的事务。也可以使用 Screen Personas 风格编辑器中的 Home 功能，对这些事务项进行排列。

为了更好地掌握 SAP Screen Personas 开发，读者可以动

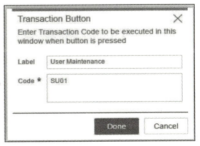

图 15-17　关联事务

手练习，内容如下：

1）在 Text Field Box 里，放三个 Text Input 组件和一个 Script Button 按钮。为 Text Field Box 和 Script Button 添加特性，分别设置组件名称（如：销售订单）和操作按钮（如：查询），目前这些组件并没有关联任何代码。

添加后的屏幕效果如图 15-18 所示。

2）当所有的组件都按照需求添加完毕，可以转到 Home 标签下设置各组件的布局和属性，如颜色、大小、显示位置等，本示例将查询按钮背景色设为蓝色。

2. 部署特性

部署特性，就是在 SAP Fiori Launchpad 中如何分配特性。

SAP Screen Personas 部署特性的步骤如下：

（1）登录 SAP Web GUI，导航到 SAP Screen Personas。

图 15-18　添加后的屏幕效果

（2）选中要部署的特性，然后点击 Link 关联一个 URL。

（3）复制链接，然后点击 Close。

（4）新建一个 Launchpad，具体操作步骤在第 5 章中已经详细介绍。

将复制的 flavor URL 粘贴到 Application Parameters，编辑 URL 文本如图 15-19 所示。

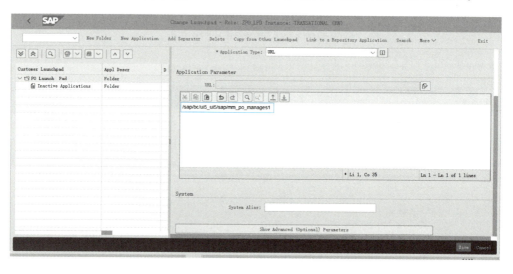

图 15-19　编辑 URL 文本

继续后续操作，直到新的 Launchpad 创建成功。

（5）在 Launchpad 中，用户就可以启用 SAP Screen Personas 的特性了。

15.2.3　高级特性

使用脚本语言可以完成 SAP Screen Personas 的一些高级特性，而 JavaScript 是开发人员维护 Screen Personas 屏幕动作的非常好用的脚本语言。

下面继续上节内容的动手练习，介绍 Screen Personas 的一些高级特征。

（1）进入 SAP Screen Personas，选择 MyEasyAccess，然后点击 Scripting，如图 15-20 所示。

图 15-20　选择 MyEasyAccess

（2）输入脚本名称（本示例为 SalesOrder_Lookupsrc），创建新的脚本。脚本可以通过录制屏幕的方法来获得，例如，模拟销售订单读取的操作 VA03，在输入框中输入 VA03，然后点击 Execute。

该事件被捕捉并展示在 Script Window 中，脚本代码如下：

```
session.findById("wnd[ 0 ]/tbar[0]/okcd").text = "VA03";
session.findById("wnd[0]").sendVKey(0) ;
```

（3）打开脚本并执行，出现 VA03 的界面之后，输入一个采购订单的值（例如 18800），按 <Enter> 键。

此时，生成脚本内容如下：

```
session.findById("wnd[0]/usr/ctxtVBAK-VBELN").text = "18800";
session.findById("wnd[0]/usr/ctxtVBAK-VBELN").setFocus();
session.findById("wnd[0]").sendVKey(0) ;
```

（4）导航到 Inspector→Object Selector，点击 NetValue 文本旁边的编辑图标，抓取文本内容，定义净值字段 SONetVal。

```
Var SONetVal = session. findById ( " wnd [ 0 ]/usr/subSUBSCREEN _ HEADER:
SAPMV45A: 4021/txtVBAK-NETWR"). text;
```

用同样的方法抓取货币字段，定义变量 SONetCur。

```
Var SONetCur = session. findById ( " wnd [ 0 ]/usr/subSUBSCREEN _HEADER: SAP-
MV45A: 4021/txtVBVA-NETWR"). text;
```

（5）导航回到初始界面，停止录制。

（6）将销售订单中的三个输入字段与 VA03 中的销售订单编号、净价和货币进行关联，关联方法如下：

点击 Object Selector，选择销售订单中的一个输入框，点击红色铅笔，捕获用户输入的销售订单编号，然后把它与销售订单编号的变量进行关联。

```
SONumber = session.findById("wnd[0]/usr/txtPersonas_148764811439777 ").text;
```

用同样的方法，完成另外两个字段 SONetVal、SONetCur 的关联。

```
SONetVal = session.findById("wnd[0]/usr/txtPersonas_148764812672532").t ext;
SONetCur = session.findById("wnd[0]/usr/txtPersonas_148764813406176").t ext;
```

（7）关联后，将上述变量 SONumber、SONetVal 和 SONetCur 分别传值给相应的输入框：

```
session.findById("wnd[0]/usr/ ctxtVBAK-VBELN").text = SONumber;
session.findById("wnd[0]/usr/txtPersonas_148764812672532"). text = SONet Val;
ssession. findById (" wnd [0] /usr/txtPersonas_148764813406176"). text = SONe tCur;
```

（8）确定脚本无误后，保存。

到这里，利用脚本语言为 Screen Personas 创建高级特性的操作步骤已经介绍完。接下来演示本次动手练习的效果，导航到 Events→Script Events→onClick，选中刚才创建的 SalesOrder_Lookupsrc 脚本，并运行它。

演示效果如图 15-21 所示。

图 15-21　演示效果

如何添加查询按钮的特性（设置边框颜色为浅蓝色）？请读者自己完成。

15.3　结束语

SAP 提供了 Screen Personas 这个产品，让用户能够方便地通过拖曳，就可以优化 SAP 的操作界面。随着 SAP Fiori 应用和技术的突飞猛进，Screen Personas 版本也在快速迭代，在设计和功能上紧跟 Fiori，包括样式、风格、各种 Fiori 屏幕元素的模板。SAP Screen Personas 让用户更专注于简化屏幕或业务流程，将经典屏幕转换为 Fiori 风格，从视觉上协调，让 SAP Fiori 的用户体验更好。

第16章

Fiori集成

内容关键词

Jam 与 SAP Fiori 的集成方式

社交媒体磁贴集成、协同工作组件集成

SAP BusinessObjects Lumira 与 SAP Fiori 的集成配置

磁贴访问集成方式、KPI 向下钻取集成方式

启动磁贴、事件磁贴

SAP BusinessObjects BI 与 SAP Fiori 的集成配置、应用集成

本章概要

- SAP Jam
- SAP BusinessObjects Lumira
- SAP BusinessObjects BI

本章重点介绍与 SAP Fiori 密切相关的 SAP Jam、SAP BusinessObjects Lumira 和 SAP BusinessObjects BI。通过 SAP Jam 的标准磁贴或协同组件，可以直接从 Launchpad 中发起团队成员的合作，以提高团队工作效率。通过配置 SAP BusinessObjects Lumira Server 的相关选项，借助磁贴访问和向下钻取两种集成方式，可以在 Launchpad 中方便地访问 SAP BusinessObjects Lumira 的共享内容，通过对 SAP Business Objects BI 和 SAP Fiori 的系列配置，将 BI 平台中的应用如报表、仪表盘等，集成到 Fiori 启动面板中。

16.1　SAP Jam

SAP Jam 是一种企业社会化工作平台，能为你和客户、合作伙伴、员工提供文本、图片、视频的方式，在计算机、移动终端上进行交流。SAP Jam 和 SAP Fiori 的集成方式有社交媒体磁贴和协同工作组件，具体来说，在满足先决条件的基础上，通过配置社交媒体磁贴，或者通过协同工作组件实现彼此之间的集成。

SAP Jam 和 SAP Fiori 集成，需要满足以下几个先决条件：

（1）购买 SAP Jam 许可证。

（2）确保 Fiori 用户有一个 SAP Jam 账户。

（3）将 SAP Jam 服务器证书 sapjam.cer 导入到 SAP Fiori 前端服务器中。

（4）具备事务代码 STRUST 权限。

（5）已配置 SAML 2.0 身份验证和 OAuth 客户端。

1. 社交媒体磁贴集成方式

交互媒体集成（SMI），不仅对 SAP Jam 和 Fiori 的集成有用，而且还可以与其他 Web 技术，如 Web Dynpro、ABAP 和 SAPUI5 进行集成，因此需要配置 ABAP SMI。ABAP SMI 提供了作为 SAP Fiori 磁贴的运行功能，允许 Fiori 应用程序和 Fiori 启动面板使用 SMI 功能。

首先，需在前端服务器中配置 ABAP SMI，具体步骤如下：

（1）登录到前端服务器，运行事务代码 CLB2_PLATF。

（2）配置服务器通信信息，如服务提供者类型、服务器、Service Provider 和 Server URL。

（3）对验证方法进行配置。

（4）运行事务 CLB2_APPLI_PLATF。

（5）对应用服务器分配进行设置，包括服务器设置和扩展。

应用服务器分配如图 16-1 所示。

（6）运行事务 SICF，并激活 rest_tunnel 服务。

（7）运行事务 CLB2_TUNNEL，对通道服务进行设置。

图 16-1　应用服务器分配

通道服务设置如图 16-2 所示。

图 16-2　通道服务

到这里，前端服务器的 ABAP SMI 已经配置完成，可通过对 Tunnel 通道目标信息的查看来验证。

接下来，在 Fiori 中配置 SAP Jam 磁贴，社交媒体目录用于为 Fiori 启动面板与 SAP Jam 相关的磁贴分组。与其他目录一样，社交媒体目录也要与 PFCG 角色相关联。有关创建目录、创建磁贴、创建角色、将角色分配给用户等相关的操作步骤，在第 5 章中已经详细介绍，这里就不再赘述。

SAP Jam 磁贴分为群组磁贴和通知磁贴两种形式。群组磁贴的特点就是每 5 分钟更新一次距离激活时间最近的内容。通知磁贴的特点就是以 10 秒为间隔显示新的通知内容。

登录 Fiori Launchpad 后，就可以看到社交媒体目录了，启动 SAP Jam 磁贴，即可实现 SAP Jam 与 Fiori 的集成。

社交媒体目录如图 16-3 所示。

图 16-3　社交媒体目录

2. 协同工作组件集成方式

除了配置社交媒体磁贴，还可以通过协同工作组件实现 SAP Fiori 应用程序的集成。

协同工作组件细分为交互时间线、讨论对话和共享组件三种。

（1）交互时间线

使用此组件，可以在 SAP Fiori 应用程序中直接展示 SAP Jam 的一些主要功能，例如用户的照片、来自其他用户的通知等。

（2）讨论对话

利用该组件，通过反馈信息展示和优化 SAP Jam。

（3）共享组件

该组件与 SAP Jam 之间共享附件、业务对象以及有关业务对象的注释。此功能在所有类型的应用程序中皆可用。

使用协同工作组件的优势如下：

1）基于群组的沟通，实现客户、员工、合作伙伴沟通平台的统一，保证信息第一时间到达，打破沟通边界，让沟通更直接和人性化。

2）基于任务的协作，任务进展全过程记录，项目任务实现的各个环节尽可充分讨论、记录、协作，跨部门配合协作直观、透明，项目任务评价客观、便捷。

3）基于手机终端的应用，项目成员可通过手机端实时掌握任务进展情况，无论何时何地都能完成任务交办，让突发的灵感也传递到位。

SAP Jam 真正做到了让社交协作贯穿于企业的业务活动全过程。

16.2　SAP BusinessObjects Lumira

SAP BusinessObjects Lumira 是一种自助式数据可视化工具，可快速、轻松地创建精美的交互式地图、信息图和其他图表。让客户可以了解受信任的企业数据源和个人数据，并通过交互式可视化对象、故事和定制的分析应用程序，与其他用户在桌面浏览器和移动设备上分享这些信息。

SAP BusinessObjects Lumira Server 上的可视化文件，可以编写故事、分析趋势并与团队共享见解，但需要在 Fiori 启动面板中做配置，以便访问 SAP BusinessObjects Lumira 的共享内容。

1. 集成配置

SAP BusinessObjects Lumira Server 与 SAP Fiori 的配置步骤如下。

（1）为相关用户分配角色。

需要为 Lumiratech 用户、FioriAdmin 用户和最终用户分配相应的角色：

1）为 Lumiratech 用户分配管理员角色。例如，为 Lumiratech 用户分配角色 sap.bi.common::BI_TECH_USER。

2）为 FioriAdmin 用户分配角色。例如，为 FioriAdmin 用户分配角色 sap.bi.common::BI_DATA_ANALYST 和 sap.bi.common::BI_DATA_CONSUMER。

3）为最终用户分配角色。例如，为最终用户 Fiori_USER 分配角色 sap.bi.common::BI_DATA_ANALYST 和 sap.bi.common::BI_DATA_CONSUMER。

（2）在 Fiori 启动面板中配置 SAP BusinessObjects Lumira 服务。

通过 http(s)://<SAPHANAServer>:<Port>/sap/bi/launchpad/fiori 登录到 SAP Fiori，在管理员主页的启动面板中配置。

（3）将磁贴目录中的 SAP Lumira 服务磁贴添加到启动面板，然后启动应用程序，如图 16-4 所示。

（4）配置用户访问信息，输入用户名和密码，如图 16-5 所示。点击 Run Configuration。

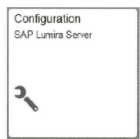

图 16-4 添加服务磁贴

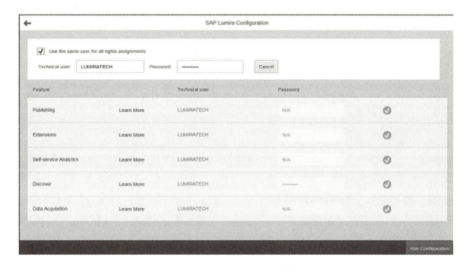

图 16-5 配置用户访问信息

（5）在 ABAP 前端服务器中，将 SAP_Lumira_tcr 角色分配给 Fiori_USER 用户和 FioriAdmin 用户。

到这里，SAP BusinessObjects Lumira Server 与 SAP Fiori 的集成配置工作就完成了，接下来介绍 SAP BusinessObjects Lumira 与 SAP Fiori 的集成方式。

2. 集成方式

SAP BusinessObjects Lumira 与 SAP Fiori 的集成方式，有磁贴访问方式和 KPI 向下钻取方式。

（1）磁贴访问方式

磁贴访问包括 All Stories 启动磁贴和 SAP Lumira 静态磁贴，需要从 SAP Fiori 启动面板的 SAP BusinessObjects Lumira 目录中添加，实现与 SAP Fiori 的集成。

具体步骤如下：

1）登录到 SAP Fiori 启动面板，点击磁贴目录，然后从下拉列表中选择 SAP Lumira。

2）点击每个磁贴下方的 + 按钮，将磁贴添加到 SAP Lumira 组。在 Fiori 启动面板中，就会显示所有 SAP BusinessObjects Lumira 磁贴。

Lumira 磁贴目录如图 16-6 所示。

图 16-6　Lumira 磁贴目录

All Stories 启动磁贴，显示用户有权访问的事件数量。点击该磁贴，会打开一个包含所有可用时间的列表，可以对其进行排序、过滤和搜索操作。

All Stories 启动磁贴，如图 16-7 所示。

SAP Lumira 静态磁贴，可以在新窗口中启动 SAP BusinessObjects Lumira，并通过 SAP BusinessObjects Lumira 创建和共享故事。

SAP Lumira 静态磁贴，如图 16-8 所示。

图 16-7　All Stories 启动磁贴　　　　　图 16-8　SAP Lumira 静态磁贴

在 SAP Fiori 启动面板中，还可以通过 SAP BusinessObjects Lumira 事件，创建事件磁贴。创建事件磁贴的步骤如下：

1）在 SAP Fiori 启动面板中，选择 All Stories 启动磁贴。

2）在左侧的 All Stories 列表中选择一个故事，并点击 Open。

3）为该故事选择一个事件并保存。

4）设置磁贴信息后，点击 OK。

设置磁贴信息如图 16-9 所示。

返回到主页，就可以看到 SAP BusinessObjects Lumira 事件磁贴。点击该事件磁贴后，在 SAP Fiori 启动面板中，就可以启动 SAP BusinessObjects Lumira 事件。

Lumira 事件磁贴如图 16-10 所示。

图 16-9　设置磁贴信息

图 16-10　Lumira 事件磁贴

（2）KPI 向下钻取方式

除了 All Stories 启动磁贴的 Lumira 事件，还可以使用 KPI 建模器，对 SAP BusinessObjects Lumira 向下钻取，创建 KPI 磁贴。

本示例在 Navigation 中选择一个 Lumira 事件，作为向下钻取，并实现特定钻取的 KPI 磁贴创建。

具体步骤如下：

1）登录到 SAP Fiori 启动面板，从 KPI 模型组中选择 Configure KPI Tiles，如图 16-11 所示。

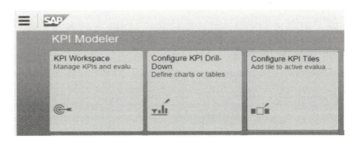

图 16-11　选择 Configure KPI Tiles

2）在 Navigation 中，选中 Other Drill-Down 项，从 Select Drill-Down 下拉选项中选择 SAP Lumira，从 Story ID 列表中选择 SAP BusinessObjects Lumira Story ID，保存配置信息后再激活。

Lumira 向下钻取的配置信息如图 16-12 所示。

图 16-12　Lumira 向下钻取的配置信息

返回到主页，就可以看到 SAP BusinessObjects Lumira 钻取后的 KPI 磁贴，如图 16-13 所示。

KPI 数据可以来源于 SAP BW、SAP HANA 和 SAP BusinessObjects Universes（UNX）中连接的 SAP 企业数据模型、各种第三方数据库和文件数据。SAP BusinessObjects Lumira 提供对数据的采集、清洗和操作，还提供在线连接，完全支持 SAP HANA 和 SAP BW。

SAP BusinessObjects Lumira 还提供了强大的 UI 元素，如统计图、交叉表、地理地图，还有丰富的用于分享的应用程序、模板和范例，其优势主要体现在：

1）采用相同的 UI 元素库和相同的数据连接及数据源创建，确保为商业最终用户提供一致的体验。

图 16-13　KPI 磁贴

2）UI 元素库基于最新的 SAPUI5 HTML5，与 Fiori UI 战略保持一致。

3）丰富的 API 与 SDK，为创建客户特定的可视化对象与数据连接器提供了灵活性支持，便于扩展生态系统。

16.3　SAP BusinessObjects BI

SAP BusinessObjects BI 是一套完整的商业智能解决方案，它为内容开发人员、业务分析人员和数据管理人员提供一套工具，主要包括：

1）SAP BusinessObjects Design Studio，基于 SAP BW、SAP HANA 和 Universes，可直观地创建仪表盘、分析应用程序和计划应用程序。

2）SAP BusinessObjects Lumira，探索数据。

3）透明报表，创建高度格式化的报表。

4）Web 智能报表，对临时报表开发很有用。

这些功能强大的工具，也是 SAP Fiori 与 SAP BusinessObjects BI 平台集成的方法，可以将决策就绪的信息发送给业务用户。在介绍 SAP Business Objects BI 工具与 SAP Fiori 启动面板无缝集成的操作步骤前，先熟悉集成架构。

SAP Business Objects BI 与 SAP Fiori 的集成架构如图 16-14 所示。

左侧为 SAP Business Objects BI，从上到下依次是设计环境（常用设计工具有 SAP Business Objects Design Studio、SAP BusinessObjects Lumira、SAP Crystal 报表等）、BI 平台和数据源（可连接到几乎所有数据源，如 SAP S/4 HANA、SAP BW 等）。右侧为 SAP Fiori，从上到下依次为接入终端、SAP Fiori 前端服务器和后台服务器。通过 OpenDoc URLs 将 BI 平台与 SAP Fiori 前端服务器集成。

1. 集成配置

SAP Business Objects BI 和 SAP Fiori 的集成需要进行一系列的配置，以启动面板。配置的工作任务如下：

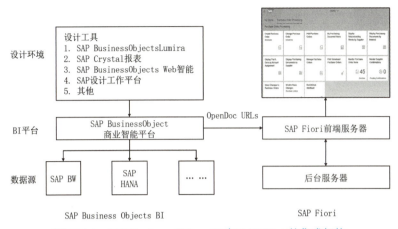

图 16-14　SAP Business Objects BI 与 SAP Fiori 的集成架构

（1）配置 SAP Web Dispatcher

当用户操作 SAP Fiori 启动面板中的磁贴时，SAP Web Dispatcher 将命令从 SAP Fiori 前端服务器转发到 SAP BusinessObjects BI。这需对 SAP Web Dispatcher 做如下参数配置：

wdisp/system_＜number＞＝SID＝BOE，EXTSRV＝＜BI Platform https hostname＞：＜BI Platform port＞，SRCSRV＝＊：＜reuse same port with Fiori Launchpad＞，SRCURL＝/BOE/

配置完后，需要重新启动 SAP Web Dispatcher。

（2）配置 SSL

如果 SAP BusinessObjects BI 平台上的 Web 应用的服务器证书与 SAP Web Dispatcher 上的证书具有相同的颁发机构签名，则可以跳过此步骤。否则，按照下列步骤操作：

1）从 SAP Business Objects BI 服务器导出密钥存储文件的密钥证书。通过命令提示符执行以下命令：

keytool-export-alias＜certificate_alias＞-keystore＜keystore_file＞-file ＜certify-cate _file＞-store-pass ＜password＞

2）将证书导入到 SAP Web Dispatcher 中。登录到 SAP Web Dispatcher OS，启动命令提示符，并导航到 sapgense 文件位置：

＜Install_dir＞\usr\sap\＜SID＞\SYS\exe\nuc\NTAMD64

运行命令：sapgenpse.exe maintain_pk - p＜Client_PSE＞- a＜Tom-cat_ certificate＞

之后重新启动 Tomcat。

（3）配置 SAP BusinessObjects BI 身份验证

登录 SAP 系统，将角色从 SAP 中导入到 SAP BusinessObjects BI。具体步骤包括：

1）创建一个能连接 SAP BusinessObjects BI 平台和 SAP 系统权限的用户账号。

2）将中央管理控制台（CMC）中的 SAP 授权系统添加到 SAP BusinessObjects BI 中。

3）将用户和角色从 SAP 系统导入 SAP BusinessObjects BI。

（4）在 SAP 系统之间设置 SSO

在此步骤中，生成密钥存储文件和相应的证书，并将证书添加到 SAP ABAP 前端、SAP

ABAP 后端和 SAP BusinessObjects BI 平台中：

1）登录到 SAP BusinessObjects BI 服务器，通过命令提示符生成密钥存储文件。

运行命令：java -jar PKCS12Tool.jar

2）通过命令提示符，运行密钥工具程序，导出公共密钥证书。

运行命令：keytool -exportcert -keystore <keystore> -storetype pkcs12 -file <文件名> -alias <alias>

3）通过事务 STRUSTSSO2，将证书文件导入到 SAP ABAP 前端和后端系统。

4）将 CMC 中的证书（这里是身份验证管理证书），导入到 SAP BusinessObjects BI 中。

（5）为 OpenDocument 启用 SSO

在 SAP 的 OpenDocument.properties 文件中，将默认身份验证设置为 SAP Business Objects\SAP BusinessObjects Enterprise XI 4.0\warfiles\webapps\BOE\WEBINF\config\default。

（6）创建 RFC 目标

创建 RFC 目标以连接 SAP Fiori 启动面板和 SAP Web Dispatcher。具体步骤包括：

1）登录到 SAP Fiori 前端服务器，然后运行事务 SM59。

2）创建一个新的连接。

3）输入 RFC 目标名称，然后为连接类型选择 H。

创建 RFC 目标如图 16-15 所示。

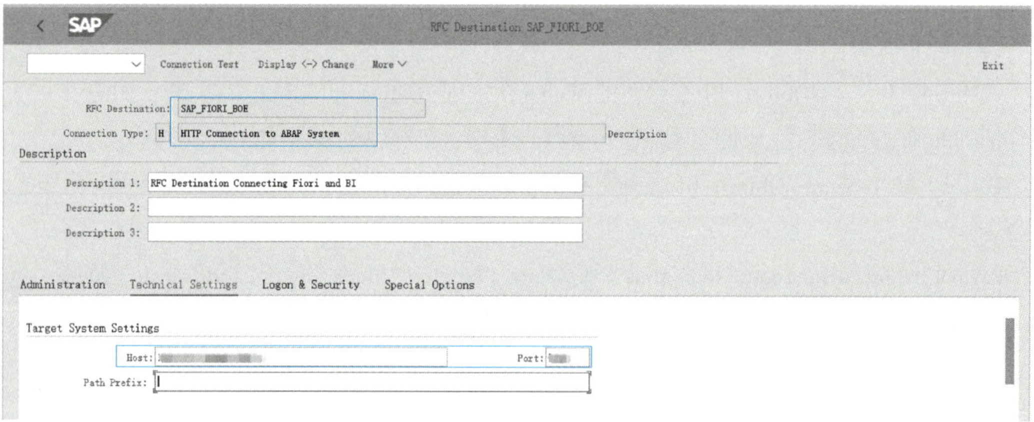

图 16-15　创建 RFC 目标

4）在 Target Host 中输入标准 SAP Web Dispatcher 名称，在 Instance No 中输入 SAP Fiori 启动面板端口号。

RFC 目标创建完成。

2. 应用集成

SAP Business Objects BI 和 SAP Fiori 的集成，更多的场景是将 BusinessObjects BI 平台中的应用如报表、仪表盘等，集成到 SAP Fiori 启动面板中。

本示例的应用名称为 Liquidity KPI，且已经创建好。

主要工作任务如下：

首先,在 SAP BusinessObjects BI 启动面板中生成 OpenDoc URL。

接下来,创建语义对象。在 SAP ABAP 前端服务器中,运行事务代码/UI2/SEMOBJ,添加一个新的语义对象。

最后,登录到 SAP Fiori Designer 中,执行如下操作步骤:

(1)创建一个新的目录(标准目录)。
(2)在新的目录中添加静态磁贴。
(3)创建目标映射,从语义对象列表中选择刚才创建的语义对象。
(4)输入相关项内容,配置目标映射。
(5)创建自定义组,并将已经创建的目录、磁贴添加到组中。
(6)为目录和组创建新角色。
(7)将角色分配给用户。

上述(1)~(7)有关的操作步骤,在第 5 章中已经详细介绍,这里不再赘述。

到这里,SAP Business Objects BI 和 SAP Fiori 的集成就完成了。登录到 SAP Fiori 启动面板中,在 SAP BusinessObjects BI 组下,可以看到本示例的应用程序。

SAP BusinessObjects BI 集成后的效果如图 16-16 所示。

图 16-16　SAP BusinessObjects BI 集成后的效果

16.4　结束语

本章重点学习了 SAP Jam、SAP BusinessObjects Lumira、SAP BusinessObjects BI 分别与 Launchpad 集成的配置步骤和实现方法。

SAP Jam 是一个强大的企业社交工作平台,具有团队协作、共享信息和快速解决问题的优势。SAP BusinessObjects Lumira 是一种数据可视化工具,可快速、轻松地创建 KPI 图表和仪表盘,方便用户在不同设备上分享信息。SAP BusinessObjects BI 是一套完整的商业智能解决方案,基于事实的决策,并且与业务目标保持一致,以发挥商业智能的全部潜能。

后　记

　　本书的内容来源于作者所参与的项目实践、成果积累和经验总结，也借鉴了相关书籍、官方文档和线上软文的开放内容。本书涉及内容多、技术新，若有不当之处，敬请读者指正。由于水平有限，加上 SAP Fiori 所涉及的知识面广，而且在迅速发展，书中难免有些谬误，需要读者和我们一起完善。

　　如您发现本书的引用、文献出处和标注存在遗漏，烦请和我们联系，以便我们在下一版中修正。